MICHAEL PFROMMER

ALEXANDRIA

IM SCHATTEN DER PYRAMIDEN

SONDERBÄNDE DER ANTIKEN WELT

Zaberns Bildbände zur Archäologie

VERLAG PHILIPP VON ZABERN · GEGRÜNDET 1785 · MAINZ

MICHAEL PFROMMER

Alexandria

IM SCHATTEN DER PYRAMIDEN

Mit Zeichnungen von Ulrike Denis

VERLAG PHILIPP VON ZABERN · MAINZ AM RHEIN

IV, 148 Seiten mit 120 Farb-, 82 Schwarzweiß- und 45 Strichabbildungen

Umschlag vorne: Ansicht der Pyramiden von Gizeh. (Photo J. Liepe); Büste Ptolemaios II. (?) von einem Räucherarm. Aus Tuch el-Karamus, wohl 285–246 v. Chr. Bronze mit Goldeinlagen (vgl. Abb. 59a.b). (Photo G. Grimm); Bildnis Kleopatras' VII. Aus amerikanischem Privatbesitz erworben, 51–30 v. Chr. Marmor; Staatliche Museen zu Berlin, Antikensammlung. (Photo Staatliche Museen zu Berlin, J. Laurentius)

Umschlag hinten: Schlangen-Armreif. Aus Tuch el-Karamus, wohl 2. Viertel 3. Jh. v. Chr. Gold; Kairo, Ägyptisches Museum (vgl. Abb. 75). (Photo G. Grimm)

Vorsatz vorne: «Heute sind wir früh aufgewacht: Alexandria lag genau vor uns . . .» Tagebuchnotiz von David Roberts, 24. September 1838. Der Hafen von Alexandria nach einer Lithographie von David Roberts. (nach Ägypten gestern und heute. Lithographien und Reisetagebuch von David Roberts [1996] Abb. S. 28/29)

Vorsatz hinten: Giseh im Angesicht eines herannahenden Wüstensturms (Samum). Impression von David Roberts nach seinem Besuch am 17. Januar 1839. (nach Ägypten gestern und heute. Lithographien und Reisetagebuch von David Roberts [1996] Abb. S. 253/254)

Frontispiz: Aphroditeheiligtum auf dem Palastschiff Ptolemaios' IV. (222/1–204 v. Chr.). Vorlage M. Pfrommer nach der Beschreibung des Kallixeinos. Ausführung Ulrike Denis. Trier, Zeichnungs-Sammlung des Archäologischen Instituts der Universität Inv. 1997.9B; © M. Pfrommer.

Die Deutsche Bibliothek – CIP Einheitsaufnahme

Alexandria: im Schatten der Pyramiden / Michael Pfrommer.
Mit Zeichn. von Ulrike Denis. – Mainz am Rhein: von Zabern, 1999
(Antike Welt; Sonderb.) (Zaberns Bildbände zur Archäologie)
ISBN 3-8053-2504-5

ISBN 3-8053-2504-5
Gestaltung: Annette Nünnerich-Asmus und Ilka Schmidt, Verlag Philipp von Zabern, Mainz
Satz: Philipp von Zabern
Lithos: MWP GmbH, Wiesbaden

Printed in Germany by Philipp von Zabern
Printed on fade resistant and archival quality paper (PH 7 neutral) · tcf

Inhalt

Einführung

Die Ptolemäer kamen aus Makedonien und stammten aus eher einfachem Haus. Erst Ägypten machte sie zu lebenden Göttern. G. Grimm hat im ersten Band ihre Geschichte umrissen und ihre Metropole beleuchtet, eine Stadt, die noch heute unter dem Schutt vieler Epochen liegt: «Alexandria, die erste Königsstadt der hellenistischen Welt», Sonderbände der ANTIKEN WELT = Zaberns Bildbände zur Archäologie (1998) (im Text im folgenden als GA zitiert).

Das antike Alexandria ist eine versunkene Welt, deren Rekonstruktion teilweise mehr von antiken Texten lebt als vom Spaten des Archäologen. Dennoch wollen wir versuchen, Häuser und Paläste zu besuchen, einen Blick auf Pracht und Glanz zu erhaschen und die Alexandriner zu ihren Festen zu begleiten. Im Zentrum dieser Skizzen steht das Haus der Ptolemäer und seine Auseinandersetzung mit der Kultur zweier Welten – der griechischen wie der ägyptischen. Im Schatten der Pyramiden schien nichts unmöglich und so war man schließlich alles in einem: Makedone und Pharao, Grieche und Gott, unsterblich und doch auch Mensch. Selbst die Weltgeschichte war nicht mehr sicher und wurde im Einklang mit den Mythen zweier Völker neu formuliert. Es geht im folgenden um Ideologie und um religiöse Phantasien; um große Politik und um ihr Spiegelbild in der Kunst einer antiken Metropole.

Wesentliche Kapitel dieses Bandes waren eigentlich für G. Grimms Studie entworfen, doch zeigte sich nur allzu bald, daß eine gemeinsame Publikation nicht zu realisieren war, auch wenn damit einige Wiederholungen unvermeidlich werden. Franz Rutzen bin ich deshalb für seine spontane Bereitschaft, dem ersten Alexandria-Band noch einen zweiten folgen zu lassen, in ganz besonderem Maße verpflichtet.

Verbunden bin ich darüber hinaus G. Grimm für jahrelange Freundschaft und Hilfe. Hinweise und Rat auf verschiedensten Feldern erfuhr ich von H. Heinen, B. Kramer, W. A. Daszewski, E. Winter, P. Goethert, S. Nakaten, J. Zeidler, A. Paul, M. Minas, S. Albersmeier, C. Sturm sowie von allen Mitarbeitern des Forschungszentrums Griechisch-Römisches Ägypten der Universität Trier. Besonderen Anteil hat jedoch U. Denis mit ihrer unermüdlichen Umsetzung meiner Rekonstruktionen und Bleistiftzeichnungen.

Ungeachtet aller Hilfe wäre das Projekt ohne das außerordentliche Engagement von Annette Nünnerich-Asmus und ihres Stabes schlichtweg undenkbar gewesen. Ihnen allen sei für ihre Geduld und für die aufwendige Unterstützung noch einmal herzlichst gedankt.

1

Abb. 1 Der große Leuchtturm in Alexandria (Pharos), erbaut wohl zwischen 297 und 283/82 v. Chr. Modell im Meeresmuseum von Alexandria.

Auf den folgenden Seiten:

Abb. 2 Karte des Nillandes in hellenistisch-römischer Zeit, erstellt von H. Heinen und W. Schlömmer (Ausschnitt).

Aigyption
Libyē
Libyē
Nomos
Hēptanomis
Hō Chōra
Ar
Paraitonion/Ammōnia (Marsā Maṭrūḥ)
Pythis akra (Ra's 'Alam ar-Rūm)
Graias gony ? (Qārat al-Madara)
Leukē aktē (Ra's al-Abyaḍ/Ra's al-Kanā'is)
Katabathmos mikros ('Aqabat aṣ-Ṣaġīr)
Zygris (Marsā Baqqūš)
Ladamantia (Marsā Bakṣuba)
Hermaia akra (Ġabal al-Kanā'is)
Phoinikous (Bi'r Mūsā Ṣāliḥ)
Pnigeus (Maṭ'an al-Quṭṭ)
Pēdonia ? (Marsā Abū Samra)
Zephyrion (Ra's aḍ-Ḍab'a)
Caportis ? (aḍ-Ḍab'a)
Leukaspis (Marsā al-Ḥamrā')
Antiphrai ? (ad-Dirāsiya)
Glaukōn ? (al-'Amā'id)
Halmyrai (al-Ḥammām)
Taposiris "megalē" (Abū Ṣīr)
Mareōtis/Mareia
Mareia limnē
Alexandreia (al-Iskandarīya)
Tainia
Nikopolis/Iouliopolis
Taposiris "mikra"
Kanōbos (Kūm Samadī)
Hērakleion
Schedia/Chaireou (al-Karyūn)
Psenouphis (Kūm Turūǧa)
Hermou polis "mikra" (Damanhūr)
Nitriai ? (Tall al-Barnūǧī)
Nitriōtēs/Nitria
Naukratis (Kūm Ğu'aif)
Mōmemphis (Kūm al-Ḥiṣn)
Andrōn polis/Gynaikōn polis ? (Ḥirbitā)
Metēlis ? (Bisintāway)
Bolbitinon stoma
Agnou keras
Sebennytikon stoma
Paralos ? (al-Burǧ)
Helearchia
(Abū Mādī)
Sebennytikē limnē
Boutikē limnē
Pachnemounis (Kūm al-Ḥinzīri)
Boutos (Tall al-Farā'īn)
Phragonis (Kūm al-Ḥawā)
Dios polis "katō" (Tall al-Balamūn)
Mega Delta/Katō Chōra
Xois (Saḫā)
Iseion (Bait al-Ḥaǧar)
Kabasa
Sais (Ṣā al-Ḥaǧar)
Sebennytos (Samannūd)
Bousiris (Abū Ṣīr)
Hermou polis (al-Baqlīya)
Taoua
Kynōn polis "katō" (Banā)
Pharbaithos (Hurbait)
Leontōn polis (Muqdām)
Onouphis "katō" (Minūf as-Suflā/Mahallat-Minūf)
Onouphis "anō" (Minūf al-'Ulyā)
Athribis (Tall Atrīb)
Boubastos (Tall Basta)
Nikiou (Zawiyat Razīn)
Terenouthis (Kūm Abū Billū)
Skiathikē/Skētis (Wādī n-Naṭrūn)
Leontōn polis (Tall al-Yahūdiya)
Hēliou polis (al-Maṭarīya/Tall al-Ḥiṣn)
Lētous polis (Ausīm)
Kerkasōros/Kerkesoura (Warrāq al-'Arab)
Delta (Warrāq)
Babylōn (al-Fusṭāṭ)
Troikon oros (Ġabal Ṭura)
Troia (Ṭurā)
Memphis (Mīt Ruhaina)
Takyris (Dahšūr)
Skēnai Mandrai (Tall al-Minya wa ...)
Panarachthis (Barnašt)
siehe Karte (al-Fayyūm)
Soknopaiou nēsos
Karanis (Kūm Aušīm)
Philadelpheia (Kūm al-Ḫarāba al-Kabīr)
Moiridos limnē
Birkat Qārūn
Dionysias (Qaṣr Qārūn)
Krokodeilōn polis (Madīnat al-Fayyūm)
Aphroditēs polis (Aṭfīḥ)
Theadelpheia (Iḥrīt)
Narmouthis (Kūm Madīnat Māḍī)
Magdōla (Madīnat an-Nuḥās)
Neilou polis (Dalāṣ)
Hērakleous polis (Ihnāsiyat al-Madīna)
Thimonepsi ? (Tall al-Asfar)
Takona (Daqanaš)
Alyi (al-Fašn)
Ankyrōn polis (al-Hība)
Sinary (Šinārā)
Hippōnōn ('Izbat Qarara)
Pakerke (Abū Ğirǧ)
Oxyrhynchos (al-Bahnasā)
Kō? (al-Qais)
Kynōn polis (aš-Šaiḫ Faḍl)
Musae ? (as-Sarīriya)
Chysis (Šūša)
Somolō (Samalūṭ)
"kōmē" Tēnis hē kai Akōreōs (Ṭiḥnā al-Ġabal)
(al-Minyā)
Thallou (Ṭallā)
Hakis (Ṭahnaša)
Alabastrōn polis/Alabastrinē (Kōm al-Aḥmar)
Tlēthmis (Ṭiḥna)
Speos Artemidos (Banī Ḥasan)
Hermou polis "megalē" (al-Ašmūnēn)
Antinoou polis/Bēsa (Anṣinā aš-Šaiḫ 'Ibāda)
Thynis (Tūnat al-Ġabal)
Senkyrkis (Singirǧ)
Pesla ?/Passalos ? (al-Ḥaǧǧ Qandīl)
Koussai/Kōs ? (al-Qūṣīya)
Moirai ? (Mēr)
Hierakōn polis ? (Dēr al-Gabrāwī)
Isiu (Abnūb)
Lykōn polis (Asyūṭ)
Hypsēlē (Šuṭb)
Mouthis (Naǧ'...)
Apollōnos polis Heptakomias/Apollōnos polis "mikra" (Kūm Isfaḥt)
Antaiou (al-'Utmāniya/Qāw al-...)
Aphroditēs polis/Aphroditēs kōmē (Kūm Išqāw)
Selino ? (Nazlat ...)
Tōō (Ṭahtā)
Psōnis (Başūna)
Itos (Itfā)
(Sūhāǧ)
Athribis (Wannīna)
Ptolemais hē Hermeiou (al-Manšāh)
This/Thinis
Neilos (an-Nīl)
Psōbthis (al-Qaṣr)
(al-Bāwīṭī)
Darb al-Wāḥāt
Darb al-Bahnasāwī
Oasis Mikra/Oasis Hepta Nomōn
(al-Wāḥāt al-Baḥrīya/Wāḥat al-Bahnasā)
Die nördliche Oase/Die Bahnāsa-Oase
(al-Ḥaiz)
(Wāḥāt al-Farāfira)
Qaṣr al-Farāfira
Darb aṭ-Ṭawīl
Darb al-Arba'īn

Pelagos
Tanitikon stoma
Pelousiakon stoma
Kasion oros
(Ra's Burūn)
Sirbōnis limnē
(Sabḫat al-Bardawīl)
Kasion ?
(al-Muḥammadiya)
Barathra
Ostrakinē
(al-Fulūsiyāt)
Rhinokoloura
(al-'Arīš)
Pēlousion
(Tall al-Farama)
Magdōlos
(Tall al-Ḥair)
Selē ?
(Tall Abū Ṣēfa/at-Tall al-Aḥmar)
Daphnai
(Tall Dafana)
Hērakleous polis "mikra"
(Tell Belim)
Serapeum
Pikrai limnai
(al-Buḥairāt al-Murra)
#Großer Bittersee#
(al-Buḥaira al-Kubrā)
#Kleiner Bittersee#
(al-Buḥaira aṣ-Ṣugra)
Arsinoē/ Kleopatris ?
Klysma
(al-Qulzum/ as-Suwēs)
Askalōn
('Asqalān/ Ašqəlon)
Gazaiōn limēn
Gaza
(Gazza/ 'Azza)
Phoinikē
Koilē Syria
Palaistinē
Ioudaia
Eleuthera polis
(Bēt Ǧibrīn/ Bet Guvrin)
Maris(s)a
(Ḫirbat Marāš)
Chebrōn
(al-Ḫalīl/ Hevron)
Asphaltitis Limnē
(Baḥr Lūṭ)
Masada
(Məṣādā)
Rhaphia
(Rafaḥ)
Bērsoubai
(Bi'r as-Sab'/ Be'er Ševa')
Elousa
(Ḫalaṣa/ Ḥălūṣā)
Mampsis
(Qurnab)
Areou polis
(ar-Rabba/ Rabbath Mo'āv)
Charakmōab
(al-Karak)
Soubaita
(Subaita)
Nessana
('Auǧat Ḥafīr)
(Bi'r Bi'rain)
Eboda
('Abda/ Avdat)
('Ain al-Gudaira)
Sarakēnē
Negeb
Lysa
957
(Ǧabal Luṣṣān/ Har Loṣ)
Petra
Zodokatha
(aṣ-Ṣadaqa)
Karkaria ?
(Ma'ān)
Melana Orē
#Schwarze Berge#
(Ra's Rummān/ Makhtēs Ramon)
Gypsaria
(Wādī Ǧirāfī/ Naḥal Pārān)
Arindela
Arindelē
(Ġarandal)
(Wādī Ǧabiya)
Ad Dianam
('Ain Ġaḍyān/ Yotvāta)
(Darb al-Ḥaǧǧ)
('Aqabat Mitla)
Arabia Petraia
(Wādī Sidr)
(Darb aš-Šāwī)
Hauara ?
(Ḫirbat al-Ḥālidī)
Berenikē
(Tall al-Ḫulaifa)
Aila (al-'Aqaba)
Arabia eudaimōn
Arabia felix
#Sinai#
Hērōopolitikos Kolpos/ H. Mychos
(Baḥr al-Qulzum)
Ailanitēs Kolpos/ A. Mychos
(Baḥr al-'Aqaba)
(Ǧabal Sarābiṭ al-Ḫādim)
1096
(Ǧabal Maġāra)
478
(Wādī Muqattab)
('Ain Ḫudaira)
(Wādī Sa'l)
(Wādī Fairān)
(Wāḥat al-Fairān)
(Wādī Zaġra)
Oros Sina
›Hagion oros‹
(Ǧabal Mūsā/Ṭūr Sīnā)
2285
(Ǧabal Katrīna)
2637
Madianē/Modiana ?
(al-Bad')
Phōkōn nēsos
(Ǧazīrat Tirān)
Drepanon akron
Pharan akrotērion
(Ra's Muḥammad)
Via Hadriana
Erythra Thalassa
Myos hormos
(Abū Ša'r al-Qiblī)
Porphyritika metalla
#Mons Porphyrites#
(Ǧabal Abū Duḫān)
1641
(Wādī Qinā)
(Wādī l-'Aṭrāš)
Klaudiana metalla
#Mons Claudianus#
(Ǧabal Faṭīra)
1153
Hydreuma Eutychestaton
Traianon Dakikon
(Wādī Faṭīra)
(Ǧazīrat Safāǧa)
(Wādī Safāǧa)
Panos polis
(al-'Īsāwiya Šarq)
Philotera/ Aenum ?
(Marsā Ǧuwaisis)
(Wādī l-Qurayya)
1062
(Ǧabal Samna)
Lepidotōn polis
(Naǧ' al-Masāyiḥ)

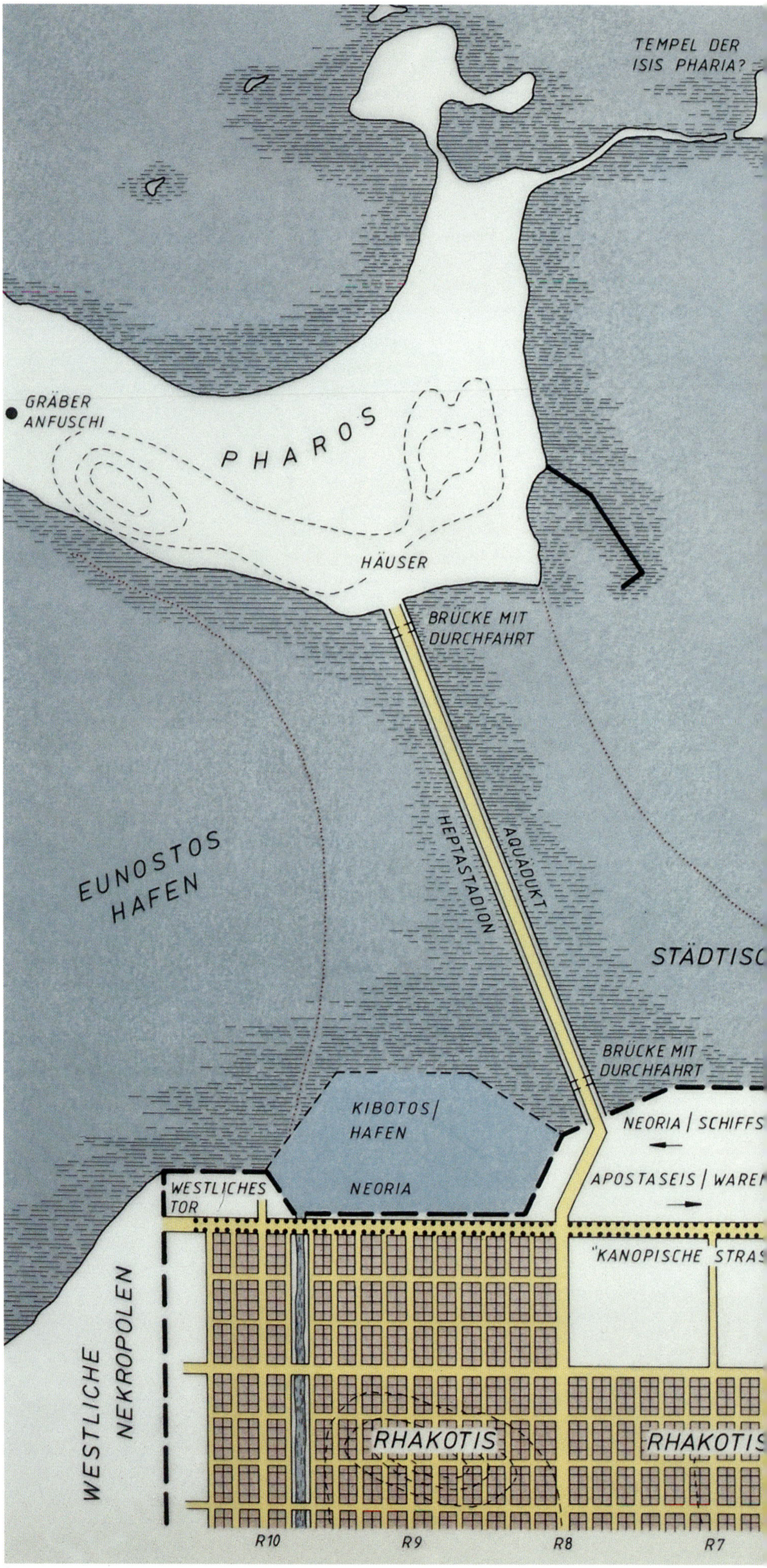

3

Abb. 3 Der Stadtplan von Alexandria zur Zeit der ptolemäischen Könige, rekonstruiert nach Grabungsergebnissen und literarischen Quellen von G. Grimm (gezeichnet nach seinen Angaben von U. Denis). Die genaue Topographie des Hafens und die mutmaßliche Lage einiger Inseln wurde mittlerweile durch jüngste Forschungen modifiziert (Abb. 20–22). In antiker Zeit hatte der Reisende nach der Passage der gefährlichen Hafeneinfahrt die Insel Pharos mit dem berühmten Leuchtturm (Abb. 1) zur Rechten und zur Linken die Halbinsel Lochias mit der befestigten Burg (Akra) und dem ältesten Palast. Am Fuß der Akra lagen mehrere Hafenbecken, darunter auch ein künstlich angelegter, «verborgener Hafen», der sicherlich den königlichen Schiffen und der Marine vorbehalten war. Ein Palast fand sich auch auf der Insel Antirrhodos. Am Südufer des Hafens erstreckten sich die königlichen Paläste (Basileia), die nicht weniger als ein Viertel bis ein Drittel der Stadt einnahmen. Die antike Literatur scheidet zwischen der «inneren» und der «äußeren» Basileia. In dem riesigen Areal lag das berühmte Mausoleum Alexanders des Großen, umgeben von den Gräbern der ptolemäischen Könige. Neben weithin bekannten Heiligtümern wie dem Tempel Arsinoes II. war einst auch die größte Bibliothek der Antike und die Akademie der Wissenschaften (Mouseion) im Palastareal untergebracht. Westlich des «Kaisareions» verband ein sieben Stadien langer Damm Festland und Pharosinsel, deren Bebauung in Caesars «Alexandrinischem Krieg» niederbrannte. Die im Text erwähnten Grabanlagen von Schatbi (Abb. 139), Sidi Gaber (Abb. 156) und Mustafa Pascha (Abb. 133. 162) lagen östlich der hellenistischen Stadt, Suk el-Wardian (Abb. 160) im Westen und Anfushi (Abb. 167) auf der Pharosinsel. Trier, Zeichnungs-Sammlung des Archäologischen Instituts der Universität Inv. 19097.6b © G. Grimm.

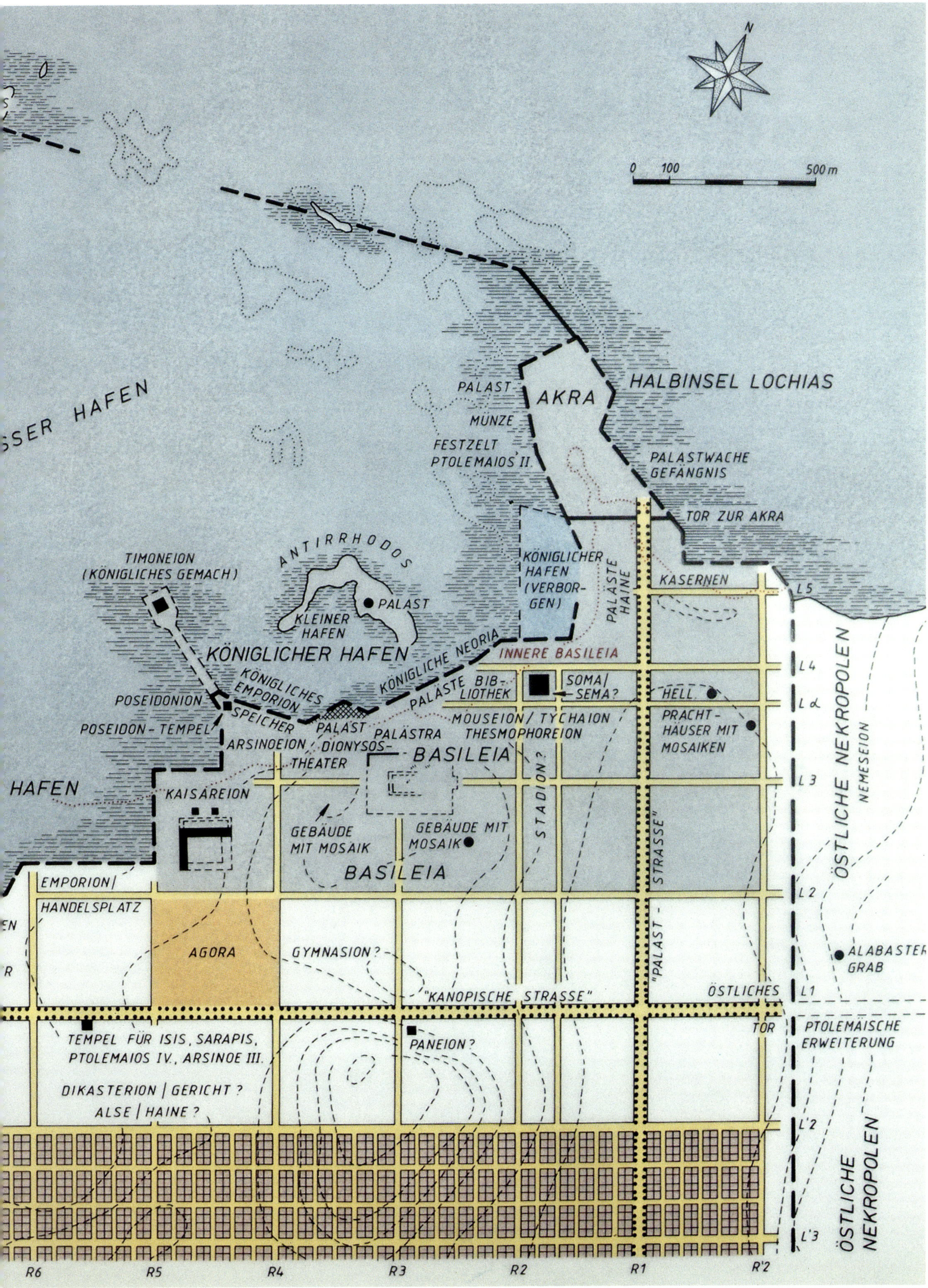
N
0 100 500 m
HALBINSEL LOCHIAS
AKRA
PALAST
MÜNZE
FESTZELT PTOLEMAIOS II.
PALASTWACHE GEFÄNGNIS
TOR ZUR AKRA
KÖNIGLICHER HAFEN (VERBORGEN)
PALÄSTE HAINE
KASERNEN
ANTIRRHODOS
PALAST
KLEINER HAFEN
TIMONEION (KÖNIGLICHES GEMACH)
KÖNIGLICHER HAFEN
KÖNIGLICHES EMPORION
KÖNIGLICHE NEORIA
INNERE BASILEIA
POSEIDONION
POSEIDON-TEMPEL
SPEICHER
PALAST
PALÄSTE
BIBLIOTHEK
SOMA/SEMA?
HELL.
PRACHT-HÄUSER MIT MOSAIKEN
MOUSEION/TYCHAION
THESMOPHOREION
PALÄSTRA
ARSINOEION
DIONYSOS-THEATER
BASILEIA
KAISAREION
GEBÄUDE MIT MOSAIK
GEBÄUDE MIT MOSAIK
BASILEIA
STADION?
"PALAST - STRASSE"
HAFEN
EMPORION/HANDELSPLATZ
AGORA
GYMNASION?
"KANOPISCHE STRASSE"
ÖSTLICHES TOR
TEMPEL FÜR ISIS, SARAPIS, PTOLEMAIOS IV., ARSINOE III.
PANEION?
DIKASTERION / GERICHT?
ALSE / HAINE?
ÖSTLICHE NEKROPOLEN
NEMESEION
ALABASTER GRAB
PTOLEMÄISCHE ERWEITERUNG
ÖSTLICHE NEKROPOLEN
L5
L4
Lα
L3
L2
L1
L'2
L'3
R6
R5
R4
R3
R2
R1
R'2

Die verschwundene Metropole

Alexander der Große gründete die Metropole im Jahre 331 v. Chr. an der Küste des Mittelmeeres (Abb. 2). Wie der Alexanderroman berichtet, sei der Gott Sarapis dem Makedonenkönig im Traum erschienen und habe ihm in Gestalt eines weißhaarigen Mannes mit den Worten Homers den rechten Ort gewiesen[1]:

«Denn es liegt eine Insel im wogenstürmenden Meer vor Aigyptos Strom, die Menschen nennen sie Pharos» (Odyssee IV, 354–5).

Bereits im frühen 3. Jh. v. Chr. verband ein Damm Insel und Festland (Abb. 3) und man errichtete auf dem Eiland den gewaltigen Leuchtturm, der als «Pharos» (Abb. 1) in den Kreis der Weltwunder eingehen sollte (GA 29. 41 ff.). Die Stadt entwickelte sich unter den Ptolemäern (306/5–30 v. Chr.) zur bedeutendsten Metropole ihrer Zeit und mit ihr erreichte Ägypten im 3. Jh. v. Chr. noch einmal den Rang einer Großmacht. Die neuen Herren begriffen ihr Reich allerdings stets als «speergewonnenes Land» und so berichtete man, daß die große Kleopatra nach drei Jahrhunderten die erste und auch die einzige Ptolemäerin blieb, die je Ägyptisch lernte.

Im Altertum feierte man nicht nur die Macht oder den Prunk Alexandriens, es war vor allem das geistige Leben, das Zeitgenossen wie Nachwelt faszinierte. Die Könige protegierten die «Akademie» (das Mouseion) und so gelangten Literatur und Wissenschaft zu höchster Blüte (GA 30. 45f.). Und während griechische Dichter die makedonischen Pharaonen in die Sphäre des Göttlichen hoben, bestimmte Eratosthenes den Umfang unseres Planeten und gelangte Aristarch von Samos zu einem heliozentrischen Weltbild.

Doch ungeachtet aller Errungenschaften erging es den Neuankömmlingen wohl nicht anders als dem großen Napoleon, der vor den Pyramiden seinen Truppen zurief, daß hier Jahrtausende auf sie hernieder blickten. Selbst als die Minoer im 16. Jh. v. Chr. Kreta zu hoher Blüte führten und im Nildelta, ja vielleicht sogar an der Küste Alexandrias erste Spuren hinterließen, da stand Ägypten bereits an der Schwelle zum «Neuen Reich» (GA 16f.).

Angesichts dieser jahrtausendealten Tradition blieb der ptolemäischen Metropole nur die Rolle eines spätgeborenen Fremdlings. Und um ihre Andersartigkeit hervorzuheben, betonte man stets, die

4

Stadt liege eigentlich nicht «in», sondern «bei» Ägypten. Von einer tiefgreifenden Gräzisierung des Nillandes konnte also keine Rede sein, im Gegenteil, manifestierten sich doch gerade am Ptolemäerhof nur allzu bald ägyptische Vorstellungen. Zwar fühlte man sich griechischer Kultur und makedonischer Tradition verpflichtet, doch hatten die Ptolemäer als Pharaonen Ägyptens vor allem den Bestand des Kosmos zu gewährleisten. Und so galt es stets zwei Welten zu genügen – der griechischen wie der ägyptischen.

Die ideologische Antwort auf die neuen Anforderungen war ein bombastischer Herrscherkult, der die Könige als «lebende Bilder» griechischer wie ägyptischer Götter begriff. Der bildenden Kunst fiel hingegen die Aufgabe zu, dieser unerhörten Herausforderung formale Gestalt zu verleihen. Und so entstand auf ägyptischem Boden eine griechische Ikonographie, die auch mit ägyptischen Augen gelesen werden konnte.

So viel Alexandria auch zu bieten hatte, so spektakulär das Geistesleben war, so bestürzend gering ist am Ende die archäologische Hinterlassenschaft. Ptolemäische Schätze und Pretiosen sind meist nur außerhalb der Metropole zu Tage getreten und vom einstigen Glanz des Königsviertels blieb kaum etwas erhalten außer einigen Kapitellen und versprengten Baugliedern. Nach Strabon (XVII, 1, 8) war einst ein Viertel bis ein Drittel des Stadtgebietes für die Paläste reserviert, doch den modernen Besucher ermuntert nicht einmal ein spärlicher Grundriß zum phantasievollen Schlendern durch längst vergangene Pracht. Selbst die Position einstmals berühmter Bauten ist im modernen Stadtbild oft nur zu erahnen, ohne daß die Archäologie Anschauungsmaterial bieten könnte.

5

6

7

Abb. 4 Die «Thalamegos» Ptolemaios' IV. (222/1–204 v. Chr.). Der riesige Katamaran wurde als Palastschiff für den Nil und seine Seitengewässer konstruiert. Rekonstruktion des Verfassers für die ZDF-Dokumentation von Günther Klein, «Tauchfahrt zu Kleopatra». Modell und Photo Fa. Panasensor. © Bernd Kammermeier.

Abb. 5 Haarnetz mit dem Büstenmedaillon einer Mänade. Mänaden gehörten zum göttlichen Gefolge des Dionysos und der Gott war der Ahnherr der Ptolemäer. Angeblich aus Ägypten. Gold, spätes 3./früheres 2. Jh. v. Chr.; Dm. 9 cm; New York, Metropolitan Museum of Art 1987.220.

Abb. 6 Amphora mit Leichenbrand, verziert mit Aquarellbemalung, aus der Nekropole von Schatbi (Alexandria), um 300 v. Chr. Terrakotta; H. 49 cm; Alexandria, Griechisch-Römisches Museum Inv. 16034.

Abb. 7 Ring mit goldenem Heraklesknoten und einem aus Goldblech getriebenen Satyrkopf im Zentrum. Zusammen mit Dionysos zählte Herakles zu den göttlichen Ahnen der Ptolemäer. Angeblich aus Ägypten, spätes 4./früheres 3. Jh. v. Chr.; H. 1,9 cm; London, British Museum 1917.5-1913.

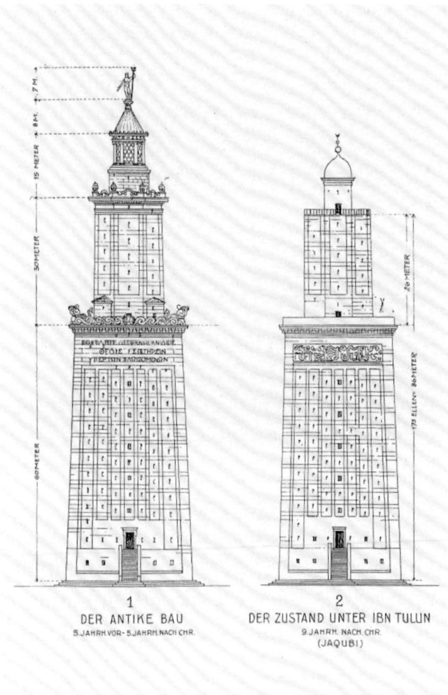

8a

8b

8c

9

a b c

10

Während in Rom der Palast der Caesaren teilweise bis ins zweite Stockwerk steht, sind alexandrinische Landmarken wie das Grabmal Alexanders mit der Nekropole der Ptolemäer, das berühmte Heiligtum Arsinoes oder die größte Bibliothek der Antike nichts als literarisch bezeugte Orientierungspunkte auf einem rekonstruierten Plan. Diese Unsicherheiten gelten natürlich auch für den immer wieder durch die Weltpresse geisternden Palast Kleopatras (s. S. 135 ff.). Zudem wurde das Königsviertel, die «Basileia», in der Spätantike mehrfach verwüstet, ehe die Küstenlinie auch noch metertief im Meer versank (GA 13).

Selbst von der prunkvollen Halle, in der Kleopatra einst auf Caesar traf, künden nur noch die vieldeutigen Worte eines römischen Literaten (s. S. 135). Zudem konzentrierten sich antike Autoren nur allzu oft auf spektakuläre Konstruktionen aus vergänglichem Material wie auf das berühmte Festzelt des zweiten Ptolemäers (Abb. 102) oder auf das Nilschiff Ptolemaios' IV. (Abb. 4).

Angesichts dieser desaströsen Erhaltung prägen seit Generationen vor allem einige Grabbauten das architektonische Bild der einstigen Weltstadt (Abb. 133. 156a.b. 162a–c).[2] Auch barg man in den ausgedehnten Friedhöfen zahlreiche Tongefäße (Abb. 6)[3] und Terrakottafigurinen (Abb. 87)[4], doch sind all diese Funde bescheiden im Vergleich zur einstigen Pracht. Will man das alte Alexandria beschwören, so gelingt dies häufig

***Abb. 8a–c** Der Leuchtturm von Alexandria (Pharos) in den verschiedenen Stadien seiner architektonischen Entwicklung vom frühen 3. Jh. v. Chr. (links) bis zu dem auf seinen Fundamenten 1477–1480 unter dem Sultan Kait Bey entstandenen Fort gleichen Namens (rechts) nach den Studien von H. Thiersch.*

***Abb. 9** Der Leuchtturm von Alexandria von der See aus.*

***Abb. 10a–c** Der Leuchtturm von Alexandria auf Münzen des Kaisers Domitian (81–96 n. Chr.).*

***Abb. 11** Die Festung Kait Bey an der Hafeneinfahrt von Alexandria. Erbaut von dem gleichnamigen Mamelucken-Sultan zwischen 1477–1480 auf den Fundamenten des Leuchtturms von Alexandria.*

***Abb. 12** Der «Leuchtturm» von Taposiris Magna (Abusir), westlich von Alexandria.*

***Abb. 13** Zustand des «Leuchtturms» von Taposiris Magna um 1800.*

nur mit Hilfe von Pretiosen, die uns über den Kunsthandel erreichen (Abb. 5. 7).[5]

Entsprechend der zeitlich wie räumlich äußerst heterogenen Überlieferung archäologischer Zeugnisse konzentriert sich unsere Betrachtung zwangsläufig auf die große Zeit des 3. Jhs. v. Chr., als das Reich der Ptolemäer zu den Weltmächten zählte. In dieser Epoche sind wir durchaus in der Lage, die Skizze einer höfischen Welt zu entwerfen. Im folgenden Jahrhundert wird unser Bild zusehends karger und erst im letzten Jahrhundert v. Chr. kehrt das Interesse antiker Literaten verstärkt zurück. Kein Wunder, sind es doch die Tage Kleopatras (51–30 v. Chr.), die als letzte Herrscherin vergebens versuchte, den Untergang ihrer Welt zu verhindern (Abb. 190. 191).

Der Pharos – ein Weltwunder für Alexandria

Angesichts dieser bescheidenen Überlieferung kann es nicht erstaunen, daß die jüngst vorgelegten Ergebnisse der Unterwasserarchäologie auf größtes Interesse stießen, lassen sie doch nicht nur den Großen Hafen, sondern auch den Leuchtturm von Alexandria in neuem Licht erscheinen.

Der monumentale Bau (GA 43 ff.) war für Epochen das Wahrzeichen Alexandriens (Abb. 1. 8a–c. 9). Entstanden wohl in den Jahren zwischen 297 und 283/82 v. Chr., erlangte der höchste Turm der Alten Welt schon früh den Rang eines Weltwunders. Errichtet wurde der einst zwischen 120 und 140 m hohe Bau an der Hafeneinfahrt und zwar auf der Insel Pharos, die vor allem für den Kult des Proteus berühmt war. Der Name der Insel wurde später auf den Leuchtturm übertragen. Heute erhebt sich an seiner Stelle die Festung «Kait Bey» (Abb. 11).

Auch wenn der Pharos ohne die Finanzierung durch Ptolemaios I. undenkbar gewesen wäre, so wurde der Turm doch von einem Privatmann geweiht. Nach Lukian stiftete Sostratos von Knidos, der Sohn des Dexiphanes, den Turm den «Rettenden Göttern» (Theoi Soteres) und zwar zum Wohl aller Seefahrer. Von Strabo erfahren wir dann noch, daß Sostratos ein Freund des Königshauses gewesen sei.

Die genaue Rolle von Sostratos ist umstritten. Die einen sehen ihn als Architekten, die anderen als Höfling und Diplomaten, doch scheint er auch als Ingenieur tätig gewesen zu sein. Zumindest berichtet der um 120 n. Chr. geborene Lukian (Hippias 2), daß Sostratos seinem König Ptolemaios die kampflose Einnahme von Memphis ermöglichte, indem er den Nil umleitete. Die Geschichte beleuchtet schlaglichtartig die Frühzeit des ersten Ptolemäers, dessen in Babylon beschlossene Machtübernahme offenbar nicht widerstandslos durchzusetzen war (s. S. 26). Und in der Tat hören wir, daß er seinerzeit den noch von Alexander eingesetzten Statthalter Kleomenes beseitigen mußte. Da sich dieser vor allem durch die Ausplünderung Ägyptens hervorgetan hatte, weinte ihm sicherlich niemand eine Träne nach.

Das neue Weltwunder war ein architekturgeschichtliches Novum. Konzipiert wurde es als Stockwerkbau mit einem gegen 60 m hohen Untergeschoß, auf

11

12

13

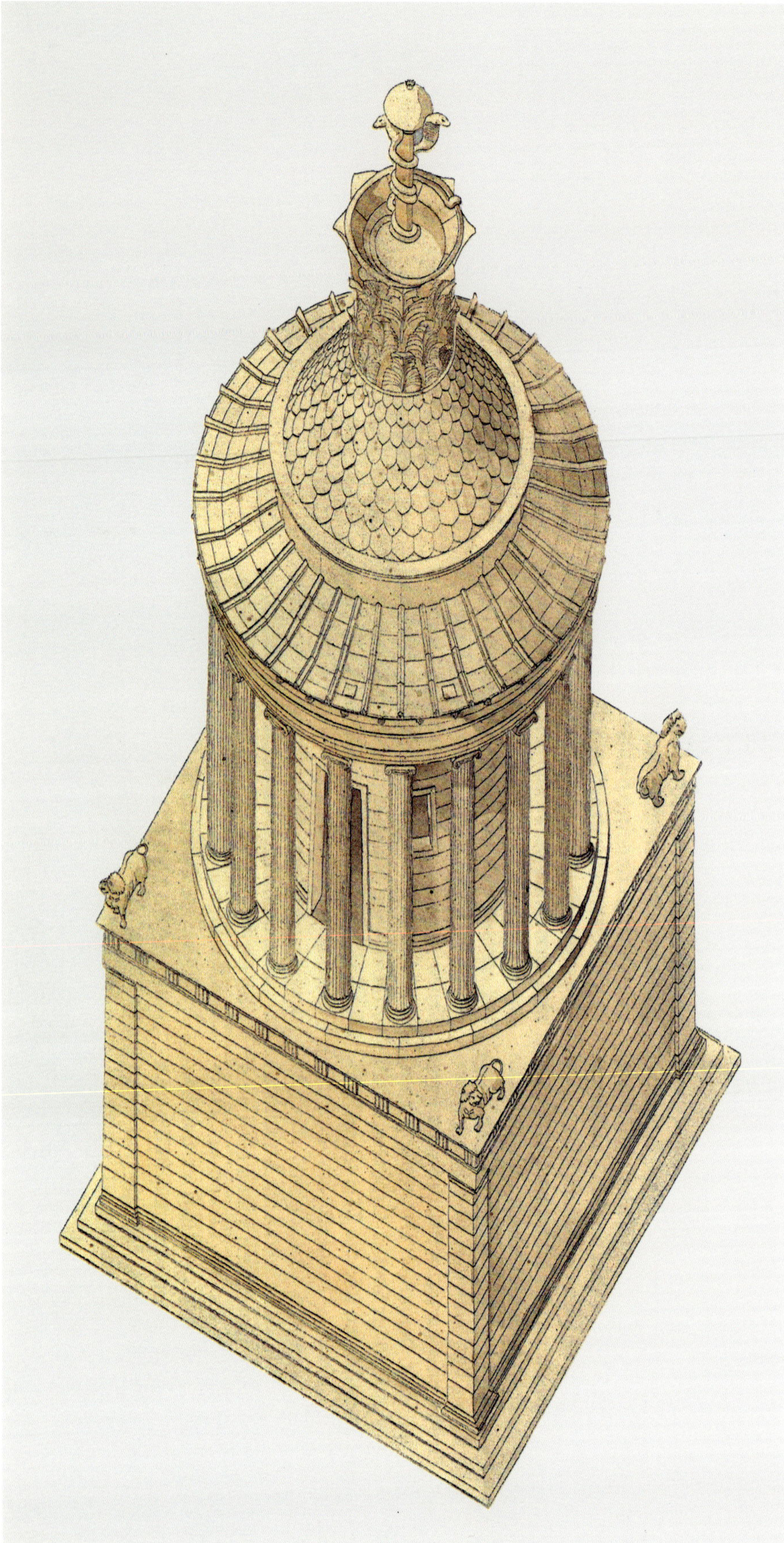

14

dem sich ein weit schlankerer, möglicherweise gegen 30 m messender Oktaeder erhob. Bekrönt wurde dieser antike Wolkenkratzer von einer Statue des «rettenden Zeus» (Zeus Soter), die ihrerseits wohl auf einem Rundbau stand, den H. Thiersch in seiner epochemachenden Rekonstruktion als Rundtempelchen ergänzte (Abb. 8a. 9).

Die antiken Schriftquellen schweigen zur baulichen Gestalt des Pharos. Wir erfahren nur, daß er aus «weißem Stein» errichtet war. Da Ägypten damals keine eigenen Marmorvorkommen kannte, muß man wohl von Kalkstein ausgehen. Der Turm erscheint auf einer großen Zahl alexandrinischer Münzen der Kaiserzeit, die seit den Tagen Domitians (81–96 n. Chr.) bis in die Regierungszeit des Commodus (180–192 n. Chr.) hinein geschlagen wurden (Abb. 10a–c.). Von einer einheitlichen Überlieferung kann jedoch leider nicht gesprochen werden, da die Proportionen bereits auf den Münzen erheblich variieren. Die früheren Prägungen zeigen den Pharos zudem meist über Eck. Auf der Brüstung des Untergeschosses erkennen wir vier mächtige Skulpturen, fraglos auf Muschelhörnern blasende Tritonen. Die Fabelwesen mit ihren menschlichen Oberkörpern und Fischschwänzen gehören in das Gefolge des Poseidon und passen vorzüglich zur maritimen Bestimmung des Pharos.

Die Obergeschosse wurden deutlich schlanker ausgelegt, ja sie machen auf den Münzen zumeist einen regelrecht miniaturisierten Eindruck, so daß man sich fragen kann, ob die Münzmeister nicht der perspektivischen Verzerrung Rechnung trugen. Deshalb bleibt auch unklar, ob sich das Untergeschoß tatsächlich nach oben hin verjüngte, wie H. Thiersch seinerzeit rekonstruierte oder ob auch dieses Detail vieler Münzbilder vor allem der Perspektive zu danken ist.

Zur Ergänzung der unbefriedigenden antiken Quellenlage nutzte H. Thiersch in souveräner Weise die reiche Überlieferung islamischer Zeit (Abb. 8a–c.). Die arabischen Schriftsteller informieren uns nicht nur über das weitere Schicksal des Pharos, sie nennen auch verschiedene Maße, die uns eine präzisere Rekonstruktion des Turmes gestatten. Erstaunlicherweise stand der Koloß bis ins 14. Jh., ehe ihn ein Erdbeben endgültig fällte. Es war anscheinend nicht die erste Katastrophe, die die alexandrinische Küste heimsuchte, so daß sich verschiedene Restaurierungen und Umbauten des einstigen Weltwunders erschließen lassen. Im 9. Jh. n. Chr. dürfte ein Erdstoß das oberste

***Abb. 14** Der von einem Rundtempel bekrönte Bau im lykischen Limyra/Südwestkleinasien entstand im späten 3. Jh. v. Chr. Sog. «Ptolemaion».*

***Abb. 15** Statue eines späten Ptolemäers im pharaonischen Stil. Eine in ähnlichem Stil gearbeitete Kolossalstatue von 23 Tonnen Gewicht fand sich in der See vor der Festung von Kait Bey, 2./1. Jh. v. (?).*

Stockwerk vernichtet haben, ehe der Pharos nach der von Massudi überlieferten Restaurierung möglicherweise sogar höher war als je in hellenistisch-römischer Zeit (Abb. 8b). Die letzte Zerstörung war wohl derart dramatisch, daß der Mamelucken-Sultan Kait Bey die Fundamente nur noch für seine zwischen 1477 und 1480 errichtete Festung nutzen konnte, die heute als «Kait Bey» bekannt ist (Abb. 8c. 11).

Zahlreiche Leuchttürme der römischen Welt sind der beste Beweis für den durchschlagenden Erfolg dieses Baukonzeptes. Auch auf die Entwicklung des islamischen Minaretts war der Pharos wohl nicht ohne Einfluß. In Ägypten selbst kennen wir den noch heute als Ruine erhaltenen Turm von Taposiris Magna (Abb. 12. 13). Da er sich direkt über antiken Grabanlagen erhebt, könnte er daneben auch als Grabmonument gedient haben.

Die Idee eines runden Obergeschosses wurde dann auch bei einem spektakulären Bau verwirklicht, der in der 2. Hälfte des 3. Jhs. v. Chr. im südwestkleinasiatischen Lykien errichtet wurde. Im lykischen Limyra entdeckte man Fragmente eines aufsehenerregenden Stockwerkbaus, den die Ausgräber als Ptolemaion deuteten, als Kultmal für das Haus der Ptolemäer (Abb. 14).[6] Bei dieser allerdings nur zweistöckigen Architektur erhob sich über einem rechteckigen Untergeschoß ein regelrechter Rundtempel. Anstelle der Tritonen bevorzugte man allerdings große Löwenbilder. Wie kleinasiatische Turmgräber nahelegen, war das Tempelgeschoß wohl auch in Limyra rein dekorativ und somit unzugänglich. Bei der Kombination von orthogonalem Sockel und rundem Obergeschoß könnte der Pharos durchaus Pate gestanden haben, zumal das lykische Limyra zur fraglichen Zeit tatsächlich unter ptolemäischer Kontrolle stand (Abb. 118).

Nachdem der Pharos für lange Generationen nur mit Hilfe von Sekundärquellen rekonstruiert werden konnte, weckte nun die Unterwasserarchäologie in jüngster Zeit berechtigte Hoffnungen, am Ende doch noch genauere Einblicke in seine Konstruktion zu erhalten. Jean-Yves Empereur und seinem Team gelang es in den letzten Jahren, im Meer vor «Kait Bey» nicht nur gegen 3000 Steintrümmer zu kartieren, er barg in der See auch einige bemerkenswerte Skulpturen und Bauglieder (Abb. 16–19).[7] So sensationell diese Funde auch sind, sie werfen leider im Augenblick noch mehr Probleme auf, als man denken sollte.

So entstand der Pharos in der Frühzeit des ptolemäischen Hauses und wir wissen, daß sich die ersten Ptolemäer weit mehr als Makedonen bzw. Griechen denn als ägyptische Pharaonen begriffen. Wir werden diesen Punkt später noch genauer beleuchten (s. S. 115 f.). Bei einem unter Ptolemaios I. entstandenen Bau sollte man deshalb in jedem Fall griechische Bauelemente erwarten. Doch was Jean-Yves Empereur und seine Mitarbeiter der

15

16

17

18

Dafür illustrieren diese meist in altägyptischem Stil gehaltenen Werke in aufregender Weise, wie sehr man sich bemühte, der Nilmetropole ein altägyptisches Mäntelchen überwerfen. So fand man eine kolossale Statue, die ursprünglich sicher über 5 m maß und wohl einen Ptolemäer in der traditionellen Ikonographie eines Pharao zeigt (Abb. 15). Bildwerke dieser Art demonstrieren überdeutlich, daß jeder Ptolemäer unweigerlich aufgerufen war, nicht nur als makedonischer König, sondern auch als ägyptischer Pharao zu fungieren. Kein Fremdherrscher vermochte sich auf Dauer seinen «pharaonischen Pflichten» zu entziehen, war doch der Vollzug geheiligter Riten in den Augen der Ägypter untrennbar mit Wohl und Wehe des Nillandes verbunden.

Erstaunlicherweise bargen die Archäologen jedoch nicht nur ptolemäische Werke in ägyptischem Stil, sie entdeckten auch zahlreiche Proben altägyptischen Kunstschaffens. Zu den bemerkenswertesten Entdeckungen zählt etwa eine Sphinx mit der Inschrift Psammetichs II. (595–588 v. Chr.) (Abb. 16. 17). Die Sphinx (nach ägyptischer Lesart eigentlich der Sphinx) galt als Sinnbild königlicher Stärke.

In den Bereich der Sonnensymbolik fällt dann ein kleiner, fragmentierter Obelisk, der einst von Sethos I. (1304–1290 v. Chr.) errichtet wurde (Abb. 18). Dieser Pharao der machtvollen XIX. Dynastie war kein geringerer als der Vater Ram-

***Abb. 16** Sphinx des Pharaos Psammetich II. (595–588 v. Chr.). Geborgen im Meer vor der Festung von Kait Bey. Kalzit, XXVI. Dynastie.*

***Abb. 17** Hieroglyphische Inschrift auf der Sphinx-Basis Psammetichs' II.*

***Abb. 18** Kleiner Obelisk mit einer Inschrift Sethos' I. Fundsituation im Meer vor Kait Bey. Kalzit, XIX. Dynastie.*

***Abb. 19** Ägyptische «Papyrussäulen» unter Wasser vor Kait Bey. Einige tragen Namenskartuschen Ramses' II., einem der bedeutendsten aller Pharaonen (1290–1224 v. Chr.). Möglicherweise aus Heliopolis nach Alexandria verbracht.*

***Abb. 20** Neue topographische Karte des Hafens von Alexandria nach den Ergebnissen von F. Goddio. Im Norden direkt hinter der Einfahrt Untiefen und zur Rechten die Halbinsel Lochias. Im Süden eine Halbinsel, die einst wohl ein Poseidonheiligtum trug.*

See entrissen, waren keine griechischen Architekturelemente frühhellenistischer Zeit. Im Gegenteil, die geborgenen Artefakte gehören Perioden an, die mit der Konstruktion des Pharos so gut wie nichts zu tun haben. Das bedeutet nun beileibe nicht, daß diese Entdeckungen bedeutungslos wären, nur über die Konstruktion des Leuchtturms verraten sie einstweilen nichts.

19

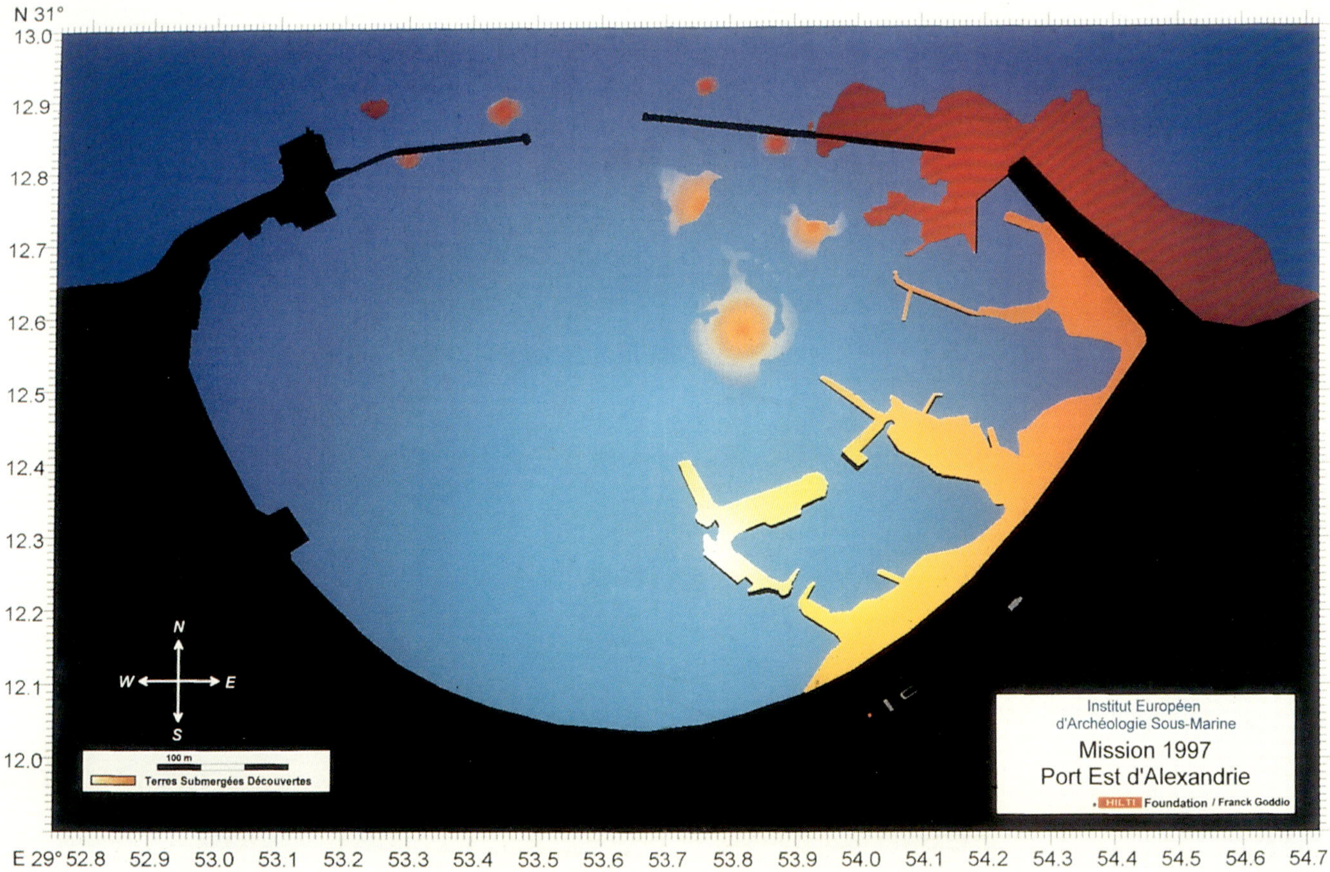

20

ses' II. (1290–1224 v. Chr.). Nicht weniger bedeutsam sind dann auch monumentale, in altägyptischem Stil gearbeitete Papyrussäulen (Abb. 19). Einige tragen sogar die Namenskartuschen Ramses II. Zur Architektur des Leuchturms können sie kaum gehört haben, so daß wir hier wohl am ehesten Überreste eines Hallenbaus vor uns haben.

So bedeutsam, ja unerwartet diese Funde auch sind, sie verraten uns leider nicht, wann sie nach Alexandria verbracht wurden. Geschah dies schon unter den frühen Lagiden oder repräsentieren diese Denkmäler bereits jene Phasen pto-

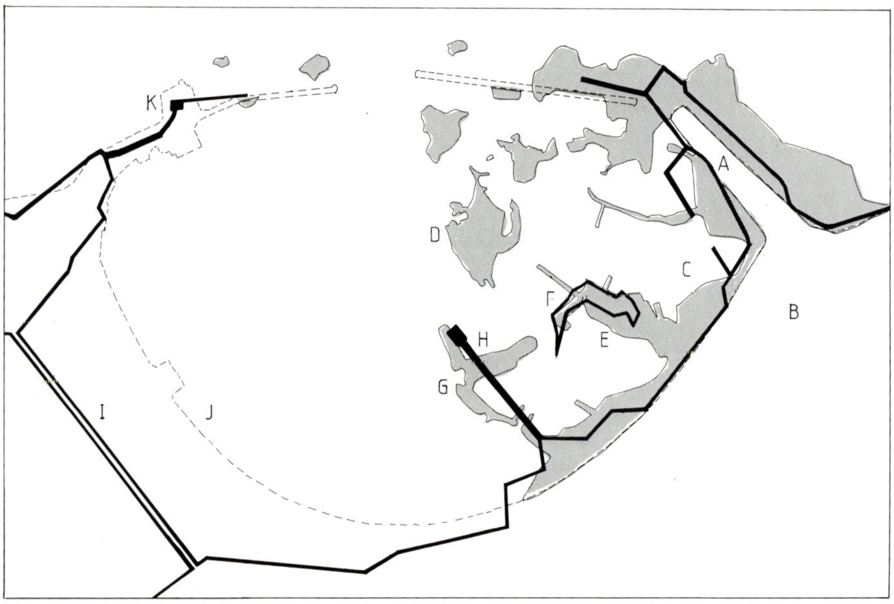

21

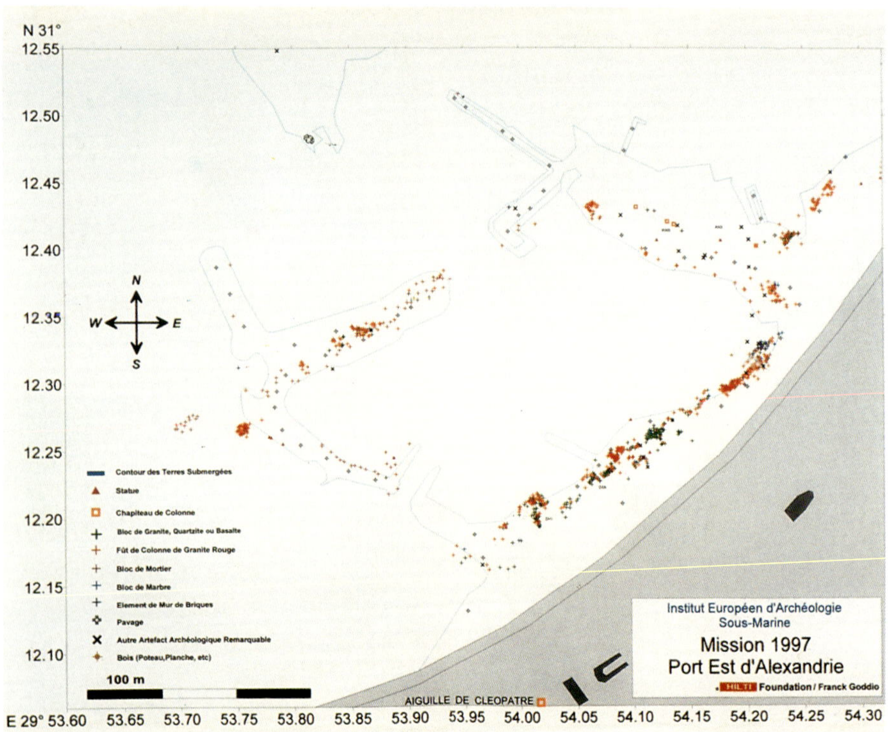

22

lemäischer Geschichte, in denen sich ägyptischer Einfluß immer nachdrücklicher zu Wort meldete? Selbst eine Aufstellung in römischer Zeit wäre nicht völlig ausgeschlossen, wenn vielleicht auch wenig wahrscheinlich.

Mit der Aufstellung dieser Bildwerke und Architekturen zielte man fraglos auf das altägyptische Flair der neuen Hauptstadt. Andererseits wäre es verfehlt, diese pharaonischen Zeugnisse ausschließlich dekorativ zu werten. Hier ging es sicher nicht nur um baulichen Schmuck, im Vordergrund stand sicherlich vor allem der Aspekt herrscherlicher Kontinuität, fungierten doch die Lagiden als Rechtsnachfolger der großen Pharaonen. Ob die Auswahl möglicherweise noch weitergehende Einblicke erlaubt, wird im Zusammenhang mit den nicht minder spektakulären Hafenfunden auszuleuchten sein.

Der Große Hafen

Kein Bereich alexandrinischer Topographie wurde in jüngster Zeit so radikal verändert wie der Große Hafen. Umrundete man die Hafeneinfahrt mit dem Pharos zur Rechten (Abb. 9. 20), so zeigen nun Magnetresonanz-Messungen, daß sich unmittelbar zur Linken zahlreiche Untiefen erstreckten, die Strabos Warnung vor der Schwierigkeit dieser Passage in ganz neuem Licht erscheinen lassen (XVII, 1.9).

Doch damit nicht genug, ergaben doch die Messungen von F. Goddio und seinem Team, daß auch unser Bild von der östlich und südlich anschließenden Küste nicht unbeträchtlich modifiziert werden muß (Abb. 21).[8] War die Forschung bisher auf literarische Quellen und auf eher zufällige Beobachtungen angewiesen, auf Informationen, die teilweise noch in das 19. Jh. zurückreichten, so stellen die neuen Ergebnisse die Hafentopographie auf eine gänzlich neue Grundlage.

Die im Osten des Großen Hafens vorspringende Halbinsel «Lochias» trug einst die Akropolis (Akra). Dies ist sicher das am frühesten bebaute Gebiet des riesigen Palastareals (Abb. 3. 20). An seinem westlichen Ufer erkennen wir Hafenanlagen, die wohl der königlichen Familie und der Kriegsmarine vorbehalten waren. Daß in diesem Bereich ein Königshafen lag, war bereits seit langem bekannt, doch wird nun im Südwesten zwischen diesem Becken und einer Halbinsel mit einem mutmaßlichen Poseidontempel noch ein zweiter Hafen sichtbar.

Und es ist gerade diese Poseidon-Halbinsel, die unser Bild so maßgeblich verändert, dachten wir doch bisher, daß unmittelbar vor ihr, im Nordwesten, eine kleine Insel gelegen habe, die in der Antike als «Antirrhodos» bekannt war. Auf ihr sah noch Strabo zur Zeit des Augustus königliche Paläste und Hafenanlagen. Nun sieht es jedoch angesichts zahlreicher Funde so aus, als gehöre die vorgebliche Insel in Wahrheit zu der Landzunge mit dem mutmaßlichen Poseidonheiligtum, während «Antirrhodos» weiter westlich zu lokalisieren wäre (Abb. 21, G). Nun verwies G. Grimm jüngst mit Recht darauf, daß Strabo (XVII, 1.9) die Insel unmittelbar vor Lochias (Abb. 21, A) und dem verdeckten Hafen ansiedelt (Abb. 21, C), so daß es sich eher um die Insel Abbildung 21 D handeln sollte, zumal diese auch noch im Umriß an Rhodos erinnert, wodurch sich auch der Name erklären würde.

In der heute von F. Goddio und seinen Mitarbeitern versuchsweise als «Antirrhodos» gleichgesetzten Insel (Abb. 21, F) sah man früher das literarisch bezeugte Timoneion, eine künstliche Seevilla, in die sich der mit seinem Schicksal hadernde Marcus Antonius nach der entscheidenden Niederlage von Actium (31 v. Chr.) zurückzog. Das Timoneion sieht F. Goddio jetzt eher als westlichen Vorsprung des Poseidoniums. Ob diese Zuweisung zutrifft, können nur weitere Forschungen zeigen. Neben zahlreichen

Architekturgliedern aus Granit und anderem Stein fanden sich außer Skulpturen in ägyptischem Stil auch ein wohl mit Antonia Minor zu verbindendes Marmorporträt (Abb. 23). Antonia Minor war die Tochter Marcus Antonius und die Mutter des Kaisers Claudius (41–54 n. Chr.). Sie stammte aus Marcus Antonius Ehe mit Octavia, der Schwester Octavians, der als Augustus die Reihe der römischen Kaiser eröffnete (63 v.–14 n. Chr.). Pikanterweise wurde Octavia von Marcus Antonius im Jahre 32 v. Chr. endgültig zugunsten seiner Liaison mit Kleopatra VII. verlassen. Ein Porträt Antonia Minors im Timoneion Mark Anton wäre also durchaus passend, nur kann die Statue einer «Kaiserinmutter» natürlich auch an jedem anderen Ort gestanden haben.

Auch andere Funde reichen leider noch nicht aus, um die Deutung als Timoneion zweifelsfrei zu erhärten, doch stehen wir erst am Anfang der Hafenarchäologie. So versuchte man die Skulptur einer liegenden Sphinx mit Ptolemaios XII. Auletes zu verbinden (Abb. 24a.b), dem Vater der großen Kleopatra, doch sind die Gesichtszüge zu idealisiert, um eine Zuweisung zu wagen. Daß der Befund in diesem Areal durchaus dem vor «Kait Bey» entspricht, lehrt darüber hinaus ein Obeliskenfragment aus den Tagen Sethos' I. Wieder ist also vor- wie nachptolemäische Antike an ein- und demselben Ort vereint.

Das Bild interessanter, ja bedeutungsschwerer Einzelfunde setzt sich auch in anderen Hafenabschnitten fort, doch ist auch hier beileibe noch nicht alles zwei-

Abb. 21 Alte Sicht (schwarze Linie) und neue Erkenntnisse zum Großen Hafen. A) Ältester Palast auf Lochias. B) «Innere Paläste». C) «Verdeckter Königshafen. D) «Antirrhodos» nach G. Grimm. E) Poseidonheiligtum. F) Neue Lokalisierung des Timoneions nach F. Goddio. G) «Antirrhodos» nach F. Goddio. H) Alte Lokalisierung des Timoneions. I) Heptastadion. J) Moderne Küstenlinie. K) Pharos.

Abb. 22 Verteilung der im Hafenbecken von Alexandria entdeckten Artefakte. Die Verteilung «beschreibt» die antiken Küstenlinien.

Abb. 23 Römischer Porträtkopf. Wohl ein Bildnis Antonia Minors (36 v.–37 n. Chr.), der Mutter des Kaisers Claudius (41–54 n. Chr.). Gefunden im Hafen von Alexandria im Bereich des «Timoneions»? Marmor; H. 35 cm.

Abb. 24a.b Eine Sphinx aus dem Hafen von Alexandria. Grauer Granit, spätptolemäisch.

23

24a

24b

25

26

felsfrei zu bestimmen. So wurde ein Pharaonenkopf mit traditionellem Kopftuch jüngst mit Augustus verbunden, doch könnte es sich durchaus um einen Ptolemäer handeln (Abb. 25).

Mitten in den Bereich ägyptischer Kulte führt uns hingegen wohl bereits die frühkaiserzeitliche Granitstatue eines ägyptischen Priesters mit kahlrasiertem Kopf (Abb. 27). Entdeckt wurde er am Südwestufer der Insel «Antirrhodos». Geradezu liebevoll trägt er einen Kanopenkrug, das Bild des «Osiris von Kanopus». Um das göttliche Gefäß nicht durch Berührung zu entweihen, hat er die Hände im Gewand verborgen. Unsere Kanope ist im Sinne eines prachtvollen Fundes aus Ras el-Soda zu ergänzen (Abb. 28). Er gehört bereits in das 2. Jh. n. Chr. und wurde östlich von Alexandria in einem kleinen Heiligtum entdeckt, in dem sich auch eine Statue der Isis fand, der Gattin des Totengottes Osiris.

Wie bereits die Ausgräber erkannten, bieten die Hafenfunde somit bisher keinen zwingenden Anhaltspunkt zur Lokalisierung eines Kleopatrapalastes, dessen angebliche Entdeckung immer wieder durch die Medien geistert. Selbst wenn man die eine oder andere Statue tatsächlich mit der großen Königin oder ihrem Vater verbinden könnte, so würde das

Abb. 25 Kolossaler Kopf in pharaonischer Tracht mit Königskopftuch. Wohl ein früher Ptolemäer. Grauer Granit; H. über 80 cm.

Abb. 26 Ein Taucher nähert sich dem Fragment einer hieroglyphischen Inschrift. Umzeichnung der Inschrift mit der Kartusche des Apries (588–565 v. Chr.), eines Pharaos der XXVI. Dynastie. Rosengranit.

Abb. 27 Statue eines ägyptischen Priesters mit einer Kanope. Es handelt sich um ein Bildnis des Osiris von Kanopus, der in Gestalt eines Gefäßes mit menschlichem Kopf verehrt wurde. Trotz der Beschädigung ist der lange Bart und das Kopftuch der Pharaonen an der Kanope noch deutlich zu erkennen. Granit; H. 150 cm, wohl frühkaiserzeitlich.

Abb. 28 Osiris von Kanopus. Auf dem Kopf die Götterkrone mit Widderhörnern, Sonnenscheibe, Straußenfedern und Uräen. Am Kopftuch die Uräusschlange. Das Gefäß schmückt ein geflügelter Uräus mit Sonnenscheibe und darüber ein Pektoral. Neben dem naiskosförmigen Anhänger zu beiden Seiten jeweils der Sohn der Isis, Harpokrates mit seiner Mutter. Aus einem Heiligtum bei Ras el-Soda, östlich von Alexandria. Marmor, 140/50 n. Chr. Alexandria, Griechisch-Römisches Museum 25878.

noch lange nicht ausreichen, um den Fundort als Kleopatrapalast auszuweisen. So verführerisch der Gedanke auch anmutet, man muß bedenken, daß Statuen der Ptolemäer in jedem ägyptischen Heiligtum und natürlich auch überall im Palastareal zu erwarten sind. Und die Paläste umfaßten eben ein Viertel bis ein Drittel der ganzen Stadt. Geht es um eine konkrete Lokalisierung, so können wir nur auf einen Sensationsfund hoffen.

Daß die in Hafennähe gelegenen Palastareale noch Generationen nach der im Jahre 30 v. Chr. endenden Ptolemäerzeit genutzt wurden, zeigen nicht zuletzt einige römische Inschriften aus den Tagen des Kaisers Caracalla (211–217 n. Chr.), die den Herrscher unter anderem als «Herren der bewohnten Erde» ausweisen.

Verbindet man nun die altägyptischen, vor «Kait Bey» und im Großen Hafen geborgenen Zeugnisse, so ist selbstverständlich denkbar, daß all diese Kunstwerke und Architekturglieder letztlich eher zufällig nach Alexandria gelangten. Wir hätten dann sozusagen Kulturbeute vor uns. Ob man sie in ptolemäischer oder erst in römischer Zeit abtransportierte, wird dabei letztlich nie zu ermitteln sein, auch wenn eine ptolemäische Aufstellung weit wahrscheinlicher ist. Bei der Auswahl könnte man sogar primär Argumente der Zweckmäßigkeit im Auge gehabt haben. So lag etwa die Hauptstadt der XXVI. Dynastie und des Saitenreiches im Delta. Skulpturen dieser Periode waren also mit weit weniger Aufwand zu beschaffen als ältere Bildwerke. Vielleicht ist dies der Grund, daß wir in Alexandria neben dem Namen Psammetichs II. auch Apries identifizieren können (Abb. 26).

Andererseits lohnt hier vielleicht doch ein kurzer Blick in die Geschichte Ägyptens. Daß man in der neuen Metropole auch Monumente der Ramessidenzeit zur Schau stellen wollte (Abb. 19), kann allein aus Repräsentationsgründen nicht erstaunen, war doch Ägypten bereits damals eine Weltmacht. Zudem konzentrierten sich die Kriege Ramses' II. vor allem auf das anatolisch-nordsyrische Hethiterreich und hier erkennt man nun in der Tat geostrategische Analogien zur Situation der Ptolemäer. Denn es waren die Lagiden, die um der Kontrolle Syriens über Jahrhunderte hinweg mit dem vorderasiatischen Seleukidenreich einen «Syrischen Krieg» nach dem anderen ausfochten (s. S. 65. 78). Interessanterweise trifft diese historische Parallele auch auf Sethos I. zu, der sich gerade bei der Sicherung seines syrischen Besitzstandes hervortat (Abb. 18). Wählte man

27

28

Zeugnisse dieser Herrscher, um auf die Kontinuität der Geschichte hinzuweisen?

Auch die saitischen Zeugnisse könnte man durchaus unter ideologischem Blickwinkel begreifen (Abb. 16. 26). Hier wäre etwa zu bedenken, daß die XXVI. Dynastie eigentlich als Unterkönige des assyrischen Großreichs begannen. Neben Ägypten beherrschten die Assyrer damals Mesopotamien, Syrien und auch Palästina. Nach ihrer Etablierung trugen die Saiten jedoch entscheidend dazu bei, Ägypten in die Selbständigkeit zurückzuführen. Sie erlösten das Nilland vom vorderasiatischen Joch und führten es zu neuer Blüte. Vergegenwärtigt man sich die Situation unter Alexander und den in seine Fußstapfen tretenden Ptolemäern, dann liegen die historischen Parallelen offen zu Tage. Aus ihrer Sicht hatten die Ptolemäer nichts anderes getan. Zudem war die Saitenzeit geradezu sprichwörtlich für gute Beziehungen Ägyptens zur griechischen Welt.

Wie uns der römische Dichter Catull in seiner Paraphrase der kallimacheischen «Locke der Berenike» (LXVI 12) zeigt, war der Terminus «Assyrer» sogar noch in der Zeit Caesars eine verständliche Bezeichnung für den orientalischen Osten. Kallimachos selbst schuf das Original des Catullschen Gedichts gegen 245 v. Chr. und zwar auf dem Hintergrund des «Dritten Syrischen Krieges» (s. S. 78 ff.), in dem es natürlich wieder darum ging, die Unabhängigkeit und Weltgeltung Ägyptens gegen den feindlichen Orient zu behaupten. Analogien zwischen der Saitenzeit und dem Ptolemäerreich sind also keineswegs von der Hand zu weisen.

Es ist sogar durchaus denkbar, daß Ptolemaios I. während seiner ersten Regierungsjahre in Ermanglung eigener Repräsentationsarchitektur zunächst den memphitischen Palast des Apries bezog (GA 35), ehe er später die Residenz nach Alexandria verlegte.

Mit diesen Überlegungen soll nun keineswegs insinuiert werden, daß man in Alexandria jedes pharaonische Artefakt unter ideologisch-propagandistischem Blickwinkel begreifen müsse, doch sollte die Möglichkeit einer solchen Deutung im Einzelfall nicht übersehen werden. Wie politisch die Wahl entsprechender Monumente sein konnte, wird nicht zuletzt der Sarkophag Nektanebos II. zeigen, der als letzter einheimischer Pharao in die Geschichte einging (s. S. 22 f.).

Makedonische Pharaonen

Beherrscht wurde Alexandria von einer makedonischen Dynastie, die Ägypten für Jahrhunderte kontrollierte. Und bedenkt man, daß es sich ursprünglich um eine eher unbekannte Familie handelte, so war ihr Aufstieg umso atemberaubender. In eigener Machtvollkommenheit proklamierten sie sich nicht nur zu Königen, sondern auch zu Göttern und es findet sich wohl kaum ein Monument, das diesen Anspruch elementarer verdeutlicht, als die verlorene Inschrift von Adulis.

Gegen 550 n. Chr. schilderte der Mönch Kosmas Indikopleustes in seiner «Christlichen Topographie» Beobachtungen seiner Reisen, die ihn einst durch das Rote Meer nach Indien führten. So zitiert er auch eine griechische Inschrift, die er seinerzeit auf der Höhe von Adulis an der Westküste des Roten Meeres entdeckt hatte.[9] Es ist eben jener Küstenstrich, der später mit dem Sklavenmarkt von Suakin traurige Berühmtheit erlangen sollte.

Das Dokument beginnt mit einer wahrhaft göttlichen Genealogie:

«Der große König Ptolemaios, der Basileus Megas, der Sohn des Königs Ptolemaios und der Königin Arsinoe, der «Geschwistergottheiten», ihrerseits Kinder des Königs Ptolemaios und der Königin Berenike, der «Rettenden Gottheiten». Väterlicherseits abstammend von Herakles, dem Sohn des Zeus und mütterlicherseits von Dionysos, dem Sohn des Zeus ...».

Neben dem Göttervater Zeus, dem orgiastischen Dionysos oder dem unüberwindlichen Herakles erwähnt die Inschrift die «Rettenden Götter» sowie «Geschwistergottheiten». Bei Ptolemaios II. und seiner Schwester Arsinoe handelte es sich tatsächlich um ein verheiratetes Geschwisterpaar, eine Perversion aus griechischer wie aus moderner Sicht (s. S. 59 ff.). Ihrer Göttlichkeit tat dies jedoch keinen Abbruch und so erstaunt es nicht, daß sich am Ende auch der Sohn zum Gott proklamierte. Ptolemaios III. (Abb. 29)[10], der Basileus Megas unserer Inschrift, und seine Gattin Berenike II. (Abb. 116a.b) gingen als «segenspendende Götter» (Theoi Euergetai) in die Geschichte ein. Und seit sich Ptolemaios I. im «Jahr der Könige» 306/5 v. Chr. das Diadem umgebunden hatte, waren sie

29

30a

30b

31

32

nicht nur Könige, sondern auch Pharaonen, die die Traditionen Ägyptens zu wahren hatten.[11]

Es sind die ersten der beiden Götterpaare, deren Bildnisse auf Vorder- und Rückseiten goldener Oktadrachmen erscheinen (Abb. 30a.b).[12] Wir sprechen hier von Porträts, doch wäre es verfehlt, in diesen Physiognomien realitätsnahe Wiedergaben zu vermuten. Die machtvollen, ja häßlichen Züge sind in ihrer Unverwechselbarkeit geradezu Programm und die Blicke aus den riesigen «Ptolemäeraugen» scheinen aus einer anderen Welt zu kommen.

33

34

Abb. 29 Tetradrachme mit dem Porträt Ptolemaios' III. aus Tarsos. Geschlagen wohl 245–243 v. Chr. Silber.; Boston, Museum of Arts.

Abb. 30a.b Gold-Oktadrachmon. Auf der Vorderseite (a) gestaffeltes Doppelporträt der «göttlichen Geschwister» Ptolemaios II. und Arsinoe II. und auf der Rückseite (b) ein Doppelporträt der Eltern (der rettenden Götter) Ptolemaios I. und Berenike I. mit weit offenen «Ptolemäeraugen». Auf beide Seiten verteilte Legende «ΘΕΩΝ ΑΔΕΛΦΩΝ», 283–246 v. Chr.; Alexandria, Griechisch-Römisches Museum Inv. 25018.

Abb. 31 Büste Alexanders des Großen mit den Widderhörnern des Ammon und einer ägyptischen «Hm-hm-Krone». Bronze; Stuttgart, Württembergisches Landesmuseum 3.821.

Abb. 32 Goldmedaillon aus Abukir (Ägypten). Vorderseite: Büste der Königin Olympias (ca. 375–316 v. Chr.), der Mutter Alexanders des Großen. Rückseite: Nereide auf Seemonster, severisch (212–235 n. Chr.); Thessaloniki, Archäologisches Museum.

Abb. 33 Kalksteinmodell eines ptolemäischen Schildes. Im Zentrum ein Gorgonenhaupt, gerahmt von der Legende: ΠΤΟΛΕΜΑΙΟΥ. Der rahmende Dekor aus Dreiviertelkreisen ist typisch für makedonische Schilde. Aus Memphis (Mit Rahine), spätes 3. Jh. v. Chr. Dm. 70 cm; Amsterdam, Allard Pierson Museum 7879.

Abb. 34 Knopf in Form eines ptolemäisch-makedonischen Schildes. Im Zentrum der Adler des Zeus auf dem Blitz, 2. Jh. v. Chr. Blei; Dm. 6 cm; Berlin, SMPK 4377.

Abb. 35 Kopf eines bärtigen Mannes mit angedeuteten Widderhörnern im Haar. Als Einsatz für eine Statue aus minderem Material gearbeitet. Der Bart und der Hinterkopf waren früher stuckiert und bemalt. Philipp II. bzw. Nektanebos II. als Ammon? Angeblich aus Ägypten. Marmor, spätes 3./2. Jh. v. Chr.? H. 19 cm; Chicago, Field Museum of Natural History 26749.

So neu diese Götter auch waren, ein «göttlicher Mensch» war bereits im klassischen Griechenland nicht völlig undenkbar. So hatte Samos dem Spartaner Lysander nach seinem Sieg über Athen im «Peloponnesischen Krieg» (431–404 v. Chr.) göttliche Ehren zuerkannt. Dies war jedoch keineswegs mit einer Deifikation seiner Familie gleichzusetzen. Im Gegenteil, blieb doch die Ehrung auf Samos begrenzt. Die ganze Angelegenheit entsprach eigentlich eher einer Art von persönlichem Adel.[13]

Ganz ähnlich lokalen Zuschnitt hatte wohl Generationen später im nordgriechischen Amphipolis ein Kult Philipps II. (359–336 v. Chr.).[14] So mächtig der Makedonenkönig auch sein mochte, selbst bei dem Vater Alexanders konnte von einer landesweiten Deifizierung noch keine Rede sein und als «lebender Gott» trat er niemals in Erscheinung (Abb. 154).

Sein berühmter Sohn zog wenige Jahre später von Ägypten aus in die Oase Siwa (331 v. Chr.), um sich von dem Ammon-Orakel seine Göttlichkeit verbriefen zu lassen. Bei einer kaiserzeitlichen Bronzebüste erscheint er sogar noch mit der ägyptischen «Hm-hm-Krone», die mit der Re-Apotheose und in der Spätzeit vor allem mit dem Totengott Osiris in Verbindung steht (Abb. 31).[15] Die Nachwelt sah den Makedonen deshalb als Sohn des Ammon – mit Philipp II. als leiblichem Vater. Die ideologische Überhöhung Alexanders war bei seinen unmittelbaren Nachfolgern, den Diadochen, weit verbreitet und so emittierte etwa Lysimachos in seinem thrakisch-nordwestkleinasiatischen Königreich eine ganze Reihe meisterhafter Münzen, die Alexander mit dem Gehörn des Gottes porträtieren. Dennoch ist die Forschung bis heute höchst uneins, ob sich Alexander zu Lebzeiten tatsächlich je in allgemein-verbindlicher Form zum Gott erklärt hat.[16]

Vielleicht mit Rücksicht auf die eher

35

ablehnende Einstellung breiter makedonischer oder griechischer Kreise finden sich auch bei Alexanders Nachfolgern nur sporadisch reichsübergreifende Herrscherkulte. So ging der Seleukide Antiochos II. (266–246 v. Chr.) zwar als «Theos» (Gott) in die Geschichte ein, doch waren es eigentlich die kleinasiatischen Milesier, die dem Seleukiden aus Dankbarkeit den Göttertitel andienten.

Daß Alexander anders gesehen wurde, hing sicherlich nicht zuletzt mit seinem ägyptischen Hintergrund zusammen. Nachdem der König mit Philipp II. und dem Gott Ammon ohnehin schon zwei Väter hatte, billigte ihm die Legende alsbald noch einen dritten zu: einen Pharao. Als die Perser unter Artaxerxes III. gegen 343 v. Chr. Ägypten zum zweiten Mal unterwarfen, da verschwand mit Nektanebos II. auch der letzte einheimische Pharao spurlos aus der Geschichte. In dem in spätantiker Zeit aufgezeichne-

36

37

38

ten Alexanderroman (I,1–13) floh der zauberkundige Herrscher damals nach Makedonien und verführte Olympias (Abb. 32a.b)[17], die Gattin Philipps II. In einem Traum suggerierte er ihr, sie sei die Auserwählte des Ammon. Dann verkleidete er sich mit Widderfell und goldenen Hörnern und zeugte mit der Königin Alexander den Großen.[18] Das Ziel der Legende liegt auf der Hand: Alexander sollte nicht nur als Sohn des Ammon, sondern als geborener Pharao in die ägyptische Geschichte eingehen. Es überrascht also in keiner Weise, daß man Jahrtausende später in Alexandria ausgerechnet einen Sarkophag Nektanebos' II. entdeckte.[19] Da Alexander aus der Sicht des Ptolemäerhofes mit den Königen blutsverwandt war, haben wir in dem letzten indigenen Pharao sozusagen einen mythischen Stammvater der Dynastie vor uns.

Dieses Konzept spiegelt sich nun offenbar in einem Fund relativ bescheidener Marmorköpfe, deren ägyptische Provenienz durch Technik und Stil erhärtet wird. Ein Kopf zeigt offenkundig Alexander, ein weiterer wohl einen Lagiden und ein dritter einen älteren bärtigen Mann (Abb. 35).[20] Nun wurden Ptolemäer durchweg bartlos dargestellt, so daß man hier an Philipp II. dachte, der im Unterschied zu seinem Sohn einen Vollbart trug (Abb. 154). Da wir es hier aller Wahrscheinlichkeit nach mit einer dynastischen Statuettengruppe zu tun haben (s. S. 112 f.), wäre ein Bildnis Philipps in Ägypten zwar singulär, doch fraglos nicht unmöglich. Nun zeigt jedoch ein großes Zapfloch auf der Schädelkalotte, daß unser «Philipp» einst ein großes Attribut auf dem Kopf trug, das nach Lage der Dinge nur eine ägyptische Götterkrone sein kann. Das paßt nun überhaupt nicht zu Philipp II., da dieser niemals als Pharao in Erscheinung trat.

Erwägenswert wäre allenfalls noch der unzurechnungsfähige Alexandernachfolger Arrhidaios, der bei seiner Thronbesteigung den Namen «Philipp» annehmen mußte. Philipp Arrhidaios fungierte tatsächlich als Pharao, könnte also mit einer Götterkrone dargestellt worden sein (s. S. 31). Zudem wäre zu erwägen, ob er nicht wie sein Vater Bartträger war, doch spielte der unglückliche Mann in der dynastischen Propaganda der Lagiden nie die geringste Rolle. Die Verbindung Philipp II.–Nektanebos II. ist also weit suggestiver.

In diese Richtung deuten auch die Spuren über der Stirn, in denen man rudimentäre Widderhörner erkannt hat, die einstmals in Stuck ausgeführt waren. Da wir angesichts der porträthaften Züge auf keinen Fall Zeus Ammon vor uns haben, bleibt hier nur ein fiktives Porträt Nektanebos' II. als Ammon, der als Pharao selbstverständlich auch eine ägyptische Krone tragen mußte. Verwirklicht hat man diesen Porträtgedanken mit den Zügen Philipps II. (Abb. 154). Es sieht also tatsächlich so aus, als habe man in

39

unserem Marmorköpfchen die drei «Väter» des großen Königs zur Deckung gebracht: Philipp II., Nektanebos II. und Zeus Ammon.

Makedonen und Griechen

Im Gegensatz zu Griechenland mit seiner demokratischen Verfassung stand Makedonien stets unter der Herrschaft von Königen. Neben den Herrschern hören wir auch von mächtigen Familien, so daß man durchaus von einer Adelsschicht sprechen kann. Die dezidiert makedonische Haltung der Ptolemäer spiegelt sich in zahlreichen Zeugnissen. Besonders bemerkenswert ist ein aus Kalkstein gefertigtes Schildmodell (Abb. 33).[21] Es stammt aus einem memphitischen Fundzusammenhang, der uns noch mehrfach beschäftigen wird. Der spiegelverkehrte Schriftzug «Ptolemaiou» um das unheilabwehrende Gorgonenhaupt im Schildzentrum wies den Träger als Mitglied von Garde- oder Elitetruppen aus. Der charakteristische Halbkreisdekor ist in makedonischem Zusammenhang bestens bezeugt (Abb. 122 links) und auch das Sternenmotiv wird uns in Makedonien aufs Neue begegnen (Abb. 101).

Eine ganz ähnliche Kombination ptolemäischer und makedonischer Motive findet sich auch bei einem kleinen Bleischildchen, das wohl als Zierknopf verwendet wurde (Abb. 34).[22] Das Zentrum schmückt diesmal der etwas verballhornte Adler des Zeus, ein geradezu kanonisches Motiv im ptolemäischen Ägypten (s. S. 71).

Makedonische Bezüge beobachten wir auch bei einer stattlichen Anzahl memphitischer Helmmodelle, die wie unser Ptolemäerschild aus Kalkstein gearbeitet waren. Einige entsprechen mit ihrer «gefalteten Krempe» der böotischen Reiterkappe aus den Tagen Alexanders (Abb. 36).[23] Ein zweiter Helmtypus verbindet dagegen Züge griechischer und ägyptischer Helme (Abb. 37).[24] Spätestens hier ist etwas «Ptolemäisches» entstanden. Von besonderem Interesse ist vor allem die scharf und präzise in den weichen Stein gravierte Rankenornamentik. Stets erscheinen in den griechischen Wellenranken die charakteristischen Doppelvoluten, die in der makedonischen Ornamentik des ausgehenden 4. Jhs. v. Chr. so außerordentlich beliebt waren (Abb. 141). Auch die Variante mit dreidimensional skizzierten Spiralvoluten ist uns auf einem memphitischen Gipsabguß erhalten. Das metallene Original zierte einst einen Kopfschmuck (Stephane) oder den Stirnschirm eines Helms (Abb. 38).[25]

Die Orientierung an makedonischen Traditionen ist also gerade im Bereich der Militaria überaus deutlich. Anzumerken wäre noch, daß Memphis unter dem ersten Ptolemäer sogar als provisorische Hauptstadt fungierte (GA 33) und als Kunstzentrum ohnehin höchstes Ansehen

***Abb. 36** Kalksteinmodell eines «böotischen Reiterhelms». Wohl aus Memphis (Mit Rahine), 3. Jh. v. Chr. H. 29,5 cm; Paris, Louvre Inv. MND 1484.*

***Abb. 37** Kalksteinmodell eines ptolemäischen Helms. Wohl aus Memphis (Mit Rahine), 3. Jh. v. Chr. H. 36 cm; Berlin, Pergamonmuseum Inv. M.I. 10578 und SK 1573.*

***Abb. 38** Gipsabguß eines Rankenornaments. Von einem Helm oder einem Kopfschmuck. Wohl aus Memphis (Mit Rahine), 3. Jh. v. Chr.; Hildesheim, Roemer- und Pelizaeus-Museum 1146 a–f.*

***Abb. 39** Tod Alexanders in Babylon. Karl Theodor von Piloty (1826–1886). Holzstich nach dem Gemälde.*

40a

40b

41a

41b

genoß. Wir sprechen hier also von Ateliers, die im Umfeld des Hofes angesiedelt waren. Auch wenn Alexandria zur Weltstadt aufstieg, so zeigen doch die memphitischen Funde, daß die pharaonische Kapitale ihre Rolle als Kunstzentrum durchaus beibehielt. Noch in augusteischer Zeit besuchte Strabo (XVII, 1. 32) in der alten Kapitale ausgedehnte Palastanlagen, die allerdings damals bereits in Ruinen lagen.

Um Mißverständnissen vorzubeugen, sei hier nur kurz angemerkt, daß diese Pflanzenornamente nicht in Makedonien entwickelt wurden. Sie stammten vielmehr aus dem reichen Repertoire unteritalischer Dekorationskunst.[26] Via Makedonien wurden sie nach Ägypten vermittelt und waren im Lagidenreich keineswegs auf Waffen beschränkt. Bereits eine einleitend abgebildete Vase zeigte die charakteristischen Spiralvoluten (Abb. 6) und auch auf Holzsarkophagen ist der Einfluß italisch-makedonischer Traditionen bestens belegt.

Weshalb man in Makedonien ausgerechnet italisierende Dekorationen präferierte, ist heute nicht mehr zu klären. Auffällig ist allerdings, daß zum Troß der Alexanderarmee zahlreiche sizilische und unteritalische Unterhaltungskünstler zählten. Auch mit italischen Importen haben wir zu rechnen, trug doch Alexander selbst in der Entscheidungsschlacht von Gaugamela einen sizilischen Chiton (Plutarch, Alexander 32). Man fragt sich unwillkürlich, ob nicht die anti-makedonische Haltung in Griechenland und vor allem in Athen die Makedonen dazu bewog, sich anderen Landschaften der griechischen Welt zuzuwenden.

42

Ungeachtet dieser italo-makedonischen Dekorationskunst betrachteten sich die Makedonen selbstverständlich als Teil der griechischen Koiné, sprachen sie doch griechisch und führten ihre Abstammung direkt auf Herakles zurück. Ihre monarchische Gesellschaftsordnung stieß jedoch im spätklassischen Griechenland auf scharfen Widerspruch, so daß zur Zeit Philipps oder Alexanders die griechische Volkszugehörigkeit Makedoniens heiß umstritten war. Die Frage war hoch politisch. Während der große Redner und Makedonienhasser Demosthenes (384–322 v. Chr.) das Griechentum der Makedonen grundsätzlich leugnete, charakterisierten seine innenpolitischen Gegenspieler Philipp II. als vollkommenen Griechen.[27]

Ob nun ethnische Unterschiede bestanden oder nicht, die Gräben zwischen Makedonen und Griechen waren tief. So traten griechische Söldner zu Tausenden auf der Seite des Perserkönigs gegen Alexander an. Und das, obwohl der Makedonenkönig als Führer des hellenischen Bundes eigentlich mit gesamtgriechischer Autorität ausgestattet war. Selbst nach persischen Niederlagen weigerten sich die meisten dieser Söldner, in Alexanders Dienste zu treten. Und so erstaunt es nicht, daß Alexander manch gefangenen Griechen in Ketten zur Zwangsarbeit schleppen ließ.

Noch Jahrhunderte später überliefert der zu Zeiten Kaiser Trajans (98–117 n. Chr.) schreibende Offizier und Historiograph Arrian, daß Griechen und Makedonen in der Schlacht von Issos (333 v. Chr.) wie zwei Völker miteinander gerungen hätten (Anabasis II, 10.7). Ein interessantes Dictum, wenn man bedenkt, daß aus heutiger Sicht eigentlich die griechische Welt unter Alexander gegen den Orient kämpfte.

Babylon 323 ...

In den Abendstunden des 13. Juni 323 v. Chr. schloß Alexander in Babylon für immer die Augen (Abb. 39).[28] Und wäre

***Abb. 40a.b** Porträt Ptolemaios' I. aus Ägypten, angeblich aus dem Fayum, 3. Jh. v. Chr. Marmor; H. 26 cm; Kopenhagen, Ny Carlsberg Glyptothek 2300.*

***Abb. 41a.b** Porträtkopf Ptolemaios' II., angeblich aus dem ägyptischen Hermoupolis, wohl 2. Viertel 3. Jh. v. Chr. Marmor; H. 23,5 cm; Paris, Louvre Ma 3261.*

***Abb. 42** Alexander als Pharao zur Linken vor Ammon. Westwand des Alexandersanktuars des Tempels von Luxor.*

43

die Antike bereits eine Mediengesellschaft gewesen, dann hätte sein Tod sicherlich alles überschattet. Mit Alexander starb ein Gigant der Weltgeschichte, der Begründer einer Epoche und der erste Pharao makedonischen Geblüts.[29] Er verschied im Alter von 33 Jahren, ohne einen Nachfolger zu hinterlassen. Auf die drängende Frage seiner Freunde, wem er das Reich hinterlasse, habe der Sterbende nur den Siegelring gehoben und gemurmelt: «Dem Besten».

Und die Großen des Alexanderreichs, seine Generale und Strategen, sie sind seinen Worten gefolgt und mühten sich in 40 langen Jahren, auf dem Schlachtfeld den Besten zu ermitteln. Noch 281 v. Chr. standen sich in Westkleinasien auf der Ebene von Kurupedion zwei Greise gegenüber, bereit zur Entscheidungsschlacht. Der eine fiel, der andere wurde wenig später bei dem Versuch ermordet, nach vier Jahrzehnten noch einmal seine Heimat zu sehen (s. S. 59).

Der einzige aus dieser großen und doch so tragischen Generation, der die unablässigen Kriege überlebte, war Ptolemaios, der Sohn des Lagos, dem nach Alexanders Tod Ägypten zugefallen war (Abb. 40a.b).[30] Bereits die Reichsteilung von Babylon zeigte den Weitblick des Ptolemäers.[31] Das Nilland war reich und leicht zu verteidigen. Allseitig von Meer oder Wüsten umschlossen glich es geradezu einer Festung.

Ägypten war für seine makedonischen Herrscher so kostbar, daß mancher Ptolemäer es niemals verließ, allein schon, um Aufständen vorzubeugen. Ein klassisches Beispiel für diese Vorsicht ist der berühmte Hochzeitszug, mit dem Ptole-

***Abb. 43** Rekonstruktionsskizze des Leichenwagens Alexanders des Großen nach der bei Diodor erhaltenen Beschreibung, 323/22 v. Chr. Ausführung Ulrike Denis nach einem Original des Verfassers. © M. Pfrommer.*

***Abb. 44** Octavian am Grab Alexanders des Großen. Gemälde von Johann Heinrich Tischbein d. Ä., 1781; Kassel, Museum Schloß Wilhelmshöhe.*

maios II. (Abb. 41a.b)[32] im Jahr 252 v. Chr. seine Tochter Berenike nach Syrien entließ (Abb. 125). Die Ehe mit Antiochos II. Theos sollte das Ende des «Zweiten Syrischen Krieges» besiegeln und stand für den Friedensschluß zweier Großmächte. Doch selbst zu diesem Anlaß begleitete der Ptolemäer seine Tochter nur bis Pelusium an der Ostgrenze Ägyptens und entließ sie dann in ein ungewisses Schicksal. Zu dominant war die Sorge um die eigene Sicherheit, zu zentral die Kontrolle Ägyptens.

Wir werden der Prinzessin und ihrem Ehemann an anderer Stelle erneut begegnen (s. S. 80 ff.), doch einstweilen sind wir noch in Babylon. Wir schreiben immer noch das Jahr 323/2 v. Chr. und man verteilt die Welt. Stupend an diesem so dramatischen Geschehen ist nicht nur, daß wir gleichsam an der Wiege ganzer Fürstengeschlechter stehen, das Faszinierendste ist, daß die ganze Welt so ruhig blieb, und die Entscheidung des makedonischen Adels im Wesentlichen akzeptierte. Und da wir gerade vom Gegensatz zwischen Makedonen und Griechen sprachen: Unter den zahlreichen Gouverneuren erscheinen zwar einige Orientalen, jedoch nur ein einziger Grieche – Alexanders Kanzleichef Eumenes.

Doch in Babylon war nicht nur die Welt zu teilen, auch andere Maßnahmen waren von beträchtlicher Tragweite. Und eine der bedeutendsten Entscheidungen galt dem Leichnam Alexanders. Um den Körper des Königs rankten sich bereits die ersten Legenden, hatte doch der große Seher Aristandros von Telmessos längst die Wunderkraft des Leichnams erkannt. Wo immer man den König auch bestatte, das Land würde über alle Maßen glücklich und mächtig werden (Aelian, Var. Hist. XII, 64). Wir haben somit eine Reliquie vor uns. Auch der Körper selbst war bereits ein Mythos. Vor seiner Einbalsamierung habe er tagelang ohne die geringsten Zeichen von Verwesung im Palast gelegen, und das im sommerlichen Mesopotamien (Curtius Rufus X, 10. 12). Er lag im Palast, während seine Armee in Parteien zerfiel und die Tore berannte, hinter denen sich die Generalität gegen die eigenen Soldaten verschanzt hatte.

Am Ende entschied man sich für ein formales Doppelkönigtum, in dem sich sowohl die eher kosmopolitische wie die traditionell makedonische Richtung spiegelte. Alexanders gerade geborener Sohn aus seiner Verbindung mit der baktrischen Fürstentochter Roxane bestieg als Alexander IV. (323–312 v. Chr.) ebenso den Thron wie der einzig überlebende Halbbruder des toten Königs. Der nicht ganz zurechnungsfähige Mann hieß eigentlich Arrhidaios, doch mußte er als Exponent der konservativen Partei seinen Namen nach seinem Vater in «Philipp Arrhidaios» ändern (323–316 v. Chr.).

Ein geraubter Gott? Der Leichenwagen Alexanders

Alexander wollte offenbar in Ägypten oder in der Oase Siwa bestattet werden, im Heiligtum des Zeus Ammon. Auch die Tatsache, daß man ihn nach chaldäischem (babylonischem) und ägyptischem Brauch einbalsamierte, spricht für diese Absicht (Curtius Rufus X, 10. 13). Nun wurden makedonische Könige eigentlich verbrannt, doch Alexander fungierte nicht nur als König, sondern auch als legitimer Herrscher Ägyptens und bei einem Pharao war eine Einäscherung völlig undenkbar (Abb. 42).[33] Dahinter steht die Auffassung, daß ein Pharao seinen jenseitigen Aufgaben im Falle einer Verbrennung unmöglich nachkommen konnte. Konsequenterweise ließen sich später auch die Ptolemäer einbalsamieren.[34]

Im Jahre 322/21 v. Chr. brach der Leichenzug mit einem von 64 Maultieren gezogenen Wagen aus Babylon auf und nahm seinen Weg nach Syrien (Abb. 43).[35] Das goldene Gefährt war so prachtvoll, daß man beinahe zwei Jahre benötigte hatte, um es zu vollenden (Diodor XVIII, 26–27).

Die Historiographie überliefert, daß Ptolemaios, der mittlerweile Ägypten übernommen hatte, den Leichenzug mit einer Armee bei Damaskus erwartete, um den Toten feierlich nach Ägypten zu führen (Diodor XVIII, 28.2–3). In Damaskus weigerte sich jedoch ein lokaler Stratege, den Zug passieren zu lassen. Nach Aelians «Varia Historia» (XII, 64) habe der Ptolemäer Mumie und Sarkophag oder gar den gesamten Wagen kopieren lassen, und das Duplikat des nachts untergeschoben. Der Legende nach wurde die glückbringende Reliquie somit regelrecht entführt. Es gab wohl kaum einen Coup, mit dem der angehende Herrscher seine Stellung grandioser aufwerten konnte. Und bedenkt man den Reichtum der Ptolemäer und die Langlebigkeit ihres Hauses, dann bewahrheitete sich auch die Prophezeiung des Aristandros.

Seit Ptolemaios IV. ruhte der König im beständig wachsenden Kreis der Ptolemäergräber. Für lange Jahrhunderte lag er in einem goldenen und später in einem gläsernen Sarg, umsorgt von einer eigenen Priesterschaft. Selbst als die Ptolemäer längst Geschichte waren, besuchten römische Kaiser den berühmten Toten. Augustus ließ sich eigens den Glassarg öffnen, um die Mumie zu bekränzen und brach angeblich dem Toten versehentlich ein Stück der Nase ab (Abb. 44). Caligula raubte den Panzer des Makedonen und Domitian war der felsenfesten Überzeugung, er sähe dem Toten überaus ähnlich. In der Spätantike wurde die Anlage geschlossen. Der Leichnam verschwand im Dunkel der Geschichte und auch die genaue Lage des Grabes (des Sema) bleibt ein Rätsel (GA 10. 66 ff.).

45

***Abb. 45** Grabmal des ägyptischen Priesters Petosiris in Hermoupolis Magna. Errichtet wohl im späteren 4. Jh. v. Chr.*

***Abb. 46a.b** Wagen mit genagelten Rädern persischen Typs auf den Reliefs des Petosirisgrabes.*

Ein Monument vieler Welten

Der tote König in seinem prunkvollen Wagen (Abb. 43) war für das entstehende Ptolemäerreich also von höchster Bedeutung. Es lohnt sich deshalb, das legendenumwitterte Gefährt genauer in Augenschein zu nehmen, ist es doch in unserer Überlieferung das erste herausragende Zeugnis griechisch-hellenistischer Kunst, das dezidiert für den Bestimmungsort Ägypten gefertigt wurde.

Die bei Diodor (XVIII, 26. 27) erhaltene Beschreibung war hoch berühmt. Der antike Text spricht von der genauen Paßform des goldenen Sarkophags und so ist die Folgerung erlaubt, daß es sich hier um einen anthropoiden Sarg handelte, der die Mumiengestalt des ägyptischen Totengottes Osiris nachbildete.[36] Bestattet in Gold, man erinnert sich unwillkürlich an Tutanchamun.

Nun galt es, allen Untertanen einen letzten Blick auf des Königs Herrlichkeit zu ermöglichen, und so errichtete man auf dem Wagen einen vergoldeten Pavillon mit ionischen Säulen. Der ganze Bau maß 8 Ellen an der Front und 12 Ellen an den Langseiten, also etwa 4 auf 6 m.

Bei den Gemälden des Wagens hatte man auf Schlachtenszenen verzichtet, offenbar um die unterworfenen Orientvölker nicht durch Darstellungen ihrer Niederlagen zu demütigen. Besonders deutlich spiegelte sich die neue Zeit in einem Bild indischer Kriegselefanten, auf denen Makedonen ritten. Gelenkt wurden die «Panzer des Altertums» von indischen Maouts, so daß sich hier gleichsam zwei Kulturen zu einer Kampfeinheit vereinigt hatten. Zugleich symbolisierten die Elefanten auch Alexanders Sieg über den indischen Subkontinent.

Der prunkvolle Leichenwagen zeigt uns Alexander somit nicht nur als Makedonenkönig oder als Pharao, sondern auch als Orientsieger und Nachfolger der achämenidischen Herrscher. Der Wagentypus selbst ist persisch bis hin zu den Rädern mit ihren eisernen Profilnägeln, wie wir sie auch bei den Streitwagen achämenidischer Großkönige kennen. Griechisch sind eigentlich nur die Säulen und die Gemälde, während Sarg und Aufbahrung der ägyptischen Sphäre zuzurechnen sind.

Daß man die Mumie ausgerechnet auf einem persischen Wagen nach Ägypten brachte, ist auf den ersten Blick etwas verwunderlich, waren doch die achämenidischen Großkönige in Ägypten weidlich verhaßt. Man könnte deshalb vermuten, daß die Wahl allein mit Rücksicht auf die orientalische Bevölkerung Vorderasiens getroffen wurde. Doch weit gefehlt, denn im letzten Viertel des 4. Jhs. v. Chr. erscheint im ägyptischen Hermoupolis auf einem Relief ein Wagen mit vergleichbaren Rädern (Abb. 46). Das Grab des Petosiris wurde für einen Ägypter angelegt (Abb. 45a.b). Der Grabherr gehörte zu einer lokalen Priesterfamilie, auf die wir später noch eingehender zurückkommen werden (s. S. 45 ff.).

Der kulturell so hybride Leichenwagen Alexanders vereint somit Aspekte der persisch-vorderasiatischen, der ägyptischen wie der griechischen Kultur. Und es ist just jene kulturelle Heterogenität, die wir unter frühptolemäischen Denkmälern wiederfinden werden. In diesem Sinne ist der Wagen somit durchaus repräsentativ für einige dominierende Tendenzen im Kunstschaffen der frühen Lagidenzeit.

46a

46b

«Die Stunde Null» – am Anfang ptolemäischer Kunst

Kaum hatten sich nach der Reichsteilung des Jahres 323/22 v. Chr. die Gouverneure in ihre Provinzen verabschiedet, da entzweite die einstigen Kampfgefährten bereits tiefes Mißtrauen. Und so wertete man die Anstrengungen des ersten Lagiden zur Befestigung von Ägyptens Landgrenzen geradezu als Kriegserklärung. Das Reichsheer setzte sich in Marsch, um den «Aufrührer» in die Schranken zu weisen. An seiner Spitze Perdikkas, der Reichsverweser und Vormund der beiden unmündigen Könige.

Die Armee erreichte die östlichen Mündungsarme des Nils, doch mußte man erkennen, daß die Westufer mittlerweile stark befestigt waren. Zudem hatte Ptolemaios die Deiche brechen lassen, so daß die Eindringlinge vor immensen Schwierigkeiten standen. Der Kampf tobte unter hohen Verlusten, doch gelang es trotz aller Anstrengungen nicht, den östlichen Mündungsarm zu überschreiten. Der Weg nach Ägypten blieb verschlossen.

Doch das einstige Alexanderheer, über Jahre hinweg gewöhnt an einen charismatischen Führer, verzieh kein Versagen. Man liquidierte Perdikkas in seinem eigenen Zelt und offerierte anschließend dem siegreichen Ptolemäer die Vormundschaft über die Könige. Der Lagide stand plötzlich vor der glanzvollen Krönung seiner noch so jungen Karriere ... doch er lehnte ab. Anscheinend fühlte er sich zwar durchaus in der Lage, Ägypten zu behaupten, doch bei weitem nicht stark genug, um als Führer des Gesamtreichs in Alexanders Fußstapfen zu treten. Es war die weiseste Entscheidung seines Lebens.

47a

47b

Der Schatz von Tuch el-Karamus

Die Schlacht am Nil ist archäologisch nicht zu fassen, doch bietet uns das Mißgeschick eines Esels vielleicht die Möglichkeit, zu einem genaueren Blick auf die Strategie des ersten Ptolemäers. Wir schreiben das Jahr 1905 und unser Esel ist bei Tuch el-Karamus im Ostdelta mit

Abb. 47a.b Halskette mit schakals-ähnlichen Tierköpfen, die mit ihren Hörnern persischen Löwengreifen angenähert sind. Aus dem Schatz von Tuch el-Karamus im Ostdelta des Nils. Gold; Länge 98 cm; Kairo, Ägyptisches Museum JE 38083 (CG 53670).

Abb. 48a.b Armreifen aus einer griechischen Werkstatt. Der Typus folgt einem im Achämenidenreich überaus beliebten Typus. Zu der Kette Abb. 47a gehörig. Gold; Dm. 8 bzw. 9,5 cm; Kairo, Ägyptisches Museum JE 38081/2.

seinem Besitzer auf dem Weg ins heimische Dorf. Da bricht er unverhofft mit einem Huf durch die Wandung eines Tonkrugs, der anscheinend dicht unter der Oberfläche verborgen lag. Als sein Besitzer absteigt, schimmert es golden und der entzückte Fellache birgt die ersten Schmuckstücke eines ptolemäischen Schatzes (Abb. 47a.b. 48a.b).[37]

Glücklicherweise schritt die Antikenverwaltung umgehend ein und so gelang es, den Schatz im Angesicht einer aufgeregten Menschenmenge zu bergen. Das Ensemble war umfangreicher als zunächst vermutet, fanden sich doch neben weiterem Geschmeide (Abb. 74–76) noch beinahe 40 Gefäße und Gerätschaften aus (Abb. 51. 57–70. 73). Sie stammten sämtlich aus den verschliffenen Ruinen eines kleinen Heiligtums, das einst zu einer festungsähnlichen Anlage gehörte (Abb. 49). Die Lokalität war den Behörden wohl bekannt, hatte man den Platz doch bereits 1877 eingehender untersucht. Dabei war dem Ausgräber ein Fayenceplättchen ausgehändigt worden, daß nach Aussage eines Arbeiters aus den Fundamentweihungen des Tempels stammte. Das Fayenceplättchen trug den Namen des «Philipp Arrhidaios». Ein wahrhaft ausgefallener Fund, sind doch aus ganz Ägypten nur wenige Inschriften dieses ephemeren Königs erhalten.

Der unglückliche Herrscher starb bereits 317 v. Chr. eines gewaltsamen Todes, so daß die Anlage wohl noch in der Statthalterzeit des ersten Ptolemäers ausgebaut wurde, also lange, ehe er 306/5 v. Chr. den Königstitel annahm. Tatsächlich gehören zu unserem Schatz zahlreiche Münzen. Die ältesten mit dem Kopf Alexanders des Großen in der Elefantenexuvie und der Athena auf der Rückseite datieren in die Satrapentage des ersten Lagiden (Abb. 50a.b; s. S. 49 ff.). Eine dieser Münzen haftet noch immer an einer länglichen, mit Email verzierten Goldperle eines kleinen Kolliers.[38] Sie trägt noch nicht einmal den Ptolemäernamen. «Alexandrou», Münze Alexanders, lesen wir trotz der verkrusteten Oberfläche. In dieser Übergangszeit emittierte der stets vorsichtige Lagide sein Geld also noch im Namen Alexanders, doch sollte sich das nur allzu bald ändern.

Andere Münzen signalisieren nun, daß das Areal bereits in den 40er Jahren des 3. Jhs. v. Chr. zerstört wurde. Für ein Heiligtum war die Anlage also überaus kurzlebig (s. S. 90). Daß es sich um das Inventar eines Tempels handelt, bezeugen nicht nur die demotischen Inschriften auf einigen Gefäßen[39], sondern auch die Gegenstände selbst. Der Kult ist bislang nicht präzise bestimmbar, doch ergeben sich Hinweise auf einen dynastischen Zusammenhang. So war ein Sistrum (eine Rassel) bei Festen der Hathor oder der Isis überaus beliebt (Abb. 51).[40] Das auf unserem Sistrum deutlich zu erkennende Gesicht der Göttin Hathor mit ihren Kuhohren und dem darüberstehenden Naiskos wurde in Ägypten auch in monumentaler Form als Säule verwendet (Abb. 52). Die einst lose durch den Naiskos gesteckten Metallstäbe rasselten, sobald man das Instrument schüttelte. Die Funktion verdeutlicht ein ptolemäisches Relief in ägyptischem Stil, das einen König (vielleicht Ptolemaios II.) vor der Göttin Hathor zeigt (Abb. 53).[41] Der König «spielt die Sistren für seine Mutter, damit sie Leben gebe.» Die Göttin bekrönt mit Kuhgehörn und Sonnenscheibe spendet laut Inschrift dem König «die Lebenszeit

48a

48b

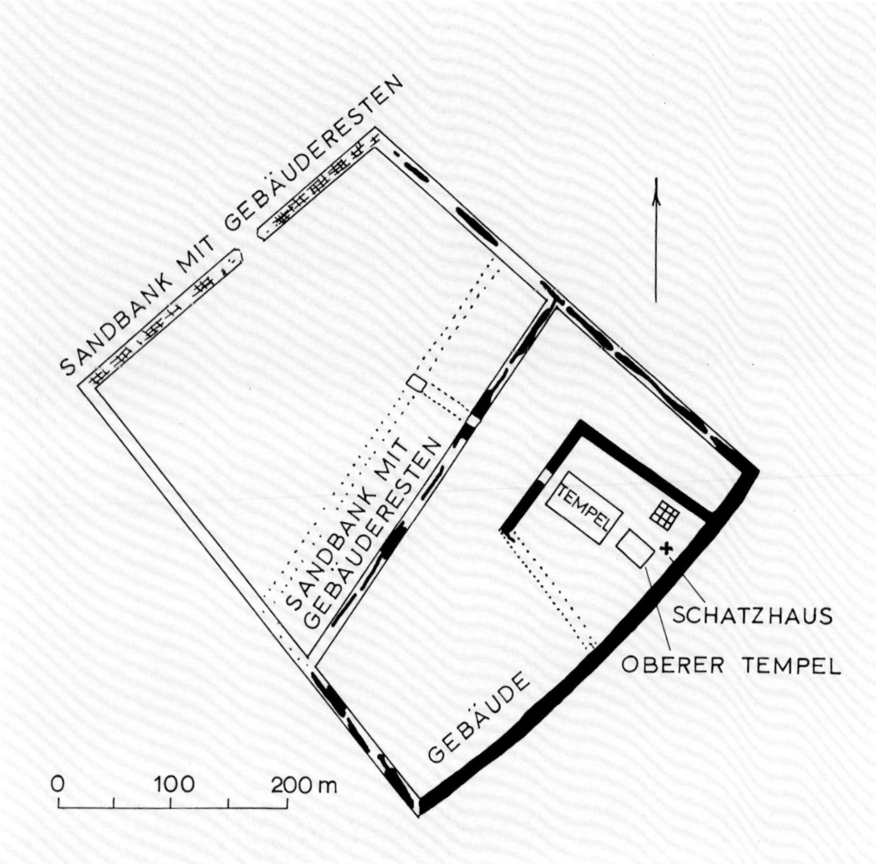

49a

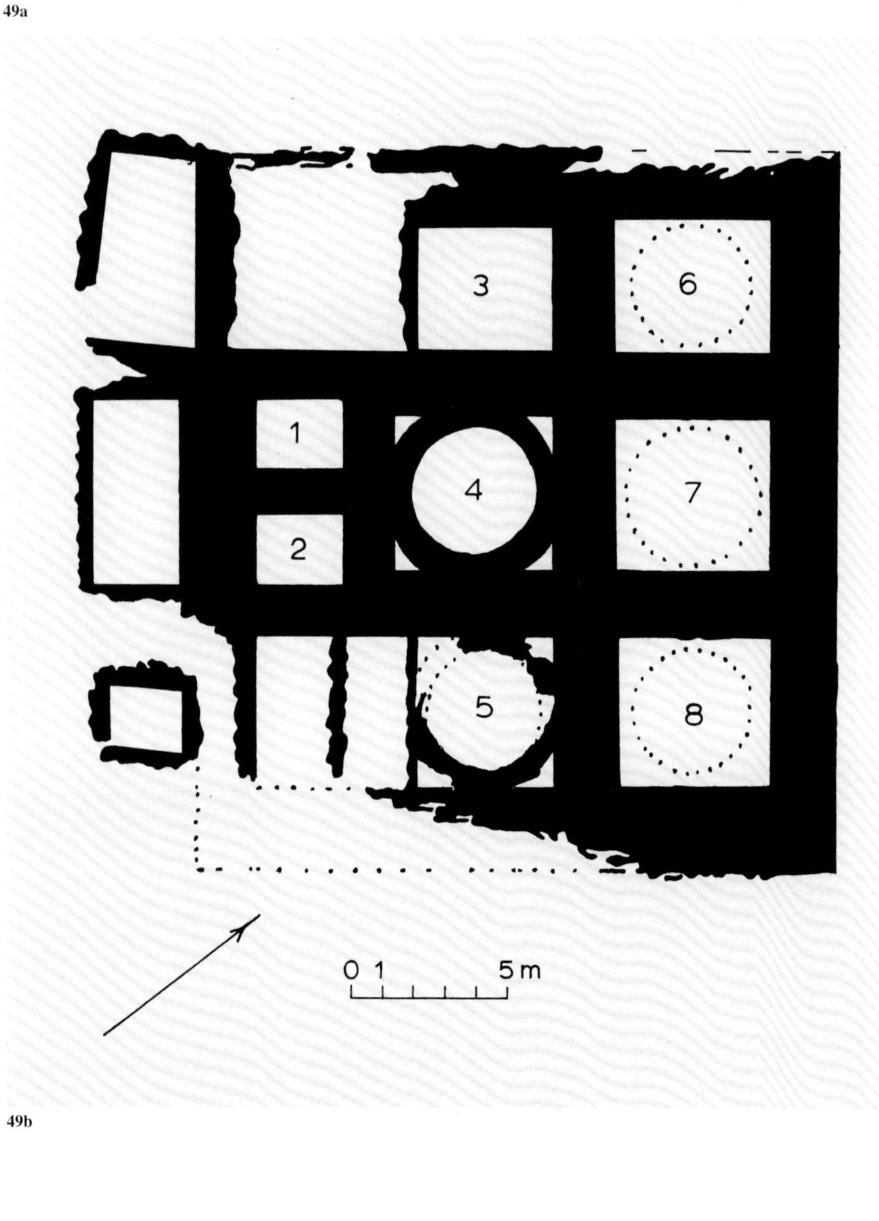

49b

(des Gottes) Re und die Jahre (des Gottes) Atum».

Außerhalb Ägyptens war das Sistrum vor allem als Kultgerät und Attribut der Isis verbreitet. Dies dokumentiert auch ein bekanntes Wandgemälde aus dem Isistempel von Pompeji (Abb. 54).[42] Die Komposition geht sicherlich auf ein alexandrinisches Original zurück. Der Mythos ist rasch erzählt. Io, einst Priesterin der Hera in Argos, hatte die Leidenschaft des Zeus erregt. Um den Vorwürfen seiner stets eifersüchtigen Gattin Hera zu entgehen, verwandelte der Göttervater seine Angebetete in eine weiße Kuh. Das war nun leider kein allzu weiser Entschluß, denn Hera durchschaute die List. Sie bestand darauf, daß Zeus ihr das arme Tier überstellte und ließ das unglückliche Opfer vom hundertäugigen Argos bewachen (mit Argus-Augen!). Schließlich tötete Hermes im Auftrag des Zeus den unbarmherzigen Wächter, allerdings ohne Io zurückzuverwandeln. Die eifersüchtige Hera peinigte nun die arme «Kuhfrau» mittels einer heimtückischen Stechmücke und Io floh in Tiergestalt um die halbe Welt. Schließlich erreichte sie Ägypten, wo sie von Isis im großen Heiligtum von Kanopus freundlich aufgenommen wurde und menschliche Gestalt zurückerhielt.

Die Gemälde zeigt uns Io zur Linken. Aus ihrer Stirn sprießen winzige Hörnchen als Zeichen ihrer Verwandlung. Isis, die Uräusschlange als Zeichen Ägyptens in ihrer Hand, begrüßt die von einem Tritonen herbeigebrachte Io und ganz links erkennt man eine kleine Sphinx als weite-

***Abb. 49a.b** Plan der Festungsanlage und des Heiligtums von Tuch el-Karamus im östlichen Delta des Nils. Errichtet in der Satrapenzeit Ptolemaios' I. (322–306/5 v. Chr.) und zerstört im mittleren 3. Jh. v. Chr. Der Schatz stammt aus Raum 1 und 2.*

***Abb. 50a.b** Münze Ptolemaios' I. mit einem anhaftenden Kettenglied. Vorderseite der Münze mit dem Kopf Alexanders in der Elefanten-Exuvie. Rückseite mit der makedonischen Athena Alkidemos in archaistischem Stil und der Legende «ΑΛΕΞΑΝΔΡΟΥ». Modern aufgezogene Kette aus emaillierten Goldperlen. Länge jeder Perle 2,5 cm. Aus Tuch el-Karamus. Zwischen 317 und 306/5 v. Chr. geprägte Münze; Kairo, Ägyptisches Museum JE 38396 (Kette); JE 38409 (Münze).*

***Abb. 51** Sistrum aus Tuch el-Karamus. Der Kopf der Himmelsgöttin Hathor. Sie trägt einen Naiskos, der von einem Geierfigürchen bekrönt wird. Silber; H. 42 cm.; Kairo, Ägyptisches Museum JE 38412.*

50a

50b

res Sinnbild des Nillandes. Die Göttin Ägyptens setzt ihre Füße auf ein Krokodil. Im Hintergrund wird die Ankommende von zwei weiteren Gestalten mit Sistren begrüßt. Bei einer handelt es sich um Hermes, den man in Ägypten auch mit dem Gott Anubis gleichsetzte. Rechts unten neben der thronenden Isis erkennt man noch ihren kleinen Sohn Harpokrates (Horus das Kind), der in seiner charakteristisch-kindlichen Geste den Finger zum Mund führt. Io empfing nun von Zeus ihren Sohn Epaphos und der gründete später als König Ägyptens unter anderem die Hauptstadt Memphis. Der Mythos zeigt die Verschmelzug griechischer und ägyptischer Kultur, wurde doch auf diesem Wege der Sohn einer Griechin zum Pharao Ägyptens.

Und da so manche Ptolemäerin wie vormals Io «aus der Ferne» nach Ägypten kam, drängten sich Analogien zur ptolemäischen Gegenwart geradezu auf. Dies galt in den 70er Jahren des 3. Jhs. v. Chr. für Arsinoe II., die Ägypten tatsächlich als Flüchtling erreichte und sich dort in einer «Heiligen Hochzeit» (wie Zeus und Hera) mit dem regierenden Lagiden verband. Daß es sich bei dem Gatten ausgerechnet um ihren leiblichen Bruder handelte, war da wirklich nur ein kleiner Schönheitsfehler. Angesichts dieser Vorgeschichte erstaunt es nicht weiter, daß uns auch ein Bildnis Arsinoes mit den charakteristischen Hörnchen Ios erhalten ist (s. S. 58).[43] Das Beispiel Arsinoes machte unter den Ptolemäerinnen anscheinend Schule, denn auch Berenike II. wurde wenig später mit Io gleichgesetzt und zwar von Kallimachos, dem bedeutendsten aller ptolemäischen Hoflyriker.[44]

In diesen Zusammenhang gehört nun auch ein hochinteressantes Medaillon einer Buckelschale, die uns nur in einem memphitischen Gipsabguß erhalten blieb (Abb. 55).[45] Der Schalentypus mit einem rahmenden Kranz mandelförmiger Buckel gehört in den Kreis vorderasiatischer Kunst, die sich im ptolemäischen Ägypten so außerordentlicher Beliebtheit erfreute. Bei dem Medaillon hat man an ein Gorgonenhaupt gedacht, doch ist keine einzige Schlange zu erkennen. Zudem erinnern die weit offenen Augen mit den von den Lidern unüberschnittenen Iris an die berühmten «Ptolemäeraugen» (Abb. 30a.b. 112). Die feine lange Nase und der kleine Mund entsprechen durchaus Bildnissen, die man etwa mit Arsinoe III. (222/21–204 v. Chr.) in Verbindung brachte.[46]

Die ungewöhnliche Lockenpracht des Kopfes hat also nichts mit Schlangen zu tun und hier zeigt sich nun, daß auf die Schultern fallendes Haar etwa bei Porträts Berenikes II. belegt ist (Abb. 112). Auch ein möglicherweise mit Arsinoe III. gleichzusetzendes Goldmedaillon kann mit wallender Haarpracht aufwarten (Abb. 174a–c; s. S. 129). Die Locken beider Königinnen waren geradezu sprichwörtlich und sind mit historischen Ereignissen verbunden. Vor dem «Dritten Syrischen Krieg» weihte Berenike II. ihr Haar in den Tempel Aphrodites und Arsinoe III. tat vor der Schlacht von Raphia (217 v. Chr.) in einem Artemistempel das gleiche. Besondere Berühmtheit erlangten die von Aphrodite unter die Sterne versetzten Locken Berenikes, die noch heute als Sternbild unseren Nachthimmel zieren.[47]

Es sieht also ganz danach aus, als habe man auf der Schale das Bildnis der Heroine Io mit Zügen Arsinoes III., übergroßen

51

«Ptolemäeraugen» und der Haarpracht Königsbildnissen angeglichen, ohne daß man deshalb das Medaillon gleich als Porträt verstehen sollte. Die Gleichsetzung der Königinnen mit Io lag auch deshalb nahe, da man die griechische Heroine des öfteren mit Isis identifizierte (Herodot II, 41, 2. – Diodor, I 24, 8) und Isis war als mythische Mutter des Horus ohnehin eine populäre Deifizierungsform ägyptischer Königinnen. Auf dem bereits angesprochenen Relief fungiert nun Hathor ganz wie Isis als Mutter des Pharao (Abb. 53). Und da die Griechen in Hathor ihre Aphrodite erkannten, bemächtigte sich der ptolemäische Herrscherkult auch dieser Option, und setzte die regierende Königin nicht nur mit Isis, sondern auch mit Hathor-Aphrodite gleich (s. S. 60). Damit schließt sich der Kreis und führt uns am Ende zu unserem Sistrum zurück.

Die Legende von Io zeigt exemplarisch, welche propagandistischen Möglichkeiten in der Verbindung beider Religionen lagen. Die Io des griechischen Mythos wurde zur ptolemäischen Königin und diese ganz selbstverständlich zur ägyptischen Isis-Hathor. Hathor hingegen war wiederum nur eine Form der griechischen Aphrodite. Auf diese Weise verschmolz nicht nur die regierende Monarchin mit Io, sondern gleich auch noch mit Isis. Das System war perfekt, denn welche dieser Gottheiten man auch immer verehrte, stets blickte man ganz zwangsläufig in das Antlitz einer Königin.

Daß unser Hathorsistrum tatsächlich mit dem Herrscherkult in Verbindung stand, lehrt auch das kleine Figürchen eines Geiers über dem Naiskos. In der Antike glaubte man, daß der Geier ohne Partner allein durch den Wind befruchtet würde und sah den Vogel unter anderem als Sinnbild der Fruchtbarkeit. Konsequenterweise trägt Arsinoe II. auf einem kleinen Relief wie viele Pharaoninen eine «Geierhaube» (Abb. 56a.b).[48]

Das qualitativ eher bescheidene Stück zeigt die Königin vor einer leider nicht erhaltenen Gottheit, die sich vor ihr auf dem Pfeiler in einer Tiergestalt manifestierte. In unserer Zeichnung wurde ein Apisstier ergänzt. Die Inschrift bezeichnet Arsinoe faszinierenderweise als «Königin von Ober- und Unterägypten» und weist sie als regierende Herrscherin aus. Wir kennen nur wenige Frauen, die diesen Titel trugen. Zu nennen wäre etwa die berühmte Hatschepsut.

In der Hand hält die Königin ein Zepter und möglicherweise einen Wedel. Doch was uns hier am meisten interessiert, ist die eigens für sie geschaffene, dreiteilige Kompositkrone. Zuunterst erkennen wir gedrehte Widderhörner und darüber die unterägyptische Krone mit einer Spirale und einem kleinen Uräus mit winziger Sonnenscheibe und Hörnern. Aus der unterägyptischen Krone steigt dann eine große Hathor-Krone mit Kuhgehörn nebst Sonnenscheibe und Falkenfedern. Die Göttin, «die ihren Bruder liebt», ist also auch hier eine Hathor-Aphrodite. Dieser Spätling unter den ägyptischen Götterkronen erscheint in der Folgezeit vereinzelt auch bei anderen Ptolemäerinnen, darunter auch bei Kleopatra VII., die sich auch sonst ganz explizit auf Arsinoe II. bezog (s. S.130).

Doch damit nicht genug, denn die Königin trägt ein merkwürdiges Gewand, das jüngst als Vorstufe des wohl erst unter Ptolemaios III. und Ptolemaios IV. kanonisierten Isisgewandes gedeutet wurde. Die Fürstin wäre also nicht nur als Hathor-Aphrodite, sondern auch als Isis-Aphrodite charakterisiert (s. S. 60). In dem kleinen Relief sind also alle Kultaspekte der großen Königin dargestellt und zwar ausschließlich mit den Mitteln altägyptischer Kunst.

Schmuck für Statuen

Bei anderen Sakralgegenständen aus Tuch el-Karamus handelt es sich angesichts ihres Miniaturformats um Schmuck für Götterstatuetten. Eine «Hm-hm»-Krone mit Uräusschlange über der Stirn (Abb. 57) gehört in der Spätzeit vor allem zu Osiris oder zur Re-Apotheose und damit auch in das Umfeld des Herrscherkults (Abb. 31). Auch ein kleiner Falkenkragen (Abb. 58) und ein in rein ägyptischem Stil gehaltenes Miniaturporträt Ptolemaios' II. (?) (Abb. 59a.b) gehören in den Bereich der Kultgegenstände.[49] Das kleine Köpfchen stammt wohl von einem Räucherarm. Es handelt sich um Stäbe mit kleinen Brennelementen, die man den Kultbildern regelrecht unter die Nasen halten konnte. Das Miniaturporträt selbst ist sicherlich nur als Paraphrase entsprechender Großplastik einzustufen, wurden doch die Lagiden auch in ägyptischem Stil als Pharaonen dargestellt (Abb. 15).

Noch interessanter ist eine kleine, goldene Kappe, die in der «Hm-hm»-Krone gefunden wurde (Abb. 60). Der Uräus über der Stirn spricht wieder für einen Sakralgegenstand: also entweder Königs- oder Götterschmuck oder beides. Besondere Aufmerksamkeit verdienen die stumpfen Hörnchen an den Schläfenpartien der Kappe, denn sprießende Hörner eines noch jungen Stiers trägt kein anderer als Dionysos und zwar immer dann, wenn an seine Stiergestalt erinnert wird.

Wie wir sahen, war Dionysos einer der Stammväter des ptolemäischen Hauses und so kennen wir Stierhörner als Zeichen des Gottes unter anderem bei Ptolemaios III. Besonders auffällig sind sie bei einem Marmorkopf aus Tell Timai. Die Skulptur, die einst in einen Körper aus anderem Material eingesetzt war, gehörte zu einer dynastischen Gruppe.[50] Obwohl es sich hier um einen vergöttlichten König handelt, darf seine schmale Stirnbinde keinesfalls mit einem Königsdiadem verwechselt werden. Es handelt sich vielmehr um ein dionysisches Attribut, das im Gegensatz zum Diadem über die Stirn gelegt wurde, während man das Diadem ausschließlich ins Haar knüpfte. In unserem Fall drappierte der Bildhauer das Band geradezu adrett um die winzigen Stierhörnchen. Es handelt sich somit um eine Darstellung des dritten Ptolemäers als Stierdionysos.

Das Attribut ist in mehrfacher Hinsicht trefflich gewählt. Zum einen nahm Ptolemaios III. für sich in Anspruch, wie Dionysos den Orient erobert zu haben und zum anderen hatte gerade dieser Herrscher in der Inschrift von Adulis seine dionysische Herkunft unterstrichen (s. S. 20). Sein Sohn legte sich bereits den Titel eines «Neos Dionysos», eines neuen Dionysos, zu und als solcher wurde hier auch der dritte Ptolemäer porträtiert. Das könnte natürlich bedeuten, daß auch Ptolemaios III. den Dionysostitel führte. Andererseits entstand die Skulptur wohl erst nach dem Tod des Königs, der als entrückter Pharao ohnehin mit dem Totengott Osiris verschmolz. Da Osiris dem griechischen Dionysos entsprach, ist die Dionysosgestalt des Herrschers auch auf diesem Hintergrund bestens erklärbar.

Bedenken wir, daß unsere dionysische Hörnerkappe eine Uräusschlange trägt und daß sie in einer mit Osiris zu verbindenden Götterkrone stak, so ist an einem herrscherkultischen Zusammenhang kaum zu zweifeln. «Hm-hm» übersetzt man im übrigen am besten mit «brüllen». Ist es Zufall, daß dies vorzüglich zur Vorstellung eines tobenden Stierdionysos paßt? Der ganze Befund von Tuch el-Karamus läßt sich durchaus mit einem Garnisonsheiligtum in Einklang bringen, ist doch gerade in diesem Kontext eine dynastische Bindung zu erwarten.

Abb. 52 Blick in den Hathortempel von Dendera. Lithographie von David Roberts nach einer auf seiner Ägyptenreise 1838 entstandenen Vorlage. In frühptolemäischer Zeit begonnen.

53

Gefäße für Götter

Den kultischen Charakter des Ensembles bestätigen nicht zuletzt auch zwei Räuchergefäße (Thymiaterien) mit durchbrochenen Deckeln, durch die einst der Duft des Räucherwerks strömte (Abb. 61a–c. 63). Bei beiden legen Zitate ägyptischer wie persischer Ornamentik (Abb. 61b. 63) und Umdeutungen griechischer Details nahe, daß wir hier Produkte einer ägyptischen Werkstatt vor uns haben, die sich im Geist der neuen Zeit griechischen Formen geöffnet hatte.[51] Thymiaterien dieser Art dienten vordringlich kultischen Zwecken und das bedeutet, daß in dem ägyptisch geprägten Heiligtum durchaus auch griechische Gerätschaften verwendet wurden. Auch der Gefäßtypus selbst verdient Interesse, liegen doch seine formalen Ursprünge ebenfalls im orientalischen Bereich.

Eine sakrale Note hatte wohl auch ein prachtvolles Greifen-Rhyton, das spektakulärste Stück des Schatzes (Abb. 64).[52] Das grimmig blickende Fabelwesen spricht unbedingt für einen griechischen Meister, doch verrät die feine Horizontalkannelur des hochgeschwungenen Horns den Einfluß persischer Silberschmiedekunst. Solche Prunkgefäße begegnen uns auf Darstellungen in der Hand von Heroen oder Göttern[53] und gehörten im griechischen Kulturraum keinesfalls zum normalen Tafelsilber. Da die Ptolemäer jedoch göttlichen Rang reklamierten, erwähnt Kallixeinos bei seiner Schilderung des berühmten Festzuges Ptolemaios' II. auch einen Thron, auf dem ein Horn, ein «Keras» lag (Athenaios V, 202b). Bei diesem «Keras» könnte es sich durchaus um ein Rhyton gehandelt haben.

Eindeutiger ist hingegen eine weitere Athenaiosnotiz (XIII, 557 f). Sie berichtet von Statuen der Kleino, einer Kurtisane und Favoritin Ptolemaios' II., die zugleich als königlicher Mundschenk fungierte. Ihre in Alexandria zahlreich vertretenen Standbilder zeigten sie nur mit einem Chiton bekleidet und einem Rhyton in der Hand. Die Notiz lehrt uns zweierlei: Zum einen, daß die Ptolemäer

***Abb. 53** Relief eines Naos (?) aus grauem Basalt. Ägypten, genauer Fundort unbekannt, wohl frühptolemäisch; New York, Brooklyn Museum 62.46.*

***Abb. 54** Io, die Geliebte des Zeus, bei ihrer Ankunft in Ägypten. Sie wird von der thronenden Isis sowie wohl von Hermes (Anubis) und Nephtys (?) begrüßt. Wandgemälde aus dem Isistempel von Pompeji (VIII 7, 28), zwischen 62 und 79 n. Chr.; Neapel, National Museum 9558.*

als «lebende Götter» nun auch entsprechendes Tafelsilber benutzten und zum anderen, welche Privilegien ihr Umfeld genoß. Kein Wunder, daß die feinsten Häuser im Besitz solcher Lebedamen waren. Athenaios nennt (XIII, 576 f) mit Verweis auf Polybios ausdrücklich die Flötenspielerinnen Potheine und Mnesis und die Schauspielerin Myrtion, anscheinend eine Frau von etwas zweifelhaftem Ruf. Wir stehen vor einer höfischen Gesellschaft, die einen unwillkürlich an Versailles und den Hof der französischen Könige erinnert.

Persisches aus dem ptolemäischen Ägypten

Abgesehen von den bisher zitierten Gegenständen enthielt der Schatz verblüffenderweise eine große Zahl von Silbergefäßen, die nicht etwa griechischen, sondern orientalischen Typen folgen. Die meisten Stücke entsprechen in Form und Dekor so präzise vorptolemäischen Analogien, daß man sie aus kunstgeschichtlicher Sicht in vorhellenistische Zeit datieren sollte (Abb. 71).[54]

Um die Nähe zu achämenidischen Formen zu verdeutlichen, wurden in Abbildung 71 Funde aus einer perserzeitlichen Nekropole in Nordsyrien dem Tempelsilber aus Tuch el-Karamus gegenübergestellt.[55] Die Analogien sind derart zwingend, daß man ohne den archäologischen Kontext

54

von Tuch el-Karamus unser Silber wahrscheinlich der Perserzeit zuweisen würde. Der Befund ist nicht zuletzt deshalb so verwirrend, weil er der historischen, ja selbst der psychologischen Verfassung des frühptolemäischen Ägypten kraß zuwider läuft. Die Perser hatten Ägypten bereits im 6. Jh. v. Chr. unter Kambyses erobert, doch war es gegen 400 v. Chr. gelungen, die verhaßten Fremdherrscher zu vertreiben. Wenige Jahre vor Alexanders Einmarsch hatten die Achämeniden die «abtrünnige Provinz» ein zweites Mal unterworfen, so daß die Ägypter wenig später die siegreichen Makedonen als Befreier begrüßten.

55

Abb. 55 Gipsabguß einer Buckelschale mit dem Kopf der Io. Die Kuhhörner sind gebrochen, doch die Tierohren sind noch gut zu erkennen, wohl späteres 3. Jh. v. Chr. Aus Memphis (Mit Rahine); Dm. 12,8 cm, Hildesheim, Roemer und Pelizaeus-Museum 2952.

Abb. 56a.b Reliefdarstellung Arsinoes II. mit der eigens für sie geschaffenen Krone sowie der «Geierhaube». Der Stifter Totes war Priester (Pastophor) und «Schiffer der Arsinoe». Entstanden zwischen 270 und 245 v. Chr. Kalkstein; H. ursprünglich etwa 37 cm; Privatbesitz.

56a

56b

57

58

59a

59b

***Abb. 57** Götterhaube mit Uräusschlange und «Hm-hm-Krone». Die Haube gehörte ursprünglich zur Statuette eines Gottes oder eines vergöttlichten Königs. Aus Tuch el-Karamus. Gold und vergoldetes Silber, wohl 275–250 v. Chr.; H. 27 cm; Kairo, Ägyptisches Museum JE 38125.*

***Abb. 58** Falkenkragen in Miniaturformat. Der falkenköpfige Gott Horus ist der junge Pharao Ägyptens. Aus Tuch el-Karamus, spätes 4./1. Hälfte 3. Jh. v. Chr. Gold mit farbigen Steinintarsien (Lapislazuli); Dm. 9,8 cm; Kairo, Ägyptisches Museum JE 38084.*

***Abb. 59a.b** Büste eines Pharao (wohl Ptolemaios II.) von einem Räucherarm. Aus Tuch el-Karamus, wohl 285–246 v. Chr. Bronze mit Goldeinlagen; H. 14,4 cm; Kairo, Ägyptisches Museum JE 38123 bis.*

In einem frühptolemäischen Silberschatz sollte man also neben ägyptischen Zeugnissen vor allem Produkte griechischen Stils erwarten. Achämenidisches Tafelsilber ist hingegen die unwahrscheinlichste Option, doch bleibt dieser Einwand reine Theorie, denn der dominierende Einfluß achämenidischen Luxussilbers ist bereits im vorhellenistischen Ägypten bestens bezeugt. Dies gilt kurioserweise gerade für die letzte Phase ägyptischer Unabhängigkeit.[56]

Daß in Einzelfällen diese kunstgeschichtliche Klassifizierung durchaus in die Irre führen kann zeigt jedoch eine flache Schale, die aufgrund einer Parallele wohl bereits in einer frühptolemäischen Werkstatt entstand (Abb. 66a.b).[57] Das bedeutet, daß persisch wirkende Gegenstände auch noch unter den Ptolemäern gefertigt wurden und zwar anscheinend in beträchtlicher Zahl (Abb. 67a.b. 68–70).[58] So sind auf den in ägyptischem Stil gehaltenen Reliefs des Petosirisgrabes in Hermoupolis (Abb. 45) ägyptische Künstler mit der Herstellung persischer Gegenstände beschäftigt (Abb. 72a.b).[59] Besonders augenfällig sind dabei eben jene henkel- und fußlosen Gefäße, die auch in Tuch el-Karamus vertreten sind (Abb. 65–67). Die Formen selbst sind zwar im persischen Bereich bestens bezeugt, doch zeigt im Falle von Tuch el-Karamus der ägyptische Lanzettblattdekor auf der Körperrundung, daß es sich hier um Erzeugnisse ägyptisch geprägter Werkstätten handelt. Die Ornamente wurden in der Regel mit den dünnwandigen

Gefäßen gegossen und schließlich sorgfältig überarbeitet, wobei man bei Details gelegentlich auch nicht mit Blattvergoldung sparte.

Neben diesen orientalischen Gegenständen fertigten die memphitischen Silberschmiede auf den Reliefs auch Rhyta und Räuchergefäße wie sie in Tuch el-Karamus auch tatsächlich gefunden wurden (Abb. 61. 62. 64). Mit einem Wort, das Gefäßrepertoire der Werkstattreliefs reflektiert präzise das kulturhistorische Umfeld unseres Tempelsilbers. Persische Einflüsse waren somit in der frühen Ptolemäerzeit eher die Regel und die Adaptation rein griechischer Formen noch eher die Ausnahme. Schlechterdings verblüffend. Man erkennt hier nur allzu deutlich, daß politische Realität und künstlerische Präferenz keineswegs immer deckungsgleich sein müssen.

Griechisches Geschmeide

Analysiert man nun hingegen den reichen Goldschmuck aus Tuch el-Karamus, so könnte der kulturgeschichtliche Kontrast kaum größer ausfallen. Zwar entdeckten die Ausgräber neben dem oben erwähnten Miniaturschmuck (Abb. 57. 58) auch eine Reihe kleiner, goldener Anhänger in Gestalt ägyptischer Götter (Abb. 73a–c)[60], doch folgt das Geschmeide sonst nahezu durchweg griechischem Repertoire. Zudem sind die griechischen Goldarbeiten ausnahmslos im «Normalformat» gearbeitet, so daß sie ohne weiteres von einer Frau getragen werden konnten. Erwägenswert wäre natürlich auch ein lebensgroßes Kultbild, doch sahen wir bereits, daß der ägyptische Kultbildschmuck Miniaturformat besaß, so daß eine griechische Statue in Lebensgröße ein Kultbild ägyptischen Stils geradezu degradieren würde. Man könnte sich somit fragen, ob das griechische Geschmeide überhaupt genuiner Teil des Tempelschatzes war, oder nur in einer Notsituation mit ihm vergraben wurde (s. S. 90)?

Ein prachtvoller Armreif mit goldenem Heraklesknoten entspricht aufs engste makedonischen Funden (Abb. 74a.b).[61] Der Knoten verdankt seinen Namen unter anderem einer Pliniusnotiz (nat. hist. XXVIII, 63), die ihn als «nodus Herculis» bezeichnet und seine unheilabwehrende Funktion hervorhebt. Es handelt sich um eben jenen Knoten, mit dem Herakles das Fell des nemeischen Löwen unter dem Kinn zusammenband. Da sich nicht nur die Ptolemäer, sondern auch die Makedonen als Nachfahren des Herakles begriffen, ist die seit Alexander aufkommende Herakleskoten-Mode nicht weiter erstaunlich, bewegen wir uns doch im

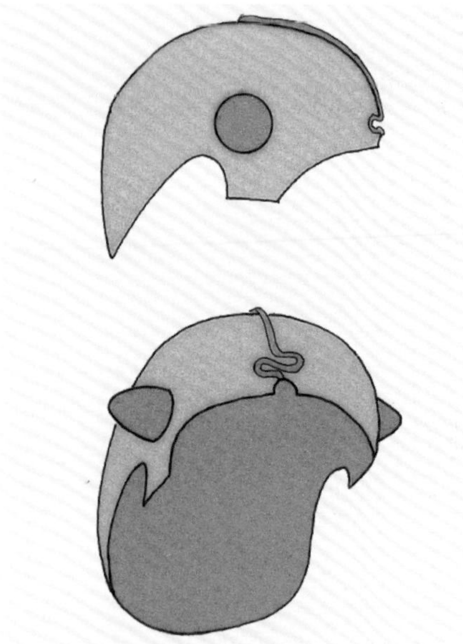

60

61a

61b

61c

62

63

makedonischen Zeitalter. Vergleichbare Funde streuen von Unteritalien bis Südrußland und von Makedonien bis Ägypten, so daß diese Schmuckstücke selbstverständlich nicht implizieren, daß es sich bei der Besitzerin jeweils um eine Makedonin gehandelt haben muß. Der Knoten dokumentiert vor allem, daß sich seine Trägerin an der Mode ihrer Zeit orientierte.

Man könnte sogar noch einen Schritt weiter gehen, und das winzige Erosfigürchen im Knotenzentrum mit der Aphroditeapotheose ptolemäischer Königinnen in Verbindung bringen, zumal das herakleische Motiv ohnehin als dynastische Chiffre verstanden werden kann. So plausibel das auf den ersten Blick auch anmutet, Vorsicht ist geboten, denn wir finden die Kombination auch außerhalb Ägyptens.[62] Unser Erosfigürchen ist somit möglicherweise nichts weiter als eine Darstellung des Liebesgottes, ein verbreitetes Motiv antiken Frauenschmucks. Andererseits kennen wir in Makedonien mit Phila, der Gattin des Demetrios Poliorketes, tatsächlich eine frühhellenistische Königin, die als Aphrodite verehrt wurde.[63] Dennoch wäre auch bei makedonischen Funden eine Parallelisierung mit dieser Fürstin und ihres Umfeldes allzu vage, um einen unmittelbaren Zusammenhang zu rechtfertigen.

Im Falle unseres Tuch el-Karamus-Knotens läßt sich somit nur feststellen, daß ein herrscherkultischer Bezug zwar denkbar, jedoch schwer zu beweisen ist. Ganz ähnlich liegt der Befund bei einem eingangs zitierten Fingerring (Abb. 7). Hier vereinigte der Goldschmied den herakleischen Knoten mit einem dionysi-

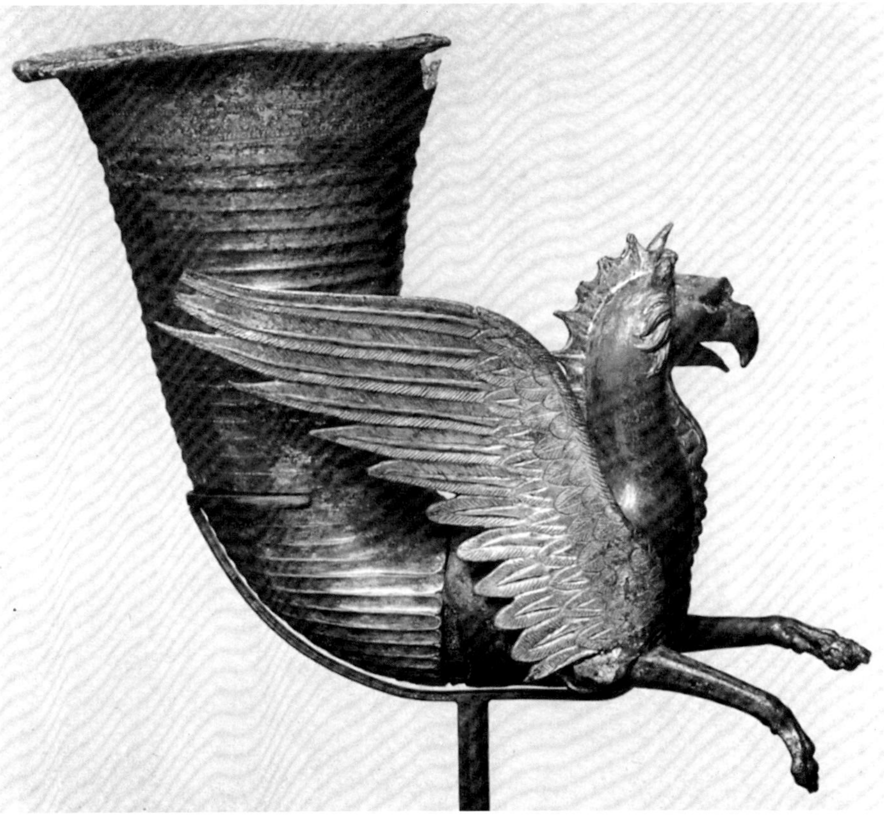
64

65a

65b

Abb. 60 Miniaturkappe einer Götterstatuette mit Uräusschlange und den Hörnern eines jungen Stiers. Die Kappe stak ursprünglich in der Krone Abb. 57. Aus Tuch el-Karamus, wohl 2. Viertel 3. Jh. v. Chr. Gold; Kairo, Ägyptisches Museum 38125 A.

Abb. 61a–c Räuchergefäß (Thymiaterion) mit durchbrochenem Deckel und Sphingenfüßen. Aus Tuch el-Karamus. Silber; H. mit Deckel und Hahn ca. 37 cm; Kairo, Ägyptisches Museum JE 38089 (Ständer). 38090 (Deckel). 38092 (Hahn).

Abb. 62 Skizze von Räuchergefäßen aus Tuch el-Karamus mit aufgesetztem Deckel. H. ca. 32 bzw. 37 cm; Kairo, Ägyptisches Museum JE 38088. 38089. 38090. 38091.

Abb. 63 Deckel eines Räuchergefäßes mit schreitenden Löwengreifen und Masken des Gottes Bes. Aus Tuch el-Karamus. Silber; H. ca. 12 cm; Kairo, Ägyptisches Museum JE 38091.

Abb. 64 Rhyton mit der Protome eines griechischen Vogelgreifen, einem Fabelwesen mit Löwenkörper und Adlerkopf. Aus Tuch el-Karamus, 1. Hälfte 3. Jh. v. Chr. Silber, vergoldet; H. 17 cm; Kairo, Ägyptisches Museum JE 38093.

Abb. 65a.b Becher achämenidischen Typs. Den Körper schmückt ein ägyptischer Lanzettblattkelch. Im Zentrum die im vorhellenistischen Ägypten beliebte pseudo-achämenidische Rosette. Aus Tuch el-Karamus. Silber; H. 7,1 cm, wohl 375–350 v. Chr; Kairo, Ägyptisches Museum JE 38099.

66a

66b

67a

67b

68

kultischer Zusammenhang allerdings ungleich konkreter (Abb. 76a.b).[65] Die Idee zu einem Armreifen mit Protomen stammt eigentlich aus dem achämenidischen Repertoire, doch die weiblichen Sphingen entsprechen griechischem Geschmack, galt doch im griechischen Mythos die menschenzerreißende Sphinx als weibliches Wesen. In Ägypten symbolisierte der Sphinx hingegen die Kraft des Pharaos und war eigentlich nur männlich zu denken. Zwar begegnen in der ägyptischen Spätzeit unter syrisch-palästischen Motiv. Man erinnert sich natürlich sofort an Herakles und Dionysos als Vorfahren der Ptolemäer.

Daß in unserem Schmuckensemble tatsächlich auch Kleinodien eher dekorativen Zuschnitts vertreten sind, zeigt sodann ein vorzüglich gearbeiteter Schlangenreif, den die einstige Besitzerin wohl am Oberarm trug (Abb. 75).[64] Da wir uns in Ägypten befinden, ist zunächst festzuhalten, daß es sich nicht um eine Uräusschlange mit gespreizter Haube handelt. Ein dynastischer Hintergrund ist somit nicht ersichtlich.

Bei einem weiteren Armreifenpaar mit Sphingenprotomen wird ein herrscher-

***Abb. 66a.b** Schale achämenidischen Typs. Den Körper schmückt ein ägyptischer Lanzettblattkelch und eine pseudo-achämenidische Rosette (s. Abb. 65b). Aus Tuch el-Karamus. Silber, vergoldet; Dm. 18 cm. Trotz des Dekors wohl bereits letztes Drittel 4. Jh. v. Chr.; Kairo, Ägyptisches Museum JE 38097.*

***Abb. 67a.b** Becher achämenidischen Typs. Der ägyptische Lanzettblattdekor ist hier mit einem griechischen Blattkelchmedaillon kombiniert. Aus Tuch el-Karamus. Silber, vergoldet, ca. 275–250 v. Chr.; Kairo, Ägyptisches Museum JE 38096.*

***Abb. 68** Buckelschale achämenidischen Typs mit der demotischen Registratur-Inschrift des Heiligtums von Tuch el-Karamus, 1. Hälfte 3. Jh. v. Chr. Silber; Kairo, Ägyptisches Museum JE 38104.*

***Abb. 69a.b** Fragmentierte Buckelschale pseudo-persischen Typs mit graviertem Blattkelchmedaillon. Aus Tuch el-Karamus, 1. Hälfte 3. Jh. v. Chr. Silber; Dm. 30 cm; Kairo, Ägyptisches Museum JE 38103.*

***Abb. 70a.b** Fragmentierte Buckelschale pseudo-persischen Typs. Der griechische Einfluß zeigt sich vor allem in dem feinen Blattkelch aus gezackten Akanthusblättchen im Schalenzentrum. Die Schale trägt eine demotische Weihinschrift, 1. Hälfte 3. Jh. v. Chr. Silber; Dm. 20 cm; Kairo, Ägyptisches Museum JE 38115.*

nischem Einfluß gelegentlich weibliche Sphingen, doch handelt es sich nicht um ein originär ägyptisches Motiv.

Bei genauerer Betrachtung fällt nun auf, daß der Goldschmied unsere Tuch el-Karamus-Sphingen nicht nur weiblich gestaltete, er gab ihnen auch regelrechte Modefrisuren. Es handelt sich um jene «Melonenfrisur», die wir bei Arsinoe II. (Abb. 77a.b)[66] und später auch bei Berenike II. beobachten können (Abb. 116a–b). Zudem erscheint diese Frisur in Tuch el-Karamus auch bei den Sphingenfüßen eines Räuchergefäßes (Abb. 61c. 62 links). Weibliche Sphingen kennen wir im ptolemäischen Ägypten auch von ägyptischer Fayencekeramik (Abb. 78).[67]

Hier ist festzustellen, daß gerade die großen Ptolemäerinnen oftmals Münzen unter ihrem Namen emittierten und sogar zeitweise die Regierungsgeschäfte führten. Bei Berenike II. hörten wir sogar von einem weiblichen «Horusnamen», eigentlich eine Absurdität, war doch Horus das Äquivalent des jungen Königs. Angesichts dieser historischen Vorgaben wird man die plötzliche Beliebtheit weiblicher Sphingen mit der außergewöhnlichen Stellung der Ptolemäerinnen verbinden. Die modische Frisur unserer Fabelwesen wäre dann als Anspielung auf die regierende Königin zu begreifen.

Andererseits handelt es sich auch hier keineswegs zwingend um Kultgegenstände. Zwar besaßen gerade die berühmten Ptolemäerinnen spezielle Priesterinnen, doch könnte man unsere Schmuckstücke auch ganz allgemein als Loyalitätsbekundungen werten. Erst ihr Erscheinen in einem Tempelschatz mit dynastischem Hintergrund stimmt etwas nachdenklich, so daß eine kultische Funktion der Trägerin hier nicht ausgeschlossen scheint.

Der Schatz von Tuch el-Karamus und die ptolemäische Kunstindustrie

Der Schatz erweist sich somit als Synthese höchst heterogener Einflüsse. Der Kult war ägyptisch geprägt, wobei die Nähe zum dynastischen Umfeld nicht zu verkennen ist. Götter wie Dionysos-Osiris, Amon-Re oder Isis drängen sich geradezu auf.[68] Die letzte Perserzeit Ägyptens spiegelt sich noch im zähen Festhalten an achämenidischen Formen, an die man sich in den Jahrzehnten der Fremdherrschaft gewöhnt hatte. Und auch das griechische Element ist bereits vertreten, wenn auch in höchst ungleicher Gewichtung. Während beim Goldschmuck griechische Formen dominieren, bleiben sie bei den Silbergefäßen auf wenige Stücke beschränkt. Gerade hier wird deutlich, wie zögernd das griechische Repertoire an die Seite älterer Formen trat.

69a

69b

70a

70b

Die vorhellenistische Handwerkstradition Ägyptens erlosch somit keineswegs mit dem Einmarsch Alexanders und der Etablierung der Ptolemäer. Bei der Architektur liegt das ohnehin auf der Hand (Abb. 158), doch nun kann auch auf dem Felde der Edelmetallgefäße von einer Dominanz griechischer Formen keine Rede sein. Doch ist Vorsicht geboten, denn unser Befund impliziert keineswegs, daß frühptolemäische Silbergefäße grundsätzlich pseudo-persischen Formen folgten. Hier muß man sicherlich genau zwischen Provinz und Metropole scheiden.

In Alexandria war das Bild sicherlich gänzlich anders, wenn wir etwa die von Kallixeinos geschilderten Prunkgefäße aus der Zeit des zweiten Ptolemäers heranziehen. Angesichts der vergleichsweise geringen Zahl eingewanderter Griechen ist davon auszugehen, daß Alexandria und mit deutlichen Abstrichen auch das alte Memphis gerade in der ptolemäischen Frühzeit kulturhistorische Enklaven bildeten. Sobald man dem Hof den Rücken wandte und sich provinzieller Werkstätten bediente, dann zeigte sich schnell das traditionelle Beharrungsvermögen ägyptischer Kunst.

Aus Alexandria selbst fehlen uns leider entsprechende Zeugnisse. Aus der ptolemäischen Interimshauptstadt Memphis kennen wir jedoch zahlreiche Denkmäler, bei denen sich persische Elemente nurmehr vereinzelt fassen lassen. Ein Blick auf einige orientalisierende Buckelschalen aus Tuch el-Karamus ist hier illustrierender als viele Worte (Abb. 68). Im Schalenzentrum finden wir einen starren Rosettenstern mit keulenförmigen Blättchen. Sie wirken derart steif, daß man das Motiv durchaus rein ornamental verstehen kann. Höchst stilisiert sind dann auch die mandelförmigen Buckel, die im äußeren Kranz mit ornamentalen Blüten wechseln.

Als Kontrast bieten wir hier die Rekonstruktion einer kostbaren Schale aus Memphis. Sie ist uns wiederum nur in Form eines antiken Gipsabgusses erhalten (Abb. 79. 80).[69] Der Abguß gehörte einst zum Musterfundus eines antiken Ateliers, und zwar handelt es sich nicht etwa um einen Teilabguß einer bereits vollendeten Schale, sondern um den Abguß eines in Wachs gearbeiteten Entwurfs. Ungeachtet des fragmentierten

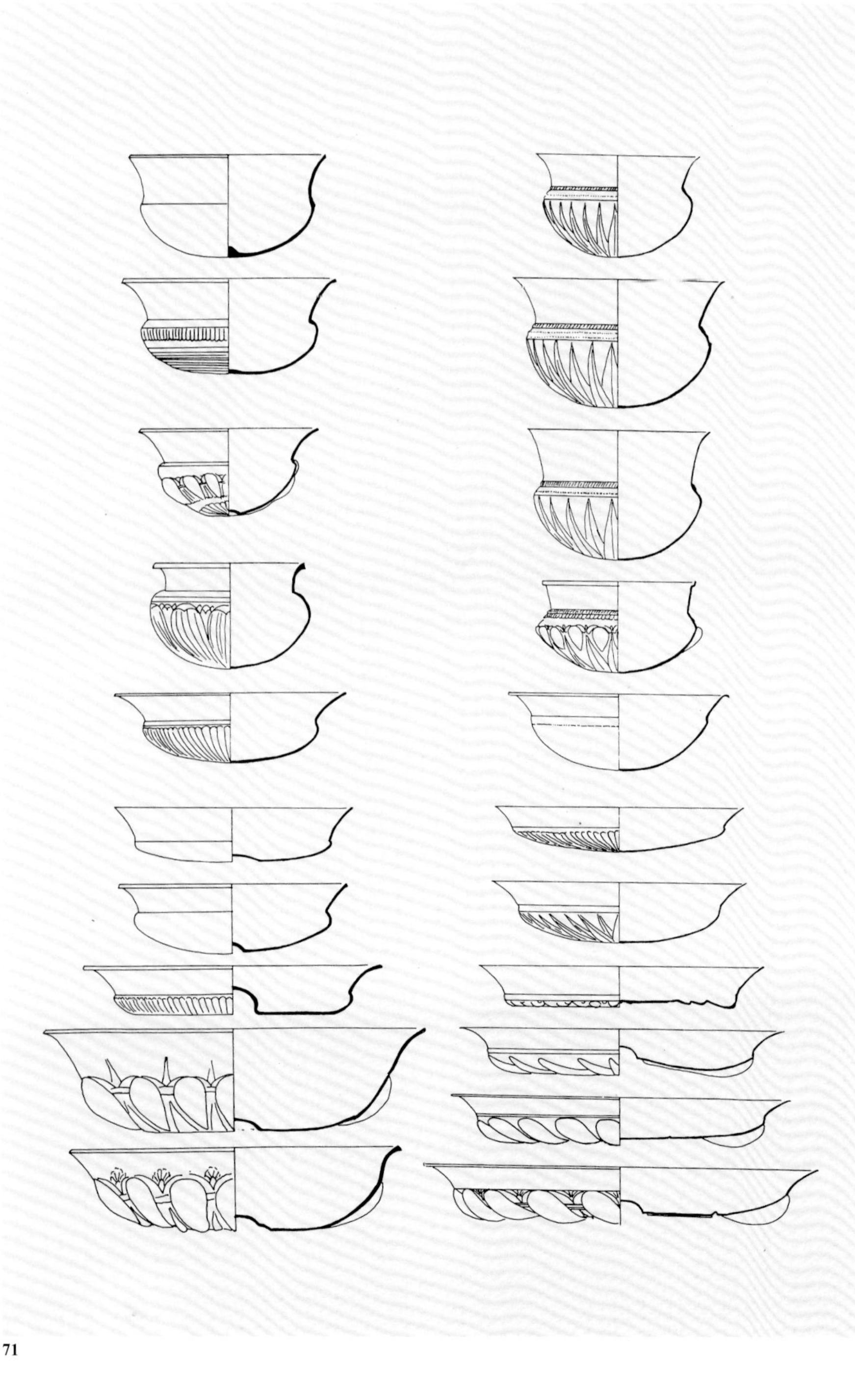

71

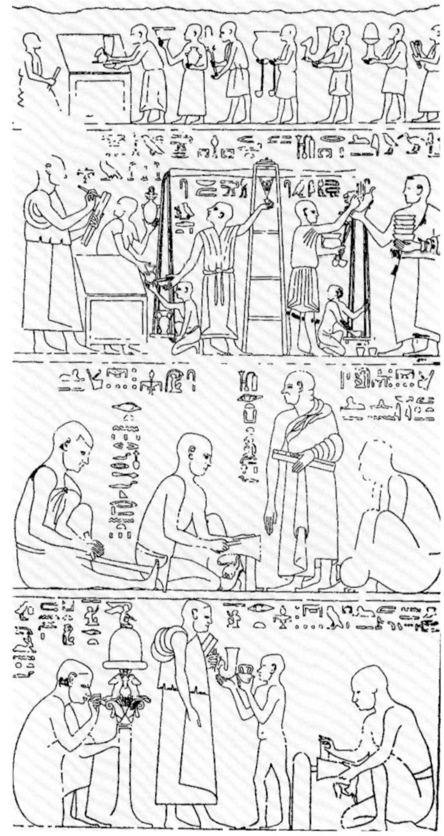

72a

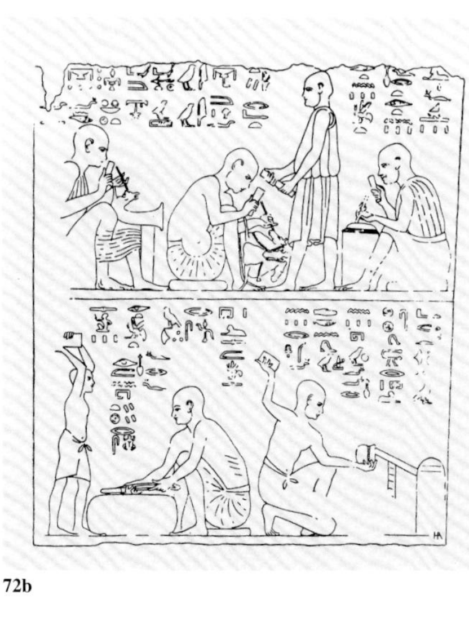

72b

73a

73b

73c

Zustandes ist die Komposition relativ leicht zu rekonstruieren. Wir haben einen regelrechten Rankenstern vor uns, der vom Schalenzentrum nach außen strebte. Unser Kompositionszentrum in Gestalt eines kleinen Blattkelchs muß leider hypothetisch bleiben. Es handelt sich um eine «Zentralkomposition», wie sie vor allem aus dem makedonisch-kleinasiatischen Raum geläufig ist.[70]

Bei einem Vergleich der Rankenphiale aus Memphis und den Buckelschalen aus Tuch el-Karamus könnte der Kontrast kaum größer ausfallen. An die Stelle eines steifen Zentralmotivs ist wucherndes Rankenwerk getreten und auch in der Rahmenzone drängen sich kostbare Blüten zwischen glatten Buckeln. Von dem orientalischen Konzept blieb eigentlich nur das Buckelmotiv. Entwürfe dieser Art sind unter den Memphisabgüssen mehrfach vertreten und zeigen nur allzu deutlich, wie beliebt solche Orientalismen waren. Bei der memphitischen Arbeit ist das Buckelmotiv eher ein Accessoire, in Tuch el-Karamus hingegen das zentrale Thema.

Derartige Gefäße kennen wir bisher vor allem aus dem ptolemäischen Ägypten und nicht etwa aus Makedonien, so daß man wohl nicht fehlgehen wird, wenn man dieses Faible für orientalische Formen mit der ägyptischen Präferenz für persisches Tafelsilber in Verbindung bringt. Die Memphisschale bietet uns gleichsam eine griechische Version der Tuch el-Karamus-Schalen. Wir haben also auf der einen Seite eine Hellenisierung ägyptischer Ateliers zu erwarten und auf der anderen Seite die Integration ägyptisch-persischer Formen in das Repertoire eingewanderter Griechen.

Wie lange sich persische Formen im ptolemäischen Umfeld hielten, das zeigt noch Generationen später die berühmte Tazza Farnese (GA 117), deren Form präzise orientalischen Vorgaben entspricht (Abb. 71 rechts, 4. Gefäß von unten). Bedenkt man nun noch, daß sich das oben angesprochene Petosirisgrab 400 km nilaufwärts fand (Abb. 72a.b), während Tuch el-Karamus im Ostdelta liegt, so wird man ausschließen dürfen, daß die auf den Reliefs porträtierten Künstler ausgerechnet unsere Tuch el-Karamus-Gefäße fertigten. Das kann jedoch nur bedeuten, daß vergleichbar traditionelle Werkstätten weit verbreitet waren, während griechisch geprägte Ateliers wie das von Memphis außerhalb Alexandriens sicherlich die Ausnahme bildeten. Sie stehen für die Kunst der neuen Herren, die jedoch in Ägypten nur eine verschwindend geringe Minderheit repräsentierten.

Im Falle des Tempelsilbers aus Tuch el-Karamus sollte man also in der Regel von ägyptischen Meistern ausgehen. Die Funde stehen für die ägyptische Seite frühptolemäischer Silberschmiedekunst.

Petosiris, ein ägyptischer Oppositioneller?

In den Werkstattszenen wie im Silber von Tuch el-Karamus manifestiert sich offenbar ein bemerkenswerter Wille zur Bewahrung vorhellenistischer Formen und so ist es durchaus verführerisch, wenn W. Huss Petosiris als einen Oppositionellen bezeichnete.[71] Man ist sogar versucht, den archäologischen Befund seines Grabes geradezu als Bestätigung dieser These zu werten. Dennoch ist hier Vorsicht angebracht, denn in einer der Inschriften des Grabes hebt Petosiris ausdrücklich seine Beliebtheit bei Hofe hervor: «Ich tat dies, indem mein Lob vor dem Herrscher

Abb. 71 Typologie der Silbergefäße von Tuch el-Karamus (rechts) und Bronzegefäße aus der perserzeitlichen Nekropole von Deve Hüyük in Nordsyrien (links). Das Silber stammt mehrheitlich aus dem späten 4. und der 1. Hälfte des 3. Jhs. v. Chr., die persischen Gefäße aus dem 5. Jh. v. Chr.

Abb. 72a.b Reliefs mit Werkstattszenen aus dem Alltag von Kunsthandwerkern und Silberschmieden aus dem Grab des Petosiris in Hermoupolis. Entstanden wohl im späteren 4. Jh. v. Chr.

Abb. 73a–c Amulett-Anhänger in Gestalt der ägyptischen Gottheiten Isis, ihres Sohnes Horus mit Falkenkopf sowie des schakalsköpfigen Anubis, den die Griechen mit Hermes gleichsetzten. Aus Tuch el-Karamus, wohl spätes 4./1. Hälfte 3. Jh. v. Chr. Gold; H. 3,2–3,9 cm; Kairo, Ägyptisches Museum JE 38385; 38386; 38377.

74a

74b

75

76

Ägyptens war und meine Beliebtheit bei seinen Hofleuten.»

Interessanterweise kennt die Inschrift nur einen Herrscher Ägyptens, jedoch anscheinend keinen regulären König, sprich keinen Pharao. Dies war aus der Sicht der ägyptischen Priesterschaft höchst prekär, was Petosiris auch eigens beklagt. Da die entsprechenden, vom Pharao zu vollziehenden Riten jedoch unabdingbar waren, sah er sich gezwungen, bei kultischen Anlässen in Stellvertretung des nicht-existierenden Pharaos zu handeln.[72]

Die entsprechenden Passagen erlauben uns nun zunächst, das Grab auf wenige Jahre genau einzugrenzen. Es muß nach der makedonischen Machtübernahme entstanden sein, da andere Reliefs nicht nur unübersehbar griechische Formen, sondern auch makedonische Ornamentkunst

Abb. 74a.b Armreif mit Heraklesknoten. Aus Tuch el-Karamus, wohl 2. Viertel 3. Jh. v. Chr. Gold; Dm. 9,5 cm; Kairo, Ägyptisches Museum JE 38077.

Abb. 75 Schlangen-Armreif. Aus Tuch el-Karamus, wohl 2. Viertel 3. Jh. v. Chr. Gold; Dm. 9,6 cm; Kairo, Ägyptisches Museum JE 38078.

Abb. 76 Armreif mit Protomen von weiblichen Sphingen. Aus Tuch el-Karamus, wohl 2. Viertel 3. Jh. v. Chr. Gold; Dm. 6,3 cm; Kairo, Ägyptisches Museum JE 38079.

Abb. 77a.b Dekadrachme mit dem Bildnis Arsinoes' II. auf der Vorderseite und auf der Rückseite das von ihrem Bruder Ptolemaios II. eigens für sie in Auftrag gegebene Doppelfüllhorn. Legende ΑΡΣΙΝΟΗΣ ΦΙΛΑΔΕΛΦΟΥ. Silber, nach 270 v. Chr.

Abb. 78 Ptolemäische Königin als weibliche Sphinx. Fayenceintarsie, mittleres oder späteres 3. Jh. v. Chr; New York, Brooklyn Museum.

77a

77b

zitieren. Nun fungierten zwar nach dem Tod Alexanders des Großen zwei Könige als Herren über das Gesamtreich, doch wurde Alexanders Sohn bereits 311 v. Chr. ermordet, während Philipp Arrhidaios sogar schon 317 v. Chr. zu Tode kam. Ptolemaios I. nahm jedoch erst im «Jahr der Könige» 306/5 v. Chr. zusammen mit allen anderen Diadochen den Königstitel an. Petosiris spielt also offenbar auf jene Interimsperiode an, in der ein «Herrscher der Fremdländer als Protektor über Ägypten» fungierte, es jedoch keinen König und Pharao gab. Die Reliefs spiegeln also die kulturelle Situation des ausgehenden 4. Jhs. v. Chr.

Aus der Sicht des Petosiris geht es hier also weniger um Opposition, sondern weit eher um einen beklagenswerten politischen Schwebezustand mit beträchtlichen kultischen Auswirkungen. Konsequenterweise bieten die Werkstattszenen (Abb. 72a.b) auch nur die halbe Wahrheit, da sich die Reliefs an anderer Stelle so unübersehbar griechischen Formen öffnen – für die so überaus traditionelle Reliefkunst des pharaonischen Ägypten ein unerhörter Vorgang. Angesichts dieses so offenkundigen Akkulturationsprozesses muß man sogar feststellen, daß Petosiris eher als Erneuerer begriffen werden sollte, nur eben nicht in jeder künstlerischen «Äußerung» seines Umfelds.

78

Wir fassen also an ein- und demselben Denkmal just jenen kulturell so heterogenen Befund, den wir auch bei unserem Tempelschatz herausarbeiten konnten: An der Seite des griechischen Geschmeides standen ägyptische Kultgerätschaften und persische Gefäßformen, während der Anteil griechisch beeinflußter Gefäße außerordentlich gering blieb. Das kann nur bedeuten, daß sich dieser kulturelle Konvergenz- oder Akzeptanzprozess niemals gleichförmig vollzog, ja daß es fraglos Denkmälergattungen gab, bei denen griechisches Repertoire letztlich nie zum Tragen kam, wie etwa im Fall der ägyptischen Tempelreliefs.

Als Konsequenz bleibt somit nur festzuhalten, daß das kulturelle Phänomen «Tuch el-Karamus bzw. Petosiris» mit großer Sicherheit nicht nur die frühen Tage ptolemäischer Kunst charakterisiert, auch wenn man wohl annehmen darf, daß sich die Präsenz vorderasiatischer Formen im Laufe der Zeit reduzierte. Auch noch nach Generationen werden wir auf Geschmeide treffen (s. S. 125 ff.), an dem sich nahezu kein ägyptischer Einfluß

79

manifestiert, zumal man durchaus imstande war, ägyptische Inhalte mit griechischen Formen zur Sprache zu bringen.

Das ptolemäische Ägypten blieb eine multikulturelle Welt. Ägyptische und griechische Kunst, sie trafen sich zwar, doch vollständig miteinander verschmolzen sind sie nie.

***Abb. 79** Antiker Gipsabguß nach einem Wachsmodell einer Buckelschale. Aus dem Modellfundus einer Werkstatt im ägyptischen Mit Rahine/Memphis, 1. Hälfte des 3. Jhs. v. Chr. 10 x 7 cm. Hildesheim, Roemer und Pelizaeus-Museum 1141.*

***Abb. 80** Rekonstruktion der Schale in Abb. 79. Zeichnung U. Denis nach einer Vorlage des Verfassers.*

80

81a

81b

82a

82b

Abb. 81a.b Tetradrachme Ptolemaios' I. Vorderseite: Alexander der Große mit Elefanten-Exuvie, Ägis, Ammonshörnern und einer dionysischen Stirnbinde. Rückseite mit der makedonischen «Athena Alkidemos» in archaistischem Stil und der Legende ΑΛΕΞΑΝΔΡΟΥ. Geschlagen zwischen 317–309 v. Chr.; Silber.

Abb. 82a.b Tetradrachme Alexanders des Großen. Vorderseite: Herakles-Alexander im Fell des «Nemeischen Löwen». Das Löwenfell steht für Alexanders herakleische Herkunft. Rückseite: Thronender Zeus mit Adler und Legende ΑΛΕΞΑΝΔΡΟΥ. Geschlagen in Alexandria gegen 326/5–318 v. Chr.; Silber.

Alexander der Große und der Sieg über Indien

Auf den Gemälden des Leichenwagens gehörte das Elefantenthema fraglos zu den interessantesten. Wie bedeutsam diese Tiere gerade im ptolemäischen Ägypten waren, zeigt, daß Ptolemaios auf seine ersten in Ägypten geschlagenen Silbermünzen einen Alexanderkopf mit miniaturisiertem Elefantenskalp setzen ließ (Abb. 50a.b. 81a.b).[73] Wie die gestutzten Ohren lehren, meinte der Münzmeister tatsächlich einen indischen und nicht etwa einen afrikanischen Kriegselefanten mit seinen großen Ohren.

Alexander mit einem Tierskalp auf dem Kopf, das ist uns als Bildthema wohlbekannt. Man erinnert sich sofort an zahllose Münzen mit dem machtvollen Kopf eines jugendlichen Herakles im Löwenfell (Abb. 82a.b).[74] Die Konzeption der Elefanten-Exuvie auf ptolemäischen Münzen ist ohne das herakleische Löwenmotiv nicht zu denken, doch gelten ptolemäische Münzen nicht mehr Alexander-Herakles, sondern Alexander als göttlichem Indiensieger. Damit ist allerdings die Botschaft des Münzbildes noch keineswegs erschöpft.

Zunächst charakterisierte der Münzschneider den König mit Hilfe kleiner

83

Widderhörner als Sohn des ägyptischen Sonnengottes Ammon-Re. Die gebogenen Hörnchen zeichnen sich unter der Exuvie ab und lugen über Alexanders Ohr unter dem Elefantenskalp hervor.

Bei der um den Hals des Königs geknüpften Ägis könnte man an die bekannte Ägis Athenas denken, doch dürfte es sich hier weit eher um das Attribut des Göttervaters handeln. Alexander in der Ägis war zudem in Ägypten bestens bekannt, kennen wir doch eine ganze Reihe ägyptischer Statuen, die Alexander als Zeussohn zeigen, eine riesige Ägis wie eine Chlamys um die Schultern geschlungen (Abb. 83; GA 19). Auf den Münzen wurde die Ägis alsbald zum Dauerattribut ptolemäischer Herrscher (GA 63). Kein Wunder, beharrte doch der große Hoflyriker Theokrit im siebzehnten Eidolon (13–33) in höfischer Fiktion auf einer Blutsverwandtschaft zwischen Alexander und Ptolemaios I.

Zusätzlich trägt der König über der Stirn die Binde des Dionysos und seiner Anhänger. Bezieht sich die Dionysos-Anspielung auf den Gott in seiner Eigenschaft als ptolemäischen Ahnherrn (s. S. 20)? Vielleicht, doch ist zunächst zu fragen, was Alexander und Dionysos gemeinsam haben? Die Antwort ist einfach, sie galten beide als Eroberer des indischen Subkontinents.

Nun kannte die Antike nicht nur zwei, sondern gleich drei berühmte Indiensieger, in deren Geschichte griechische und ägyptische Religion mit zeitgeschichtlichen Gegebenheiten verschmolzen (Diodor I, 19,1–5). Neben Alexander und Dionysos nennt Diodor vor allem den ägyptischen Gott Osiris und diesen betrachteten die Griechen spätestens seit den Tagen Herodots (II, 42; ca. 484–430 v. Chr.) als griechische Entsprechung zu Dionysos.[75] Es handelt sich um eben jenen Osiris, den so mancher Leser aus Mozarts Zauberflöte kennt: «Oh Isis und Osiris...». Osiris und seine Gemahlin Isis sind die mystischen Könige Ägyptens und ihr Sohn und Thronfolger ist der Falkengott Horus, der in jedem Pharao aufs Neue ersteht. Im Tode wird der Herrscher

Abb. 83 Kaiserzeitliche Bronzestatuette Alexanders als Gründer von Alexandria im Typus des Zeus Aigiochos. Aus Ägypten, ehemals im Besitz des Kairiner Arztes Daniel-Marie Fouquet; H. 30 cm; London, British Museum INV. GR 1922.7-11.1

Abb. 84 Gold-Pentadrachmon mit dem Bildnis Ptolemaios' I. mit Ägis. Geprägt unter Ptolemaios' II. Philadelphos auf Zypern (285–246 v. Chr.).

84

dann wieder eins mit Osiris, der als Unterwelts- und Totengott konsequenterweise in Gestalt einer Mumie dargestellt werden konnte. Nach Diodors Lesart drang Osiris als erster bis nach Indien vor und zivilisierte den Subkontinent. Bei seiner Rückkehr in die Alte Welt erreichte der Gott am Ende Makedonien (!) und setzte dort «Makedonos» zum König ein. Der ägyptische Osiris firmiert hier also ganz selbstverständlich als Legitimator makedonischen Königtums.

Jahrtausende später eroberte dann der griechische Dionysos das ferne Indien und in historischer Zeit erreichte schließlich Alexander mit seinen Makedonen den Subkontinent. Natürlich war der Makedonenkönig zu diesem Zeitpunkt schon längst in Memphis zum Pharao gekrönt (332 v. Chr.) und damit zum Sohn des Osiris erhoben. Mit seinem Indiensieg wiederholte er somit die Triumphe eines Osiris oder eines Dionysos. Der Asiensieg erwies sich als Wiederkehr eines geradezu kosmischen Geschehens, das die aktuelle Weltgeschichte nicht nur mit der griechischen, sondern auch mit der ägyptischen Religion in Einklang brachte. Die Geschichte hatte den Mythos eingeholt. Zugleich verdeutlicht der Gleichklang Osiris-Dionysos-Alexander, auf welch überzeitliche Ebene man die Alexandersiege stellte.

Unser Münzporträt zielt mit seinen Attributen fraglos auf ein verwandtes Konzept. Der Entwerfende ging sogar noch ein Stück weiter, denn er verglich nicht nur die Asienzüge der Götter mit den Taten Alexanders, er charakterisierte den König mit Hilfe göttlicher Attribute und faßte auf diese Weise die drei Indiensieger in einem einzigen Porträt zusammen. Selbst die Elefanten-Exuvie läßt sich ganz unmittelbar mit Osiris verbinden. Berichtet doch Diodor (I, 20.1), daß der Gott in Indien mit besonderer Vorliebe Elefanten jagte. Man könnte den Elefantenskalp somit ganz ähnlich wie das Löwenfell des Herakles als Trophäe begreifen, die hier über den Jagdaspekt hinaus zum Symbol des Subkontinents geworden ist.

Mit Diodor in der Hand wäre sogar noch ein weiterer Schritt erwägenswert. So sieht er den ägyptischen Osiris nicht nur als Toten-, sondern auch als Sonnengott. Nun bezeichnete man im Jahre 238 v. Chr. im griechischen Teil des Kanopus-Dekrets eine früh verstorbene Tochter des dritten Ptolemäers als «Tochter des Helios», also als Tochter des Sonnengottes.[76] Und als Helios erscheint Ptolemaios III. dann auch auf den berühmten Prägungen seines Sohnes (Abb. 85a.b; GA 66). Blickt man hingegen in den hieroglyphischen Teil des Ediktes, dann zeigt sich, daß der griechische Helios mit Ammon-Re übersetzt wurde. Ammon galt nun jedoch seit der Siwaexpedition Alexanders als Vater des Königs, der deshalb auf unseren Münzen auch die Widderhörner des Gottes trägt. Wir könnten also unsere Göttergleichung um eine zusätzliche Position erweitern: Alexander-Dionysos-Osiris-Ammon.

Nun muß man sich vor Augen halten, daß das Thema «Indienzug des Dionysos» vor Alexander in der griechischen Mythologie kaum eine Rolle spielte, von einem Indienfeldzug des Osiris natürlich ganz zu schweigen. Zudem ist höchst umstritten, ob sich Alexander überhaupt zu Lebzeiten als «Neuer Dionysos» sah oder nur seine Erfolge mit dem Asienzug des Gottes verglich.[77] Sicher scheint nur, daß der König in Afghanistan oder Pakistan auf eine Stadt namens Nysa stieß. Er verschonte die Einwohner, weil die Stadt angeblich von Dionysos auf seinem Asienzug gegründet worden sei. Der Name erinnerte die Makedonen an die Stadt Nysa und ihre Nymphen, bei denen Hermes das Dionysoskind vor Hera in Sicherheit gebracht hatte. Man kann sich denken, wie sehr die Entdeckung dieser Stadt und der in ihrer Nähe zu beobachtende «dionysische Efeu» die Phantasie der Makedonen beschäftigte. Man bekränzte sich umgehend und feierte rauschende Dionysien.

Wenn diese unter anderem von Arrian (V, 1.2) überlieferte Anekdote authentisch ist, so besteht kein Zweifel, daß Alexander sich bei seinem Indienzug an Dionysos erinnert fühlte. Die Episode besagt jedoch nicht, daß er sich zu Lebzeiten als Inkarnation des Gottes und somit als «Neuer Dionysos» gesehen hat.[78] Sicher ist jedoch, daß sich die Gleichsetzung Alexander-Dionysos im ptolemäischen Ägypten später besonderer Beliebtheit erfreute, falls sie nicht überhaupt erst dort entstanden ist.

Nun setzt unser Münzbild bereits die Gleichung Dionysos-(Osiris)-Alexander voraus und man darf wohl davon ausgehen, daß derartige Spekulationen auf literarische Vorarbeiten zurückgehen. Diodor scheidet als primäre Quelle aus, da er zweieinhalb Jahrhunderte nach unseren Münzen schrieb, und zwar als Zeitgenosse Caesars und der frühen Karriere Octavians. Andererseits beruft er sich im ersten Band seines Werkes ausdrücklich auf Hekataios von Abdera. Und dieser Mann verfaßte nicht nur ein umfangreiches Werk über Ägypten, wir wissen auch, daß er zur Zeit des ersten Ptolemäers wirkte.

85a

85b

Das alles bedeutet nicht notwendigerweise, daß unser Münzmeister bei seinem Alexanderporträt von Hekataios persönlich beeinflußt wurde. Es zeigt jedoch, daß wir uns mit den Münzen in einer Zeit bewegen, in der vergleichbare Spekulationen «en vogue» waren, galt es doch gerade im frühptolemäischen Ägypten, die Fremdherrscher und ihre Götter mit den Mythen der Einheimischen zu versöhnen und die Herrschaft der makedonischen Pharaonen auch in ägyptischen Augen zu legitimieren.

Wenn nun Ptolemaios III. im Monument von Adulis (s. S. 20) Dionysos zu seinen Ahnen zählt, dann war das weit mehr als die Selbstüberhöhung eines gräko-makedonischen Fremdherrschers. Nein, diese religiöse Aussage zielte trotz der Gleichsetzung mit einem griechischen Gott vor allem auch auf das namenlose Heer seiner ägyptischen Untertanen. Aus deren Blickwinkel war Dionysos nichts als eine Paraphrase für Osiris, und natürlich war Osiris stets der Vater des regierenden Pharaos. Mit Hilfe der Dionysos-Osiris-Angleichung betonten die Ptolemäer somit die Kontinuität der jahrtausendealten Geschichte Ägyptens. Und so kann es auch nicht erstaunen, daß man am Ptolemäerhof bereits Ptolemaios IV. als «Neuen Dionysos» bezeichnete.[79] Aus der Ahnenreihe war eine Gleichsetzung geworden.

Blickt man nun zurück, so zeigen die frühen Silbermünzen des ersten Ptolemäers, daß sich seine dynastische Propaganda vor allem auf Alexander konzentrierte. Erst nach Annahme des Königstitels erscheint er persönlich auf den Münzen und trägt als Zeichen seiner fiktiven Verwandtschaft mit Alexander nun die Zeus-Ägis des großen Königs um die Schultern (Abb. 84).

Auf den Münzrückseiten ersetzte Ptolemaios interessanterweise schon bald das traditionelle Zeusbild seiner Alexandermünzen durch eine Athena. Die Göttin hat den Speer zum Wurf erhoben und streckt zur Balance den schildbewehrten linken Arm nach vorne. Es handelt sich wohl um die in Ägypten wie in Makedonien verehrte «Athena Alkidemos», die den Staat schützende Athena (Livius XLII, 51. 2). Zu ihrer Rechten erscheint der auf dem Blitz des Zeus sitzende Adler. Das Wappentier des Göttervaters wird in den folgenden Jahrhunderten zu einem Dauerthema ptolemäischer Münzen – kein Wunder, betrachtete sich doch die Dynastie als Nachfahren der Zeussöhne Herakles und Dionysos. In Ägypten wurde Athena mit der ägyptischen Göttin Neith gleichgesetzt. Und da Neith als Schutzherrin des Pharao fungierte, war das Athena-Neith-Motiv auch aus dem Blickwinkel eines Ägypters durchaus plausibel, schützte sie doch den König auf der Vorderseite.

Unsere Münzen belegen also nur allzu deutlich Ziel und Methodik ptolemäischer Herrscherdivinisierung. Alexander als Dionysos und Osiris, Alexander als Ammon, als Helios, als Herakles und Zeus ... Das komplexe Geflecht war schier unerschöpflich und konnte stets mit den Augen zweier Kulturen begriffen werden. Die Herrscher und ihre Kulte, sie saßen wie Spinnen im Zentrum eines religiösen Netzes und spannen ständig neue Fäden.

Bedenkt man den Einfluß ägyptischer Priesterschaften und behält man im Auge, wie leicht sich mit ihrer Hilfe das Heer der Einheimischen kontrollieren ließ, dann zeigt sich schnell die Nützlichkeit des Herrscherkultes. Allerdings ist bis heute umstritten, ob sich mit diesen Kulten tatsächlich echte Frömmigkeit verband, doch ermöglichten sie zumindest die Omnipräsenz der Herrscher. Und wo Präsenz ist, da ist auch Kontrolle.

Die Alexandermünzen Ptolemaios' I., wie sie gerade auch in Tuch el-Karamus zu Tage traten (Abb. 50a.b), stehen nicht nur am Anfang seiner Regierungszeit, sie markieren auch den Anfang ptolemäischen Kunstschaffens. Sie zeigen uns wie kaum ein anderes Medium, in welchem Maße man bereits in den ersten Jahren an einer Verbindung beider Religionssysteme arbeitete.

***Abb. 85a.b** Gold-Oktadrachmon. Vorderseite: Bildnis Ptolemaios' III. Euergetes als Helios (Ammon Re) mit Strahlenkranz. Auf der Rückseite die Legende ΠΤΟΛΕΜΑΙΟΥ ΒΑΣΙΛΕΟΣ und Füllhorn mit Strahlendiadem, Frühzeit Ptolemaios' IV. (221–204 v. Chr.); Alexandria, Griechisch-Römisches Museum Inv. 25304.*

Menschen in einer neuen Stadt

Ein Maler aus Ägypten oder Ptolemaios auf der Eberjagd

Zu der ersten Generation griechischer Künstler, die im ptolemäischen Ägypten arbeitete, gehörte auch der Maler Antiphilos. Interessant ist nun, daß Antiphilos nach Plinius (nat. hist. XXXV, 113) sogar «in Ägypten geboren wurde» und zwar deutlich vor Alexanders Einmarsch. Dies zeigt sich vor allem daran, daß er den 356 v. Chr. geborenen Alexander bereits im Knabenalter malte. Aus seiner Hand stammte auch ein Gemälde, das den König zusammen mit seinem Vater Philipp II. und der Göttin Athena zeigte. Auch dieses Thema spricht eher für eine Entstehung des Gemäldes vor Alexanders Aufbruch nach Asien. Zudem zeigt es uns, wie naheliegend bei makedonischen Königen die Vergesellschaftung mit Athena war. Die frühen ptolemäischen «Alexandermünzen» mit Athena auf der Rückseite sind also keineswegs außergewöhnlich (Abb. 50a.b).

Nun kennen wir im ptolemäischen Ägypten in späteren Generationen durchaus Ägypter mit griechischen Namen.[80] Mehr noch! Es lassen sich sogar Familien belegen, in denen der eine Sohn einen griechischen, der andere einen ägyptischen Namen trug. Und die Deutung? Ein ägyptischer Vater und eine griechische Mutter? Oder steht die Namenswahl für eine zunehmend multi-ethnische Gesellschaft? Zumindest in späterer Zeit ist der Name anscheinend kein schlüssiger Hinweis auf die ethnische Zugehörigkeit.

Doch Antiphilos ist von dieser Periode noch weit entfernt, so daß es sich bei ihm schwerlich um einen Ägypter mit griechischem Namen gehandelt haben kann. Er war wohl der Sohn eines Kaufmanns oder eines der zahlreichen griechischen Militärs, die unter den letzten indigenen Pharaonen Söldnerdienste verrichteten.

Berühmt wurde Antiphilos unter anderem durch ein Gemälde, das den ersten Ptolemäer auf der Jagd zeigte. Wie bedeutsam Jagdszenarien für makedonische Herrscher waren, das zeigt ein noch gut zu rekonstruierendes Gemälde auf der Attika des «Philippgrabes» im makedonischen «Vergina» (Abb. 107). Im Reiter des Gemäldezentrums hat man Alexander selbst erkennen wollen, doch scheint es sich angesichts seines zierlichen Körperbaus um einen besonders jungen Mann zu handeln. In der rechten Bildhälfte ist eine Löwenjagd das dominierende Thema. Im Orient wie in Makedonien war der Löwe das königlichste Beutetier und Alexanders Löwenjagden zählten zu den berühmtesten. Zur Linken hat man einen mächtigen Eber gestellt, eine Beute, die bei den Makedonen besonderes Prestige genoß. So überliefert Hagesandros (bei Athenaios I, 18), daß der Makedonenkönig Kassander (306/5–297 v. Chr.) anfangs beim Symposion nicht standesgemäß auf einem Speisesofa (Kline) zu Tische «liegen» durfte. Er mußte sitzen, weil er noch kein Wildschwein erlegt hatte.

86a

86b

***Abb. 86a.b** Ptolemaios I. in Gestalt des griechischen Heros Meleager auf der «Kalydonischen Eberjagd». Mosaik des 2. Jhs. n. Chr., wahrscheinlich nach einem verlorenen Gemälde des Antiphilos. Aus Setif (Algerien); Setif, Museum.*

87

Der von Ptolemaios beauftragte Maler Antiphilos zählte nun zweifelsohne zu den Könnern seiner Zeit, auch wenn er nach Plinius nicht ganz an die führenden Meister heranreichte (nat. hist. XXXV, 138). Einer seiner Zeitgenossen war Apelles, ein Gigant antiker Malerei und dieser Apelles erfreute sich der ausdrücklichen Protektion Alexanders, der am Ende allein von ihm porträtiert werden wollte. Antiphilos war dem übermächtigen Kollegen anscheinend in herzlicher Feindschaft verbunden, eine Aversion, die er offenbar mit Ptolemaios teilte. Als dann später Apelles auf einer Seereise an Ägyptens Küsten strandete, da nahm man ihn zwar auf, doch spielte man ihm eine gefälschte Einladung zu einer königlichen Feier in die Hände. Beim Erscheinen des ungeliebten Malers geriet Ptolemaios derart in Rage, daß er von dem Künstler verlangte, ihm den Namen des Schuldigen zu nennen. Doch Apelles nahm nur ein Stück Holzkohle aus einem Räucherbecken und warf mit raschen Strichen ein Porträt des Boten an die Wand. Die Skizze war so realistisch, daß der König einen seiner Höflinge erkannte (Plinius, nat. hist. XXXV, 89).

Wie die Gemälde des Apelles, so ist auch das Jagdbild des Antiphilos verloren, doch wird uns die Komposition möglicherweise auf einem römischen Mosaik überliefert (Abb. 86a.b). Das Paviment widmet sich nicht etwa einer normalen Jagd, sondern dem mythischen Kampf mit dem «kalydonischen Eber», der in konzertierter Aktion einiger Heroen unter der Führung Meleagers zur Strecke gebracht wurde. Und einer der mythischen Jäger trägt auf dem Mosaik nicht nur das königliche Diadem, sondern auch die charakteristischen Züge des ersten Ptolemäers (Abb. 40a.b).[81] Es war also nicht genug, Ptolemaios als verwegenen Jäger herauszustellen. Nein, man erhob ihn durch das mythische Rahmenthema auch gleich in den Rang eines halbgöttlichen Heros. Fraglos fassen wir hier einen ersten Schritt auf dem Wege zur Vergöttlichung.

Abb. 87 Terrakotta-Statuette aus der alexandrinischen Nekropole von Hadra, mittleres 3. Jh. v. Chr.; H. 20,5 cm; Alexandria, Griechisch-Römisches Museum 21837.

Abb. 88 Stele der Niko. Aus Alexandria, 1. Hälfte 3. Jh. v. Chr. Muschelkalk; H. 69 cm; Kairo, Ägyptisches Museum CG 9259.

Nun stammt unser Mosaik aus dem algerischen Setif und man fragt sich, wie ein in Algerien arbeitender Mosaizist an diese ausgefallene Vorlage gekommen sein mochte? Die Antwort liegt in den Ereignissen des Jahres 30 v. Chr. Damals brachte der siegreiche Octavian (der spätere Augustus) nach dem Zusammenbruch der Ptolemäerdynastie die überlebenden Kinder Kleopatras und des Marcus Antonius nach Rom, wo sie unter den wachsamen Augen seiner Schwester heranwuchsen. Die Prinzessin Kleopatra Selene wurde später mit dem mauretanischen (algerischen) König Juba II. (25 v.–23 n. Chr.) verheiratet. Der Mann war hochgebildet und noch heute kündet in algerischen Museen so manches Exponat vom Einfluß seiner ptolemäischen Gattin, was nur bedeuten kann, daß sie eine ganze Reihe von Kunstwerken mit in die Ehe brachte.[82] Ein ptolemäisches Thema auf einem algerischen Mosaik ist also durchaus plausibel.

Das «Problem Helena» und die Schlacht von Issos

In einer Aufzählung berühmter Frauen namens Helena erscheint im 1. Jh. n. Chr. bei dem Alexandriner Ptolemaios Chennos auch eine bemerkenswerte Passage: «Die Malerin Helena, die Tochter Timos, des Ägypters, malte die Schlacht bei Issos (333 v. Chr.) als Zeitgenossin dieser Begebenheit. Das Gemälde wurde unter Vespasian im Friedenstempel ausgestellt.»

Da Frauen angeblich außer stande sind, Schlachtenbilder zu malen, hat die Altertumswissenschaft alles unternommen, um die Existenz dieser Künstlerin zu leugnen, doch ist der historische Hintergrund der Notiz derart überzeugend, daß eigentlich kein Zweifel an ihrer Zuverlässigkeit aufkommen kann. Wie im Falle von Antiphilos, so ist auch hier das Gemälde nicht erhalten, doch bietet die Schriftquelle bereits manch interessanten Einblick.

Helenas Schöpfung muß bedeutend gewesen sein, wurde sie doch später in Rom im Forum Pacis gezeigt. Das Forum hatte einst Vespasian nach seinem Aufstieg zum Imperator in Auftrag gegeben. Es war berühmt für die dort verwahrten Kunstwerke. Daß man ausgerechnet ein alexandrinisches Gemälde präsentierte, kann nicht weiter verwundern, wurde doch Vespasian in Alexandria zum Kaiser ausgerufen.

Auffällig ist allerdings, daß sich die «Ägypterin» Helena ausgerechnet für Issos entschieden haben soll (333 v. Chr.)

88

und nicht etwa für die Schlacht von Gaugamela (331 v. Chr.). Denn es war der Tag von Gaugamela, der letztlich den Jahrhunderte währenden Kampf gegen das Perserreich entschied. Weshalb also Issos? Hier hilft nun möglicherweise Arrian und seine Alexandergeschichte. Denn der trajanische Historiker berichtet, Ptolemaios I. habe bei Issos den fliehenden Perserkönig an der Seite Alexanders persönlich verfolgt (Anabasis II, 11). Die militärische Hauptquelle Arrians ist jedoch kein anderer als Ptolemaios selbst, der auf seine alten Tage eine bedeutende Alexandergeschichte verfaßte (Anabasis I, 1). Der erste Lagide kämpfte zwar fraglos auch bei Gaugamela, doch anscheinend nicht auf einem derart bedeutsamen Posten.

Das Thema «Issos-Schlacht» bot also Gelegenheit, den neuen Herrscher als herausragenden Mitstreiter Alexanders zu präsentieren. Man sieht so ein Bild förmlich vor sich: Ptolemaios, der fiktive «Bruder Alexanders», an der Seite des großen Königs, wie sie zusammen die Persermacht zerschmettern, das Griechentum zum Siege führen und Weltgeschichte machen. Helenas «Issosschlacht» war also fraglos ein Propagandagemälde.

Handelte es sich nun bei «Helena, der

Tochter Timos des Ägypters» um eine Griechin oder am Ende um die Tochter eines hellenisierten Ägypters? Der Terminus «der Ägypter» könnte im Sinne ägyptischer Eltern verstanden werden. Könn-te, denn in der Antike bezeichnete man auf diese Weise auch schlicht den Wohnort. Man sollte deshalb, wie bei Antiphilos, davon ausgehen, daß es sich um eine griechische Familie handelte.

Zudem setzt die Tätigkeit als Künstlerin eine jahrelange Ausbildung voraus. Und das bedeutet, daß unsere Helena auf einem Feld wirkte, das damals nahezu ausschließlich Männern offen stand. Die antike Gesellschaftsstruktur war zutiefst patriarchalisch, doch im ptolemäischen Ägypten gingen die Uhren möglicherweise etwas anders. Das bedeutet nicht, hier ein hohes Lied auf antike Emanzipation anzustimmen. Davon war das hellenistische Ägypten sicherlich weit entfernt, doch bot die multikulturelle Gesellschaft der Nilmetropole anscheinend auch Frauen gelegentlich Freiheiten, die ihnen in rein griechischen Gesellschaften verschlossen blieben.

Bei der Frage nach der gesellschaftlichen Rolle der Frau sind wir auch keineswegs allein auf das «Beispiel Helena» angewiesen. So genügt ein Blick auf die lange Reihe berühmter Ptolemäerinnen, um zu erfassen, wie machtvoll so manche Königin das politische Zepter an sich riß (s. S. 136). Zwar nicht immer für lange Zeit, doch mitunter sehr erfolgreich. Da das patriarchalische Weltbild Griechenlands derartige Freiheiten eigentlich ausschloß, sollte man erwägen, ob diese Freiräume nicht auf makedonischem Hintergrund zu sehen sind. So kennen wir bereits unter den makedonischen Frauen der Diadochenzeit geradezu skrupellose Gestalten, allen voran Olympias, die Mutter Alexanders des Großen (Abb. 32).

Adonis – eine Parabel auf «Werden und Vergehen»

Wir haben nun über Könige, Herrscherkult, Weltgeschichte und Künstler gesprochen, und würden natürlich gerne auch etwas über einfachere Bürger berichten. Hier hilft nun ein berühmtes Gedicht des ptolemäischen Hoflyrikers Theokrit (Eidyllion XV). Es schildert einige Alexandrinerinnen beim Besuch eines Festes, das Arsinoe II. zu Ehren des Gottes Adonis veranstaltete.[83]

Adonis war keine der großen olympischen Gottheiten. Seine Geschichte ist eher ein Gleichnis für «Leben und Vergehen», und so erfreute sich der Mythos noch in der Kaiserzeit auf Sarkophagen außerordentlicher Beliebtheit. Es handelt sich um eine ursprünglich wohl orientalische Vegetationsgottheit, deren Schicksal das alljährliche Aufblühen und Vergehen der Natur symbolisiert. Geboren wird er aus dem Myrthenbaum, in den seine Mutter einst verwandelt wurde. Der Sage nach übergab Aphrodite das Adoniskind in einer Kiste an Persephone. Unglücklicherweise wollte die Gattin des Hades den zu einem schönen Jüngling heranwachsenden Adonis später nicht mehr freigeben, und so entschied Zeus in seiner Weisheit, daß Adonis ein Drittel des Jahres in der Unterwelt bei Persephone bleiben müsse und ein weiteres Drittel bei Aphrodite, während das letzte Drittel zu seiner freien Verfügung bleiben sollte. Natürlich entschied sich der junge Mann, auch das letzte Drittel bei (und mit) Aphrodite zu verbringen. Nicht ganz unverständlich, wird man sagen.

Der allegorische Hintergrund liegt klar auf der Hand. Solange der Heros in der Unterwelt weilt, herrscht auf der Erde Winter. Sein erneutes Erscheinen bedeutet Frühling. Danach folgen Sommer und Herbst mit der Ernte, bis sich der Naturgott wieder in die Unterwelt begibt und sozusagen «stirbt».

Diesem Gott hatte die Königin ihr Fest gewidmet und ihre Alexandriner eingeladen. Treten wir also mit der Alexandrinerin Gorgo in das Haus einer lange nicht gesehenen Freundin. Eine Dienerin bringt einen Stuhl nebst Kissen und bald vereinen sich die Frauen in ihrer Entrüstung über den (abwesenden) Hausherrn, der seiner Familie ausgerechnet ein so entfernt liegendes Haus gebaut hat. Entfernt vom Domizil der Freundin. Allein aus bösem Willen, da ist sich die Dame des Hauses ganz sicher. Angeblich wollte ihr Gatte, «der neidische Kerl», nur den Kontakt der Frauen unterbinden. Vielleicht nicht ganz zu Unrecht, sagt man sich insgeheim als männlicher Zuhörer.

Natürlich lauscht der kleine Sohn den abfälligen Bemerkungen mit großen Augen und die Besucherin bietet all ihre Überredungskunst auf, um dem Knaben klar zu machen, daß der «neidische Widerling» nicht sein Vater sei. Ob er's wohl geglaubt hat? Zudem erfahren wir aus dem wohl in den späten 70er Jahren des 3. Jhs. v. Chr. entstandenen Gedicht, daß sich die Metropole damals mit dramatischer Geschwindigkeit vergrößerte.

Die Dame des Hauses ist mehr als glücklich, die alltäglichen Verfehlungen ihres Gatten genüßlich auszubreiten. So hatte er doch neulich anstelle von Soda und roter Farbe Salz eingekauft. Kaum zu glauben. Und ehe wir's vergessen, der Ehemann der Besucherin ist natürlich auch so ein Trottel, der sich stets und immer übers Ohr hauen läßt. Antikes Familienglück.

Schließlich ist das Thema «Mann» erschöpft und es stellt sich heraus, daß die Besucherin eigentlich nur auf gut Glück erschien, um ihre Freundin zum Besuch des Festes abzuholen. Es sei die Königin selbst, die dort «etwas Schönes» böte und die Freundin läßt sich nicht lange bitten, wenn auch nicht ohne die Bemerkung, daß bei den Reichen (den Königen) immer alles auch besonders reich gestaltet sein müsse. Bald hat eine Dienerin (wohl eine Sklavin) alle Mühe, der Herrin bei ihrer Toilette zur Hand zu gehen, doch klappt am Ende alles, nachdem man dem armen Geschöpf mit Schlägen gedroht hat. Schließlich präsentiert sich die Herrin im selbstgewebten Faltengewand, das die Besucherin ausgiebig rühmt.

Das Söhnchen wäre nur allzu gerne mit dabei, doch wird er einer Dienerin mit dem dezidierten Auftrag übergeben, den Kleinen mit einem Spiel zu besänftigen. Jetzt reicht man der Herrin noch einen feschen Strohhut (Abb. 87)[84] und schon sind unsere Damen auf der überfüllten Straße, auf der die Besucherin nach eigenen Worten schon beim Herweg ihr Leben riskierte. Kein Wunder angesichts der zahlreichen Wagen und der genagelten Militärstiefel der allgegenwärtigen Truppen.

Trotz des Gewimmels rühmt man das segensreiche Wirken des Königs, der sich anscheinend bemühte, seine griechischen Alexandriner vor ägyptischen Banden zu schützen. Alexandria war also beileibe keine kriminalitätsfreie Oase. Doch auch bei einem König ist nicht alles zu loben, und so murmelt eine der Damen, daß eine Frau über alles im Bilde sei, sogar über die Hochzeit des Zeus mit seiner Schwester Hera. Ob hier die «heilige Hochzeit» des königlichen Geschwisterpaares gemeint ist? Nun, darüber machte man besser keine Glosse, hatte man doch gerade einen üblen Spötter nach Mafiaart in einem Eisenkorb im Meer ertränkt (Athenaios XIV, 621 a; GA 70).

Mit einiger Mühe passiert man Reiter und Pferde auf ihrem Weg zur Rennbahn und wir erfahren, daß sich die Dame des Hauses vor allem vor Schlangen und Pferden fürchtet. In Palastnähe wird das

Abb. 89 Eroten in reichem Weinlaub. Gipsabguß eines in Wachs gearbeiteten Entwurfs zu einem Miniaturrelief, das später in Edelmetall gegossen werden sollte. Aus Mit Rahine (Memphis), mittleres 3. Jh. v. Chr.; H. 4,2 cm; Hildesheim, Roemer- und Pelizaeus-Museum 1136.

89

Gedränge immer ärger und die sommerliche Kleidung zerreißt, so daß schließlich ein hilfreicher Fremder wenigstens den Mantel retten muß. Doch am Ende stehen die Frauen in den Räumen der Königin andächtig vor meisterhaft gewebten Wandbehängen. «Man könnte es für Gewänder von Göttern halten», staunen sie.

Die gewebten Figuren, vor allem Adonis auf einem silbernen Stuhl, sie scheinen so lebensnah, daß man sogar den ersten Bartflaum auf den Wangen des Jünglings erkennen konnte. Die Frauen verleihen ihrer Begeisterung lauthals Ausdruck und ernten das Mißfallen eines Besuchers, der sich zudem über ihren Dialekt mokiert. Doch damit kommt er an die Falschen, denn es zeigt sich, daß unser Damenpaar aus dem sizilischen Syrakus stammte. Und da Syrakus einst von korinthischen Siedlern gegründet wurde, bestehen sie heftigst darauf, daß sie bestes dorisches Griechisch sprächen.

Der Spott des Besuchers wirft ein bezeichnendes Licht auf das Völkergemisch der Nilmetropole. Anscheinend hatten Griechen aus aller Herren Länder in Alexandria eine neue Heimat gefunden. Für Einwanderer war jedoch der Erwerb des Bürgerrechts von zentraler Bedeutung, und so erstaunt es nicht, daß sich eine herrschaftliche Frau auf einer alexandrinischen Grabstele ausdrücklich als Bürgerin bezeichnet (Abb. 88).[85]

Glücklicherweise beendet das Adonis-Lied einer berühmten Sängerin den gehässigen Disput über dorische und andere Dialekte (Theokrit, Eidyllion XV, 100 ff.). Das Lied preist Adonis wie er in Aphrodites Armen liegt und erzählt von den Frauen, die den Gott zum Strand tragen und dort ihre Brüste entblößen. Sie vereinigen sich in dem Wunsch, daß Adonis ihnen im kommenden Jahr aufs Neue geneigt sein möge.

Wie im ptolemäischen Ägypten nicht anders zu erwarten, feiert der Gesang natürlich nicht nur Adonis, die Künstlerin nutzt ihr Lied, um die Könige zu rühmen. Natürlich. So habe Aphrodite die Mutter der regierenden «Geschwistergottheiten» in ihren Tempel erhoben (Eidyllion XV, 106 f.). Zudem erfahren wir, daß die Königin Adonis mit allerlei Gaben ehrte. Wir hören von Früchten und Gebäck, von «Adonisgärtchen» in silbernen Körben, von duftendem Öl aus Syrien. Und darüber fliegen Eroten im Gezweig von Ast zu Ast, so wie junge Nachtigallen ihre wachsenden Flügel erproben. Es handelt sich also teilweise um die Beschreibung von Kunstwerken.

Das Erotenmotiv ist uns bestens überliefert und zwar in einem Gipsabguß aus unserer memphitischen Werkstatt (Abb. 89).[86] Den Abguß nach einem Wachsmodell fertigte der Künstler als Sicherheitskopie, um bei einem Fehlguß seinen Entwurf schnell wieder reproduzieren zu können. Zugleich diente der Abguß auch als Vorlage für künftige Arbeiten. Als «Gezweig» wählte der Künstler interessanterweise Weinreben, so daß die aphrodisischen Eroten mit einem dionysischen Element kombiniert sind.

Die beiden Frauen können gar nicht genug bekommen von all den Kostbarkeiten, doch wird es allmählich höchste Zeit, sich um das Abendessen zu kümmern. Und vor allem unsere Goto hat alle Ursache zur Eile, wird doch ihr Ehemann äußerst unleidlich, wenn er sein Essen nicht rechtzeitig auf dem Tisch findet. Und ehe wir uns versehen, verschwinden die beiden in der wimmelnden Menge. Der kecke Strohhut ist das letzte, was wir von ihnen sehen.

Uns bleibt am Ende nur noch die Frage, weshalb sich Arsinoe II. ausgerechnet um den Adoniskult bemühte. Hier können wir natürlich nur raten, doch handelt es sich bei Adonis eben um einen sterbenden und wieder auferstehenden Gott, ein Gedanke, der gerade unsere makedonischen Pharaonen fasziniert haben muß, ersteht doch auch der Pharao Ägyptens in Gestalt des Falkengottes Horus in jedem König wieder aufs Neue.

Göttliche Geschwister – Ptolemaios und Arsinoe Philadelphos

Arsinoe II. oder die Geburt einer Göttin

In den frühen 70er Jahren des 3. Jhs. v. Chr. erreichte Arsinoe Ägypten und wie die Heroine Io, so kam auch Arsinoe als Flüchtling. Und ganz wie Zeus und Hera, so verband sich nun das Königspaar in «heiliger Ehe», die der große Dichter Theokrit ausgiebig feierte (Eidyllion XVII, 131–134). Ptolemaios II. folgte also mit seiner inzestuösen Hochzeit dem Beispiel des Zeus, seines göttlichen Vorfahren.

90

Doch noch ist es nicht so weit, denn gegen 300 v. Chr. ist Arsinoe noch weit von Ägypten entfernt. Sie ist mit König Lysimachos verheiratet, dessen thrakisches Königreich im heutigen Bulgarien sich damals auch nach Nordwestkleinasien ausdehnte. Lysimachos hatte unter Alexander gedient, bei der Reichsteilung ein Herrschaftsgebiet erhalten, und wie so viele Diadochen im «Jahr der Könige» 306/5 v. Chr. den Königstitel angenommen.

Die Eheschließung mit Arsinoe war fraglos ein Politikum, zumal der alternde Lysimachos bereits verheiratet war und zwar unter anderem mit Amastris, einer Perserin aus vornehmem Hause. Doch als ihm nun sein einstiger Kampfgefährte Ptolemaios die Hand seiner Tochter nebst Bündnis andiente, da trennte er sich denn doch von seiner so geschätzten Gattin. Die Trennung verlief allerdings in durchaus ehrenvollen Bahnen, kontrollierte doch die ehemalige Königin mit der Stadt Herakleia am Schwarzen Meer ihren eigenen Herrschaftsbereich.

Lysimachos hatte damals bereits einen erwachsenen Sohn namens Agathokles, der nicht nur aufgrund seiner militärischen Tüchtigkeit allgemein beliebt war. Ein Konkurrent dieses Kalibers mußte die Chancen von Arsinoes zukünftigen Kindern beeinträchtigen und so intrigierte die neue Königin so erfolgreich gegen den designierten Thronfolger, daß Lysimachos seinen Sohn 283 v. Chr. hinrichten ließ.

Die Frau des so schändlich Ermordeten floh zu Seleukos I., dessen Königreich damals von Syrien bis an die Grenzen Indiens reichte. Auch Arsinoes Halb-

***Abb. 90** Arsinoe II. auf einer «Ptolemäerkanne» aus Canosa (Apulien). Aus zahlreichen Einzelteilen zusammengesetzt und partiell ergänzt. Inschrift über dem Altar:* ΑΓΑΘΗΕ ΤΥΧΗΕ ΑΡΣΙΝΟΗΕ ΦΙΛΑΔΕΛΦΟΥ, *nach 270 v. Chr. Fayence; H. 32,4 cm; London, The British Museum Inv. GR 73.8–20.389 (1873 angekauft). © The British Museum.*

***Abb. 91** Skizze der Darstellung auf der Ptolemäerkanne aus Canosa.*

bruder Ptolemaios «Keraunos» («der Blitz») hatte sich bei dem Komplott aufs Unrühmlichste hervorgetan und zog es deshalb vor, sich ebenfalls zu Seleukos abzusetzen. Der herbeiintrigierte Mord hatte noch eine besonders üble Seite, denn die verwitwete Gattin des unglücklichen Agathokles war ausgerechnet eine Halbschwester Arsinoes II.

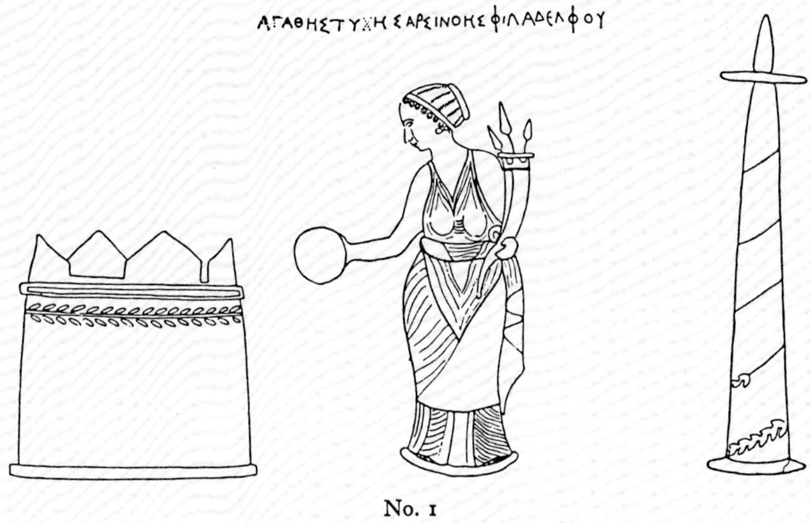

91

Eine neue Artemis?

Wie ihr Machtinstinkt, so regte sich auch die Repräsentationsgier der Intrigantin bereits in frühen Jahren. Gegen 296 v. Chr. gründete Lysimachos das alte Ephesos aufs Neue und verlegte die Stadt an ihren heutigen Ort. Um seine Gattin zu ehren, nannte er die Neugründung Arsinoeia, ein gängiges Procedere in der hellenistischen Welt.

Doch damit nicht genug, denn Ephesos emittierte plötzlich eine bemerkenswerte Münzserie, mit der Arsinoes Weg unter die Götter begonnen haben könnte. Die zentrale Gottheit der Stadt war seit alters her Artemis Ephesia, eine Artemis mit den Zügen einer universellen Naturgottheit, die in Kleinasien auch als «Große Mutter» verehrt wurde. Konsequenterweise prägte Ephesos deshalb mit dem Kopf der göttlichen Jägerin Artemis auf der einen und mit Bogen und Köcher auf der anderen Seite.

Mit der Neugründung tauschte man jedoch in den 80er Jahren den idealen Artemiskopf gegen einen Frauenkopf mit modischer «Melonenfrisur» und der Beischrift «Arsi». Es handelt sich um eben jene Frisur, die wir später auch auf ptolemäischen Münzen Arsinoes antreffen werden. Anscheinend war die Königin an die Stelle der Gottheit getreten, deren Waffen weiterhin die Münzrückseiten zierten.[87] Man könnte deshalb erwägen, daß die Königin als neue Artemis in Erscheinung trat. Wie weit die Identifikation jedoch tatsächlich ging, das ist leider unbekannt, doch wollen wir den Artemisaspekt im Auge behalten (s. S. 127).

Kurupedion und das Ende der Diadochenkriege

Zwei Jahre nach der sinnlosen Ermordung des Agathokles eskalierte der Zwist zwischen Lysimachos und dem Seleukidenreich und im Jahre 281 v. Chr. standen sich auf dem Schlachtfeld von Kurupedion die beiden greisen Strategen Alexanders zum letzten Mal gegenüber. Lysimachos fiel und mit ihm auch die Hoffnungen Arsinoes, die sich in Kassandreia auf der Chalkidike verschanzt hatte. Der Leichnam des Königs blieb auf dem Schlachtfeld, nachdem sein Heer wohl die Waffen gestreckt hatte. Schließlich erkannte man den Toten an seinem treuen Hund, der Vögel und Raubtiere von dem bereits verwesenden Körper ferngehalten hatte.

Der hochbetagte Sieger schien am Ende seiner Tage Asien und Europa noch einmal zu vereinen. Er setzte über den Hellespont nach Europa und gelangte an einen uralten Altar, den angeblich vor Urzeiten die Argonauten auf ihrem Zug zum Goldenen Vlies errichtet hatten. Auf des Königs Frage erklärte man ihm, der alte Bau werde «Argos» genannt. Ein ominöser Name, hatten doch dunkle Orakel den Seleukiden gewarnt, «niemals gen Argos zu ziehen.» Und als der Greis noch auf das Gemäuer starrte, durchbohrte ihn Ptolemaios Keraunos von hinten mit seiner Lanze. So dankte der einstige Flüchtling seinem Wohltäter.

Die Tat zeigt schlaglichtartig, weshalb Ptolemaios I. wenige Jahre vorher darauf verzichtet hatte, seinen erstgeborenen Sohn Keraunos zu seinem Mitregenten und Nachfolger zu erheben und sich ungeachtet aller Einsprüche für den Bruder Arsinoes entschied. Ein letzter und überaus weiser Entschluß des greisen Monarchen. Keraunos wurde seltsamerweise trotz des Attentats vom Heer des Ermordeten zum König ausgerufen und überredete am Ende gar seine Halbschwester Arsinoe zu einer Ehe. Kaum vollzogen, ließ der neue Gatte die Kinder aus ihrer Verbindung mit Lysimachos im Angesicht der Mutter liquidieren und zwang seine Halbschwester zur Flucht über Samothrake nach Ägypten (Justin XXIV, 2. 3). Arsinoes Karriere scheint beendet und ein Leben im Exil ihr Schicksal.

Arsinoe gegen Arsinoe

Am Nil herrschte mittlerweile ihr Bruder, da Ptolemaios I. (Abb. 40a.b) als einziger der großen Diadochen im Winter 283/82 v. Chr. friedlich entschlafen war. Der Bruder war pikanterweise mit Arsinoe I. verheiratet, einer Lysimachos-Tochter. Das Königspaar hatte zumindest vier Kinder, von denen der älteste Sohn und Thronfolger in der Geschichte nur als «Ptolemaios der Sohn» erscheint.[88] Gegen 259 v. Chr. empört er sich allerdings gegen seinen Vater und verschwand aus der Geschichte, ohne in Ägypten je regiert zu haben.

Die Gattin des Ptolemaios schien also gänzlich unangefochten. Doch die spätere Arsinoe II. wäre nicht Arsinoe gewesen, wenn es ihr nicht gelungen wäre, die Rivalin aus dem Feld zu schlagen und den Bruder zu einer blutschänderischen Ehe zu bewegen. Arsinoe I. wurde in den frühen 70er Jahren in das oberägyptische Koptos verbannt, allerdings ohne die Geburtsrechte ihrer Kinder anzutasten. Vielleicht hatten sie auch nur Glück, daß der kurzen Geschwisterehe keine regierungsfähigen Nachkommen beschieden waren und daß die ominöse Königin schon im Jahre 270 v. Chr. das Zeitliche segnete. Doch so sehr der spätere Ptole-

92

maios III. Euergetes seine Stiefmutter auch gehaßt haben mag, er firmierte in der Folgezeit stets als Sohn Arsinoes II. und ließ seine leibliche Mutter unerwähnt.

Aphrodite und doch auch Isis

Auch wenn Arsinoe II. bereits gegen 270 v. Chr. starb, so war die inzestuöse Verbindung doch höchst bedeutsam für den ptolemäischen Herrscherkult.[89] So weihte Kallikrates, ein berühmter Admiral Ptolemaios' II., der Herrscherin einen Tempel auf dem Kap Zephyrion östlich von Alexandria, in dem sie als Aphrodite verehrt wurde. Poseidipps Epigramm, mit dem man Kult und Anlage feierte, bietet Einblick in eine überaus konsequentenreiche Form königlicher Selbstvergottung.

«Auf halbem Weg zwischen den Küsten von Pharos und Kanopus ist mein Platz, im Angesicht der windgefegten Wasser Libyens, reich an Schafen, dem Westwind ausgesetzt. Hier errichtete mich Kallikrates und nannte mich Schrein der Königin Arsinoe-Aphrodite. Kommt denn zu ihr, reine Töchter der Griechen; zu ihr, die berühmt sein wird als Aphrodite-Zephyritis. Und kommt auch ihr, Befahrer der See, denn der Nauarch (Admiral) errichtete den Schrein als sicheren Hafen vor allen Wogen.»[90]

Schon P. M. Fraser verwies auf den entscheidenden Passus, in dem Arsinoe als «Königin» apostrophiert wird und nicht etwa als «Thea Philadelphos», wie man sie nach ihrem Tode tituliert hätte. Der Aphroditekult entstand also noch zu Lebzeiten der eiskalten Frau. Arsinoe-Aphrodite erscheint als «Euploia», als Beherrscherin der See, was auch die Stiftung eines Admirals erklärt.

Da nach spätägyptischer Tradition jedoch Isis als Mutter des Pharao galt, ergab sich beinahe zwangsläufig, daß die Aphroditedeifikation durch eine Gleichsetzung mit Isis ergänzt wurde. Einen willkommenen Beleg bieten hier einige Kannen aus ägyptischer Fayence (Abb. 90). Sie zeigen uns die Schicksalsgöttin Tyche zwischen einem Altar und einem merkwürdigen Pfeiler (Abb. 91). Auf einigen dieser Altäre wird Arsinoe Philadel-phos ganz explizit als Isis bezeichnet.[91] Zusätzlich trägt Tyche das Doppelfüllhorn Arsinoes II. (s. S. 65). Entweder handelt es sich also um die vergöttlichte Königin als Isis-Tyche oder die Schicksalsgöttin symbolisiert das glückhafte Wirken der Monarchin.

Der schlichte Pfeiler hinter der Gottheit ist nicht minder interessant, errichtete man doch derartige Pfeilermonumente vor allem für Apollon und seltener für seine Schwester Artemis. Ein alexandrinischer Autor berichtet zudem, daß man vor den Haustüren Pfeiler für Apollon und Dionysos aufstellte.[92] Es genügt ein Blick auf die Götternamen und schon sind wir mitten im ptolemäischen Herrscherkult. Apollon, das war aus ägyptischer Sicht kein anderer als der Falkengott Horus. Und mit Dionysos haben wir gar einen Stammvater der Dynastie vor uns, der bereits im 3. Jh. v. Chr. gelegentlich mit dem König gleichgesetzt wurde (s. S. 52). Ins ägyptische Denken «übersetzt» könnte man deshalb folgern, daß vor den Häusern Monumente für Apollon-Dionysos-Horus-Osiris errichtet wurden, Loyalitätsadressen für den König in seinen vergöttlichten Erscheinungsformen.

Steht also auf der Oinochoe das Kultmal des Königs hinter Arsinoe-Tyche? Da die Ptolemäer in der Regel als «Götterpaare» deifiziert wurden, ist dieser Gedanke durchaus erwägenswert, doch wurden vergleichbare Pfeiler eben auch für Artemis errichtet. Dahinter stand, daß Apollon und Artemis Geschwister waren, die nach Herodots Lesart sogar als Kinder der Isis galten (II, 156). Der Pfeiler könnte also auch für Artemis-Arsinoe stehen und damit auf eben jene Gottheit anspielen, mit der die Königin bereits in Ephesos assoziiert worden war.

Die Deifikation der Königin erreichte

Abb. 92 Skizze des Ptolemäerweihgeschenks in Olympia. Im Hintergrund die Echohalle. Gestiftet von Kallikrates, dem Admiral Ptolemaios' II., wohl zwischen 275 und 266 v. Chr.

Abb. 93a.b Ionisches Kapitell des Ptolemäerweihgeschenks von Olympia. L. ehemals 121 cm, wohl zwischen 275 und 266 v. Chr.

Abb. 94 Ionisches Kapitell in Alexandria. Aus dem Palastareal. L. ehemals 111 cm, mittleres 3. Jh. v. Chr.

also mit Arsinoe II. hoch komplexe Formen, die die Herrscherin fest in das griechische wie in das ägyptische Pantheon einbanden. Bei ihrem Tod hinterließ sie religionsgeschichtliche Traditionen, die den ptolemäischen Herrscherkult für Jahrhunderte prägen sollten. Kein Zweifel, das Resultat hätte die stolze Frau zutiefst befriedigt.

Die göttlichen Geschwister in Olympia

Die skandalöse Geschwisterehe stieß in der griechischen Welt keineswegs auf ungeteilte Zustimmung (GA 70) und auch die von Theokrit insinuierte Gleichsetzung mit der Hochzeit von Zeus und Hera könnte man eher als Blasphemie betrachten. Den ptolemäischen Hof beeindruckte dies jedoch kaum. So stiftete der uns bereits bekannte Admiral Kallikrates ausgerechnet in Olympia, im Zentrum griechischen Selbstverständnisses, ein Monument für die göttlichen Geschwister (Abb. 92).[93] Die Statuen standen auf zwei gegen 9 m hohen Säulen. Die ionischen Kapitelle entsprechen so weitgehend alexandrinischen Funden, daß wir hier fraglos einen für den Königshof tätigen Architekten und somit dynastische Architektur fassen (Abb. 93. 94).

Die Weihung erfolgte anscheinend bereits zwischen 275 und 266 v. Chr., also auf einem Höhepunkt ptolemäischer Macht. Das Monument an sich wäre bereits bezeichnend genug, doch gibt auch der Aufstellungsort selbst zu denken. So errichtete man das 24 m lange Monument vor der «Echohalle» im Angesicht der Ostfront des olympischen Zeustempels und somit direkt vor dem Stammvater der Dynastie (Abb. 92). Und ganz nebenbei war es natürlich auch noch das größte Monument in der «Altis», dem traditionellen Herzen Olympias.

Aber damit nicht genug, hatte man doch die beiden Säulen etwas aus der Mittelachse der Halle nach Norden verschoben, um sie in die Mitte zwischen dem Zeustempel zur Linken und dem alten Heratempel zur Rechten zu plazieren. Die wie Zeus und Hera verheirateten Geschwister erhielten also ein Ehrenmonument im Blickfeld beider Tempel, sprich im Angesicht der Götter. Ob diese Aufstellung wohl vor Götteraugen Gnade fand? Die Gefühle konservativer Griechen lassen sich unschwer erahnen, doch war Realpolitik anscheinend wichtiger als die Wahrung religiöser Werte. Zugleich dokumentiert die Weihung das ungebrochene Selbstvertrauen der jungen Dynastie. Von Selbstzweifeln keine Spur.

93a

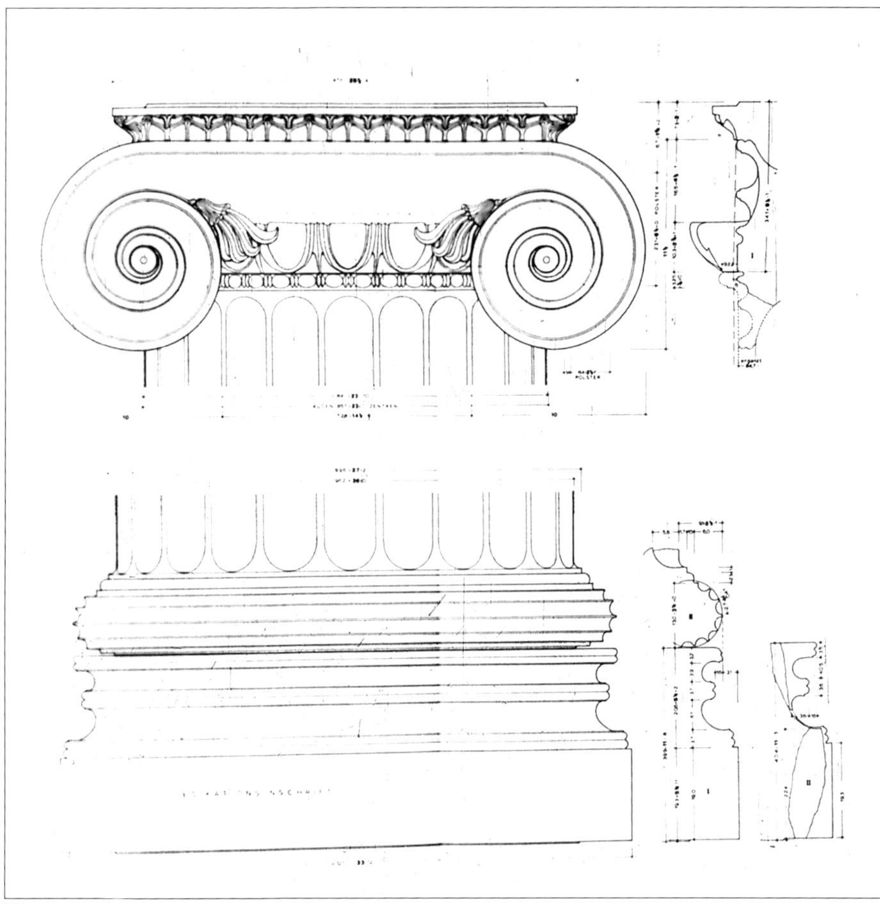

93b

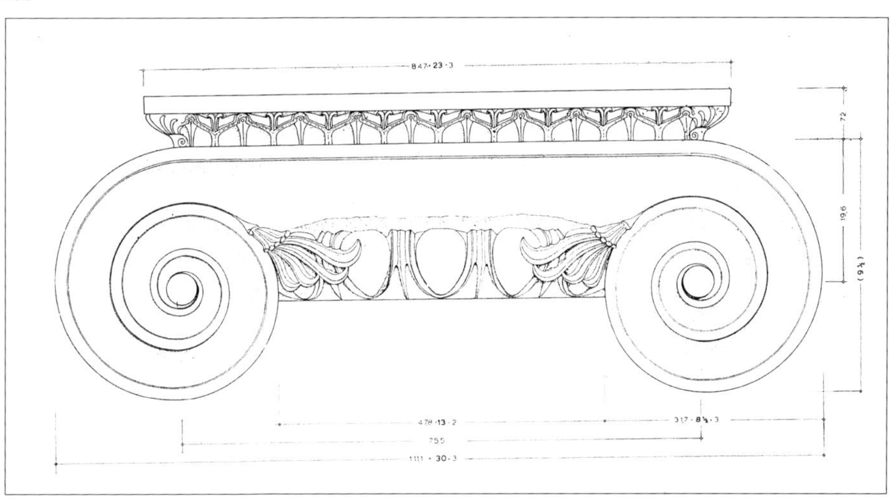

94

Der Festzug Ptolemaios' II.

Propagandistische Auftritte waren für die Ptolemäer von höchster Bedeutung, und dies galt vor allem für die Repräsentation in Ägypten selbst. An vorderster Stelle standen hier die im olympischen Vierjahresrhythmus ausgerichteten «Ptolemaia», königliche Feste zur Feier der Dynastie. In den 80er Jahren veranstaltete Ptolemaios II. eine geradezu monumentale Parade. Vor der staunenden Menge zogen Kostbarkeiten in solcher Zahl vorüber, daß das Ereignis noch mehr als 400 Jahre später unter Kaiser Hadrian Erwähnung fand.

Die Beschreibung verfaßte seinerzeit Kallixeinos von Rhodos, ein Historiograph des späteren 3. oder früheren 2. Jhs. v. Chr., der wohl auch den Sehenswürdigkeiten Alexandriens ein mehrbändiges (oder mehrrolliges) Werk widmete. Erhalten blieb der Text in einem Exzerpt des hadrianischen Autors Athenaios aus Naukratis, der im Rahmen von «Tischgesprächen» ein riesiges Sammelsurium überliefert, angefangen von Kochrezepten bis hin zu ganzen Listen antiker Gefäßformen und anderen Kuriositäten.[94]

Im Rahmen des Zuges erwähnt Kallixeinos auch einen goldenen Wagen, den er leider nicht weiter kommentiert. Und so spricht er lapidar von einem goldenen Tempelchen, das wie alle anderen «Exponate» auf einem Wagen zu denken ist. Der Umfang der zierlichen Architektur wird mit 40 Ellen angegeben (Athenaios V, 202 c). 40 Ellen! Das ist nach Diodor just der Umfang unseres Leichenwagens und das inmitten dynastischer Symbolik! Nur ein Zufall? Handelte es sich um eine Kopie oder um eine Paraphrase des berühmten Vorbildes? Oder vielleicht gar um das Original? Leider endet hier die Wissenschaft und die Spekulation beginnt. Doch wie auch immer, die Übereinstimmung der Maße ist in jedem Fall höchst bemerkenswert.

Der Zug glich einer riesigen Prozession. Überdimensionierte Götterfiguren paradierten auf gewaltigen Wagen, gezogen von Hunderten von Menschen. Die Schilderung erinnert an fernöstliche Umzüge aber auch an christliche Prozessionen mit den Skulpturen des Erlösers und den Darstellungen seiner Leidensgeschichte. Auch unser ptolemäisches Fest stand unter göttlichem Vorzeichen. So besaßen alle olympischen Götter ihre eigenen Abteilungen, von denen uns allerdings allein die Dionysossektion näher beschrieben ist. Neben den Göttern erscheint auch Alexander der Große und

95

***Abb. 95** Am Berenikeion, dem literarisch überlieferten Tempel Berenikes' I. (gestorben nach 279 v. Chr.). Impression vom Festzug (Pompé) Ptolemaios' II. in den späten 70er Jahren des 3. Jhs. v. Chr. Vor dem Heiligtum ein goldenes Doppelfüllhorn der neuen Königin Arsinoe II. Daneben ein goldener Tempelwagen, goldene Palmen, ein riesiger Dreifuß und ein monumentaler, mit Blitzen geschmückter Panzer.*

***Abb. 96a.b** Der Grundriß des Sarapeions Ptolemaios' III. in zwei möglichen Rekonstruktionen: als prostylos tetrastylos (a) und als templum in antis (b).*

***Abb. 97** Stirnschmuck eines Pferdezaumzeugs (Prometopidion). Die Siegesgöttin Nike präsentiert einen Rundschild. Gipsabguß nach einem Wachsmodell. Aus Memphis (Mit Rahine), späteres 3./früheres 2. Jh. v. Chr.; H. 15,7 cm, Hildesheim, Roemer- und Pelizaeus-Museum 1115.*

zwar nicht etwa nur als Begleiter, nein, man widmete ihm gleich eine ganze Sektion, als sei Alexander als dreizehnter Gott zu den Zwölfen getreten.[95] Das Erscheinen des Leichenwagens würde sich also vorzüglich mit der Thematik des Zuges vereinbaren lassen.

Der Gott im Elefantenwagen

Gleich zu Anfang der Alexandersektion wurde wieder unser Elefanten-Indienthema intoniert. Die Abteilung eröffnete die überlebensgroße Goldstatue des Königs in einem mächtigen Wagen, der nicht etwa von vier Pferden, sondern von vier Elefanten gezogen wurde (Athenaios V, 202a). Zwar schweigt unser Gewährsmann zu den Maßen, doch dürfen wir auf eine Wagenhöhe von etwa 2 m schließen, so daß die Statue zwangsläufig überlebensgroß sein mußte. Dies bestätigt auch eine Goldmünze mit dem Bildnis Ptolemaios' I. auf der Vorderseite, die auf dem Revers eine Elefantenquadriga trägt.[96] Das Porträt zeigt uns den ersten Ptolemäer als «Verwandten» Alexanders mit der Ägis des Zeus (Abb. 81a.b).

In dem Elefantenwagen der Münze steht ein Mann mit einem Blitz in der Hand. Man hat hier seit langem auf Alexander geschlossen, da dieser schon zu Lebzeiten von Apelles auf einem Gemälde mit dem Blitz des Zeus dargestellt wurde (Plinius, *nat. hist.* XXXV, 92). Die Münze wird gemeinhin Ptolemaios I. zugewiesen. Andererseits prägte gerade Ptolemaios II. des öfteren mit dem Porträt seines Vaters, so daß man sich fragen könnte, ob diese goldenen Statere nicht anläßlich einer «Pompé» entstanden sein könnten. Anders als auf der kleinen Goldmünze standen auf dem Elefantenwagen unserer «Pompé» allerdings noch die Siegesgöttin Nike als Zeichen von Alexanders Unüberwindlichkeit (Abb. 97)[97] sowie Athena, die wir ja bereits auf ptolemäischen «Alexandermünzen» antrafen (Abb. 81b).

Der «Leere Thron» und dynastische Symbolik

Neben der Quadriga erwähnt Kallixeinos (Athenaios V, 202 a) bei Alexanders Sektion mehrere Throne aus Gold und Elfenbein, auf denen Goldkränze und Trinkhörner lagen (Keras). Gemeint sind hier entweder Füllhörner (Abb. 77b. 116b) oder Tierprotomen-Rhyta wie das prachtvolle Greifenrhyton aus Tuch el-Karamus (Abb. 64). Auf dem Goldthron Ptolemaios' I. lag ein Kopfschmuck, der aus

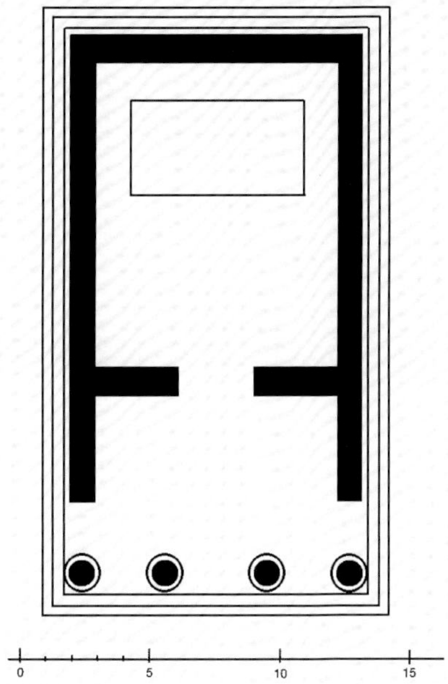

96a

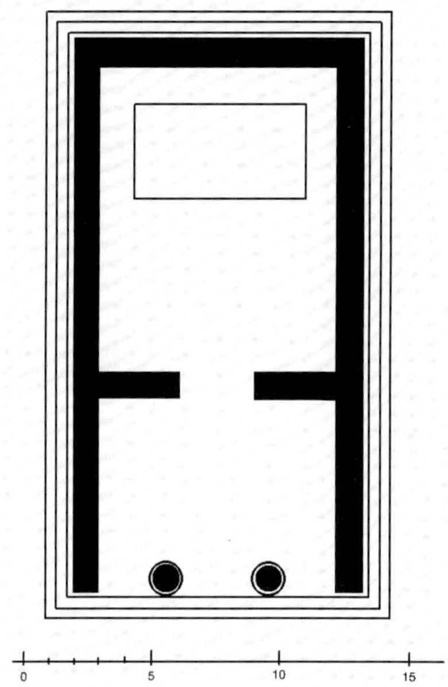

96b

97

10 000 Goldmünzen zusammengesetzt war, oder der dem Münzgewicht von 10 000 Goldmünzen entsprach (Athenaios V, 202b). Bei dem goldenen Thron erinnert man sich unwillkürlich an Theokrit, der Ptolemaios im Himmelspalast des Zeus auf einem goldenen Thron Platz nehmen läßt (Eidolon XVII, 17). Die Form eines solchen Thrones überliefert uns ein aus Stein gemeißelter Thronsessel in einem Grabbau des späteren 4. Jhs. v. Chr. im makedonischen Aigai (Abb. 141).

Nun spielt das Motiv des «leeren Throns» nach Alexanders Tod eine beträchtliche Rolle, glaubte man doch, man könne mit Hilfe des Throns die Gegenwart des Königs heraufbeschwören. Berühmt war etwa der Alexanderthron im Feldherrnzelt des Eumenes. Der aus dem griechischen Kardia stammende Eumenes war unter Alexander Chef der Staatskanzlei und wurde als enger Vertrauter des Königs nach Alexanders Tod als einziger Grieche mit der Verwaltung einer Provinz betraut.[98] Als Grieche war der militärisch höchst begabte Mann bei seinen makedonischen Truppen nicht sonderlich legitimiert, und so hielt er Lagebesprechungen neben Alexanders leerem Thron ab, um sich durch die unsichtbare Gegenwart des Königs inspirieren zu lassen. So kurios die Sache auch anmutet, der Kniff war ein voller Erfolg. Auch die Thronsessel unserer «Pompé» sind möglicherweise in ganz ähnlichem Licht zu sehen.[99]

In diesem Zusammenhang erschien auch jener Wagen, den wir versuchsweise mit unserem Leichenwagen gleichsetzten (Abb. 95). Ganz in der Nähe beschreibt unser Gewährsmann auch einen 18 m hohen oder langen Blitz, der natürlich vergoldet war. Der Blitz war das genuine Attribut des Zeus und so fällt die Deutung nicht weiter schwer: Zeus war der Stammvater der Lagiden. Wie wir bereits

98a

gesehen haben, könnte sogar eine Anspielung auf Alexander gemeint sein. Zu bewundern waren auch zwei riesenhafte Brustpanzer. Der goldene maß über 5 m und der silberne nicht weniger als 8 m. Um den dynastischen Hintergrund hervorzuheben, hatte man den Silberpanzer mit über 4 m hohen Blitzen geschmückt (Abb. 95).

Nicht vergessen sollte man auch eine ganze Serie von delphischen Dreifüßen aus Edelmetall, von denen der monumentalste 30 Ellen maß, also gegen 15 m (Athenaios V, 202c) (Abb. 95). Wie Kallixeinos mit seinem Terminus «delphisch» andeutete, handelte es sich um Attribute des Orakelgottes Apoll, und man fragt sich unwillkürlich, ob Kallixeinos hier bereits zur Sektion Apollons übergegangen sein könnte, doch bietet der Text dafür keinen Hinweis. Was suchten also apollinische Dreifüße unter dionysisch-ptolemäischen Symbolen?

Die Lösung bietet hier wohl das für Alexandria charakteristische Nebeneinander ägyptischer und griechischer Religion. Der griechische Apollon entsprach dem ägyptischen Gott Horus. Horus ist jedoch als Sohn von Isis und Osiris der junge König des Nillandes. Da Horus-Apollon mit dem regierenden Pharao gleichzusetzen ist, klärt sich nun auch der herrscherkultische Zusammenhang unserer «delphischen Dreifüße». Der Riesendreifuß trug reichen Figurenschmuck unbekannter Ikonographie, jede Gestalt nicht weniger als fünf Ellen hoch (gegen 2,5 m). Man wird sich die Figuren am ehesten als Relieffries vorzustellen haben. Daneben sah Kallixeinos an dem Dreifuß noch eine goldene Weinrebe. Nun ist der Gott des Weins im Griechischen Dionysos. Auch bei dieser Verbindung von Dionysos und Apoll liegt die Antwort auf der ägyptischen Ebene, denn Dionysos entsprach im ägyptischen Glauben dem Gott Osiris. Osiris war jedoch wiederum der Vater von Horus-Apollon.

Unsere «göttliche Gleichung» bewährt sich also, sobald man die griechischen Götternamen ins Ägyptische «übersetzt». Man war offenbar bestrebt, die Festzugssymbolik griechischen wie ägyptischen Untertanen zu erschließen, allerdings anscheinend ohne Darstellungen in ägyptischem Stil.

Ein Tempel für Berenike

Unser Zug erreichte am Ende einen Tempel der verstorbenen Königin-Mutter, um dessen Portal man einen «mystischen Kopfschmuck» («mystikos Stephane») gelegt hatte (Abb. 95). Das überdimensionierte, mit Halbedelsteinen verzierte «Schmuckstück» war natürlich wieder aus Gold und erreichte einen Umfang von nicht weniger als 36 m. 36 Meter! Man bedenke, daß das große Portal des Erechtheions auf der Athener Akropolis kaum mehr als 16 m Umfang hat, und zwar die Schwelle bereits mitgerechnet. Allein diese Stephane läßt also auf ein «Berenikeion» von beträchtlichen Abmessungen schließen.

Beim Erechtheion ist das Portal etwa halb so hoch wie der Bau selbst (etwa 10 m). Übertrüge man diese Proportionen auf den Bereniketempel, dann wäre dieser unter Umständen zwischen 20 und 25 m hoch, je nachdem, wie großzügig man die «Stephane» um das Tempelportal legt. Das ist nun höchst unwahrscheinlich, erreichten doch die größten überhaupt bekannten Tempel Ioniens in etwa diese Höhe. Ohne daß wir die genaue Höhe des Berenikeions genau bestimmen können, sollte man vielleicht doch von dem Gedanken Abschied nehmen, alle alexandrinischen Tempel seien relativ klein gewesen, so wie der von Ptolemaios III. errichtete Sarapistempel (Abb. 96a.b; GA 83). Zum Grundriß oder zur architektonischen Ordnung des Berenikeions

***Abb. 98a.b** Krater aus einem Grab bei Derveni (Makedonien) mit der Darstellung des dionysischen Thiasos. Auf der Gefäßschulter sitzt das trunkene Gefolge des Gottes, 2. Hälfte 4. Jh. v. Chr. Bronze; H. 90,5 cm; Thessaloniki, Archäologisches Museum B 1.*

schweigen unsere Quellen, doch lohnt ein Blick auf das unter Ptolemaios III. erbaute Sarapeion von Alexandria, dessen berühmtes Kultbild anscheinend in einem Antentempel oder in einem Bau mit prostyler Säulenstellung untergebracht war. Da solche Tempel im Hellenismus sehr häufig ionischer Ordnung waren, wurde in unserer Skizze ein vergleichbarer Bau gewählt (Abb. 95).

Auch der ptolemäische Hoflyriker Theokrit kennt einen Tempel Berenikes, denn er berichtet, daß Ptolemaios II. als erster Herrscher seinen Eltern «duftende Tempel» errichtet habe, in denen Kultstatuen aus Gold und Elfenbein standen (Eidyllion XVII, 123/124). Gold und Elfenbein, so wie wir es von den berühmtesten Kultbildern des 5. Jhs. v. Chr. kennen. Ein Beispiel wäre der Zeus des Phidias in Olympia, der ja bekanntlich unter die Weltwunder gerechnet wurde, oder die Athena des gleichnamigen Künstlers in Athen. Alle Gewandpartien dieser Statuen waren aus Gold – Gesicht, Arme, Hände und Füße jedoch mit Elfenbein verkleidet (s. S. 113).

Am Ende wüßten wir noch gerne, wie unsere «Stephane» eigentlich aussah. Leider ist die Textüberlieferung dieser Passage etwas umstritten. In den gängigen Ausgaben lesen wir, der Kopfputz sei «mystikos», also mystisch oder religiös in seiner Zweckbestimmung. Als Alternative wurde vorgeschlagen, den Begriff «mystisch» als Mißverständnis und im Sinne von «myrtinos» zu deuten – als Lorbeerkranz. So angenehm diese Emendation auch wäre, es ist vielleicht doch angeraten, hier nicht klüger zu sein als die Handschriften, so daß man wohl am ehesten an die Stephanen ptolemäischer Königinnen denken wird (Abb. 77a). Die bunten Steine der «Stephane» könnte man sich als Blütendekor vorstellen.

Das Füllhorn Arsinoes und der «Erste Syrische Krieg»

Höchst bedeutsam ist auch ein goldenes Füllhorn von nicht weniger als 4 m Höhe (acht Ellen, Athenaios V, 202 c; Abb. 95). Kallixeinos merkt ausdrücklich an, daß es sich um einen «Dikeras», also um ein doppeltes Füllhorn handelte (Abb. 77b).

Füllhörner kennen wir als Attribute griechischer Unterwelts- und Fruchtbarkeitsgottheiten. Zu denken wäre hier etwa an Demeter, die Mutter Persephones. Ein doppeltes Füllhorn ist jedoch außergewöhnlich. Es handelt sich um jenes Attribut- und Kultgefäß, das Ptolemaios II. für seine Schwester Arsinoe kreieren ließ.[100] Das bemerkenswerte Doppelhorn ist sicherlich als Anspielung auf die verheirateten Geschwister zu begreifen, die «Theoi Adelphoi». Mit seiner diademartigen Binde erscheint es in der Folgezeit auf zahllosen Ptolemäermünzen und symbolisiert vor allem die segenspendenden Eigenschaften Arsinoes.

Nun erreichte Arsinoe II. erst gegen 279 v. Chr. das Reich ihres Bruders und heiratete ihn wohl noch vor 274 v. Chr.[101] Da man in der «Pompé» bereits das Attribut der Königin mitführte, dürfte unser Festzug frühestens gegen 275/274 v. Chr. anzusetzen sein.[102] Hier lohnt nun ein Blick auf den zeitgeschichtlichen Rahmen, denn die 70er Jahre des 3. Jhs. v. Chr. sind für die Ptolemäer alles andere als beschaulich. Im Gegenteil – Ägypten befand sich mitten im «Ersten Syrischen Krieg». Und sucht man nach einem modernen Terminus, um den Rang dieses Krieges zu beschreiben, so handelt es sich um einen Zusammenprall zweier Großmächte: das ptolemäische Ägypten gegen das syrisch-vorderasiatische Seleukidenreich (Abb. 111. 118). Der eigentliche Konflikt schwelte mit Unterbrechungen bereits seit 280/79 und gegen 274 v. Chr. hatte der Ptolemäer die Kämpfe mit einer Invasion in das seleukidische Kernland Syrien neu entfacht.[103]

Die ptolemäische Armee zog sich jedoch bald zurück und Antiochos II. rüstete zum Gegenschlag, für den er aus dem zentralasiatischen Baktrien eigens Elefanten anforderte. Das Jahr 274/73 v. Chr. sieht dann das ptolemäische Königspaar persönlich im Ostdelta des Nils, um die Landesverteidigung zu organisieren. Allein, der Showdown der Supermächte bleibt aus, denn auch der Seleukide wird gestoppt und zwar durch eine verheerende Seuche verbunden mit einer Wirtschaftskrise. Die Ptolemäer sahen sich plötzlich in der Rolle des Siegers. Unverdient, jedoch nichtsdestoweniger.

Dieser Hintergrund erklärt nun auch, weshalb in der «Pompé» nicht nur Götterbilder, sondern vor allem eine Armee paradierte. Und was für eine! Wir hören von nicht weniger als 23200 Reitern und 57600 Mann an Infanterie. Nun verschweigt uns Kallixeinos den genauen Zeitpunkt des Zuges, doch fehlen im Zusammenhang mit den Herrschern eine ganze Reihe von Titeln, die man nach den ersten Ehejahren der beiden Geschwisterkönige eigentlich erwarten sollte, vor allem bei einem Kenner wie Kallixeinos. Man wird den Zug also so früh wie möglich ansetzen.

Zudem wurde vorgeschlagen, die Festivität mit den alle vier Jahre stattfindenden «Ptolemaia» zu verbinden.[104] Die ersten «Ptolemaia» fallen in das Jahr 279/78

98b

99

v. Chr., die nächsten datierten gegen 275/74 oder 274/3 und dann wieder 271/70 v. Chr. Die erste Option scheidet aus, weil das Doppelfüllhorn Arsinoes II. die Ehe des Geschwisterpaares voraussetzt und diese Eheschließung datiert gegen 275/4 v. Chr. Es bleibt also mit einiger Wahrscheinlichkeit nur die Alternative zwei oder drei: 275/4 direkt nach vollzogener Ehe oder 270/1 v. Chr.

Folgt man dieser Überlegung, dann feiert unsere «Pompé» entweder den Abmarsch oder den unblutigen «Sieg» und zwar nicht etwa allein einen Sieg über das seleukidische Syrien. Nein, das Seleukidenreich war keineswegs eine syrische Lokalmacht. Im Gegenteil, als Rechtsnachfolger des Alexanderreiches herrschte es bis an die Grenzen Indiens! Es handelte sich um das größte Territorialreich der Hellenistischen Welt. Und diese Macht war wie ihre Dynastie halb orientalisch, halb gräko-makedonisch.

Bezwang man als Ptolemäer das Seleukidenreich, dann stellte man sich nicht nur auf eine Stufe mit dem Orientsieger Alexander, sondern auch mit den Indienbezwingenden Göttern Dionysos und Osiris. Und da die Antike stets bestrebt war, die eigene Geschichte mit der mythischen Vorzeit zu parallelisieren, lag es nahe, den eigenen Erfolg im Glanze göttlicher Indiensieger zu spiegeln. Konsequenterweise bietet uns die «Pompé» schwerpunktmäßig Bilder aus dem Leben des Dionysos und zwar in einer höchst bedeutsamen Auswahl. Zugleich sollte man sich vor Augen halten, daß es sich bei dem Gott natürlich um den dynastischen Stammvater handelte (s. S. 20). Der ganze Zug war also letztlich so etwas wie Mythologie und Geschichte zum Anfassen.

Dionysos und die Rückkehr aus Indien

Die Bilderwelt der «Pompé» führte zunächst in die Kindheit des Gottes. Ein Wagen zeigte etwa das Dionysoskind im Kreise der Nymphen, die es der Legende nach in einer Grotte bei Nysa aufgezogen hatten (Athenaios V, 200c). Neben den reich geschmückten Nymphen stand der Götterbote Hermes mit goldenem Kerykeion. Er hatte den kindlichen Gott zu den Nymphen gebracht. Der griechische Götterbote war auch aus ägyptischem Blickwinkel von eminenter Bedeutung, maß er doch als Hermes-Thot dem neuen Pharao die Regierungsjahre zu. Es ist also nicht erstaunlich, daß man an anderer Stelle einen gigantischen Hermesstab vorüber fuhr (Athenaios V, 202c).

Religionsgeschichtlich überaus bedeutsam wird die Angelegenheit bei einem weiteren Wagen, der Dionysos am Altar der Göttin Rhea darstellte (Athenaios V, 201c). An der Seite des Dionysos, der sich anscheinend auf Priapos stützte, fanden sich Statuen Alexanders und Ptolemaios' I. (Athenaios V, 201d). Der Sinn dieses Arrangements liegt klar auf der Hand – zum einen fungierte Alexander als zeitgenössischer Dionysos-Osiris, zum anderen dokumentiert die Nähe zum ersten Ptolemäer den dynastischen Aspekt. Die Ptolemäer traten also als Rechtsnachfolger Alexanders auf. Daß diese Fiktion durchaus realpolitische Folgen hatte, zeigen jene Ptolemäer, die sich zum «Herrn von Asien» proklamierten, ein Titel, den wir vor allem bei Alexander kennen. Mit einem Wort, Ptolemaios III. (246–222/1 v. Chr.), Ptolemaios VI. (180–145 v. Chr.), ja selbst die große Kleopatra VII. (51–30 v. Chr.), sie alle sahen sich wie Alexander, Dionysos oder Osiris als legitime Herrscher des Orients (Abb. 118).[105]

Und da Osiris einst den ersten Makedonen zum König ernannt hatte (s. S. 51), und da Alexander ohnehin ägyptischer Pharao war, schien es nur folgerichtig, daß makedonische Pharaonen nunmehr in der Heimat des Gottes seine Sendung vollendeten. Ptolemaios II. schickte sich also an, mit seinem Seleukidenkrieg in die Fußstapfen göttlicher Vorgänger zu treten.

Dennoch stellt sich die Frage, weshalb man Alexander und Ptolemaios ausgerechnet in Verbindung mit Rhea dargestellt hatte. Rhea ist die Mutter des Zeus,

***Abb. 99** Phallos von 60 m Länge mit Bindenschmuck, goldener Thyrsosstab und silberne Lanze bei der «Pompé» Ptolemaios' II., späte 70er Jahre des 3. Jhs. v. Chr.*

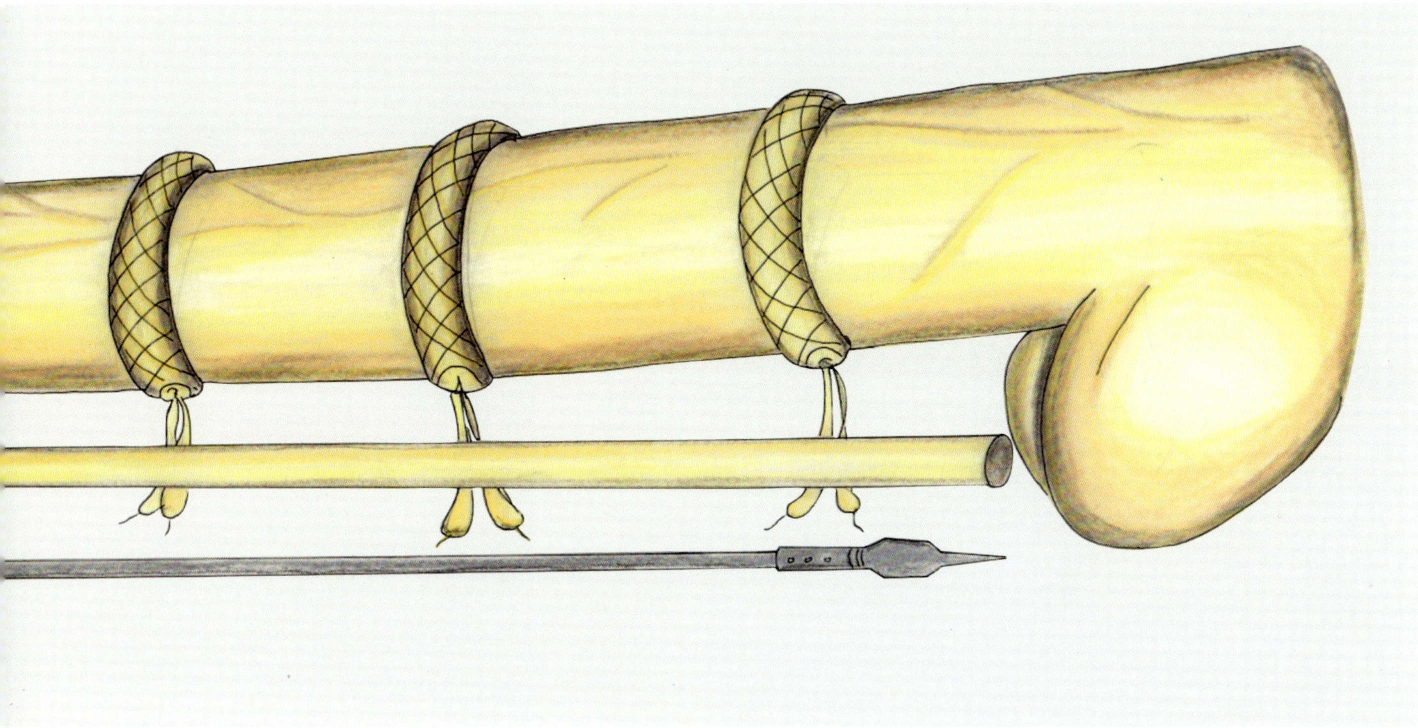

doch ist dies wahrscheinlich nicht der entscheidende Aspekt. Viel zentraler scheint aus gräko-ägyptischer Sicht das Geschehen am Altar Rheas. Dort wurde Dionysos von den Titanen zerrissen. Wir haben also einen zerstückelten Gott vor uns, der anschließend wieder zum Leben erweckt wurde. Das grausige Geschehen war für ägyptische und griechische Theologen der Grund, Dionysos mit Osiris gleichzusetzen. Denn auch Osiris war einst von seinem Widersacher Seth zerstückelt und später von Isis wiederbelebt worden. Daß nun ausgerechnet Alexander und Ptolemaios neben dem «auferstehenden Gott» Dionysos (Osiris) dargestellt wurden, zeigt deutlich, daß man bereits dabei war, ägyptisches Denken in den ptolemäischen Königskult zu integrieren.

In der Sphäre staatlicher Propaganda bewegen wir uns dann auch mit dem siegreich aus Indien heimkehrenden Dionysos. Die allein 6 m hohe Götterfigur ruhte auf der noch gewaltigeren Skulptur eines Elefanten, der reich gezäumt und goldbekränzt war. Als Maout oder Elefanten-Boy hatte der Künstler einen Satyr gewählt, der dem Elefanten im Nacken saß. Eine Vorstellung von einem gezäumten ptolemäischen Kriegselefanten vermittelt uns eine kleine Fayencestatuette ägyptischer Manufaktur.[106] Die koupierten Ohren und die allerdings etwas mißverstandenen Buckel auf der Stirn zeigen, daß es sich nicht etwa um einen afrikanischen, sondern wohl um einen erbeuteten indischen Elefanten handeln soll. Politisch zu deuten waren dann auch reich gekleidete Frauen, die als Personifikationen jener Griechenstädte auftraten, die Alexander einst den Persern entrissen hatte (Athenaios V, 201e).

Desweiteren präsentierte man riesige Gefäße in beträchtlicher Zahl, darunter auch zwei gewaltige korinthische Kratere, Mischgefäße für Wein und Wasser. Sie faßten nicht weniger als 360 Liter. Sowohl Hals wie auch Gefäßkörper waren reich verziert und plastische Figuren saßen auf dem Rand. Die beiden Prunkstücke entsprachen wohl einem Prachtkrater aus dem makedonischen Derveni, auch wenn dieses Gefäß nur aus Bronze gearbeitet ist (Abb. 98a.b).[107] Natürlich ist der makedonische Fund weit kleiner als seine ptolemäischen Pendants, doch steht auch er in dionysischem Zusammenhang, zeigt er uns doch Dionysos mit Ariadne im Kreise tobender Satyrn und Mänaden. Natürlich zog auch bei der «Pompé» der dionysische Thiasos in Gestalt von Hunderten von Satyrn und Mänaden an den Zuschauern vorüber.

Griechische Ikonographie aber zwei Kulturen

Blickt man zurück, dann waren Dionysos oder Alexander in unserem Festzug überreich repräsentiert, während das ägyptische Äquivalent Osiris unerwähnt blieb. Ja man muß noch einen Schritt weiter gehen, und sich eingestehen, daß Kallixeinos in der ganzen «Pompé» kein ägyptisches Monument erwähnt. Mehr als erstaunlich angesichts der Tatsache, daß der veranstaltende Ptolemäer als gekrönter Pharao regierte (Abb. 59a.b).

Illustriert dies, wie nachlässig die frühen Ptolemäer mit ihren ägyptischen Untertanen verfuhren? Möglicherweise, doch geht es hier anscheinend eher um die Verwendung des altägyptischen Stils, auf den man in der «Pompé» offenbar ebenso verzichtet hatte wie auf die Darstellung ägyptischer Gottheiten. Andererseits war man durchaus bemüht, Verbindungen zwischen beiden Religionssystemen aufzuzeigen. Doch diese Analogien wurden dann in der Regel in griechische Ikonographie umgesetzt. Diese Abstinenz ägyptischer Formen hatte in der ptolemäischen Frühzeit durchaus System. So fand sich noch auf dem Palastschiff Ptolemaios' IV. nur ein einziger Raum, der wenigstens in einem pseudo-ägyptischen Stil gehalten war (Abb. 157).

Von Dionysos, Osiris und den Ptolemäern

Wie interpretationsbedürftig einzelne Exponate waren, das zeigt etwa ein riesiger Phallos von beinahe 60 m Länge (Abb. 99). Das bizarre Stück war zu allem Überfluß auch noch vergoldet und bemalt. Daß hier dionysische Fruchtbarkeitssymbolik bemüht wird, liegt auf der Hand, spielte doch das Phallosmotiv bei dionysischen Mysterien eine bedeutende Rolle. Das Riesenexponat war mit golde-

100a

100b

101

nen Bändern geschmückt, die Kallixeinos als «stemma» bezeichnet (Athenaios V, 201 e), ein Begriff, den man auch für die wulstförmige Binde eines Priesters verwendete. Eine entsprechende «Goldbinde» fand sich in dem bereits angesprochenen Königsgrab von Vergina (Abb. 100a.b)[108], bei der die eigentlich herabhängenden Enden der Binde allerdings nur in Relief angegeben wurden.

Den dionysischen Aspekt des Zuges unterstrich sodann ein 45 m langer Thyrsosstab, der mit seiner Pinienzapfenspitze und dem Bänderschmuck seit alters her als Attribut des Gottes galt. Neben Phallos und Stab präsentierte man auch eine 30 m lange Silberlanze, die offenbar die kriegerische Seite des Gottes verdeutlichen sollte – Dionysos hatte schließlich das ferne Indien unterworfen. Denkt man sich nun unter den Zuschauern einen gebildeten Ägypter, dem die Assoziation Dionysos-Osiris vertraut war, dann mußte ihn der Phallos an Osiris erinnern. Denn Osiris war als ithypallischer Gott sogar noch als Toter in der Lage gewesen, mit Isis den zukünftigen Herrscher Ägyptens zu zeugen.[109] Das Phallosmotiv steht also sowohl für Osiris wie für Dionysos.

Daß hier tatsächlich auch die regierende Dynastie ins Spiel gebracht wurde, bestätigt ein nicht weniger als 3 m durchmessender Goldstern an der Eichel des Phallos. Hier geht es keineswegs um Obszönität, hier geht es um ptolemäischen Herrscherkult. So erscheint der Stern bereits auf den goldenen Aschenkisten des «Philippgrabes» von Vergina (Abb. 101).[110] Mit dem Riesenphallos verwies man das staunende Publikum auf die göttliche Zeugung der neuen Pharaonen und somit auf die Göttlichkeit der Dynastie. Allerdings fungierte der griechische Dionysos eben nur als Vorfahre, nicht jedoch als Vater des regierenden Königs. Das Szenario ist also auf den ersten Blick nicht völlig überzeugend, jedoch wirklich nur auf den ersten Blick. Denn betrachtet man das Konzept wieder aus ägyptischem Blickwinkel, dann zeugte hier natürlich Osiris (Dionysos) den makedonischen Thronfolger, war doch Osiris nach ägyptischer Überzeugung der Vater eines jeden Pharao. Aus ägyptischer Sicht ist der Kreislauf Osiris-Horus ewig und stets aufs Neue gebiert Isis als Gattin des Osiris den nächsten Herrscher. Das Phallosmotiv des Dionysos-Osiris zeigt uns also, wie mühelos man zwischen der griechischen und der ägyptischen Ebene hin- und her wechseln konnte. Griechische Ikonographie stand also durchaus nicht immer für eine ausschließlich griechische Bedeutung.[111]

***Abb. 100a.b** «Bindendiadem» (stemma) aus dem «Philippgrab» von Vergina/Aigai. Vergoldete Bronze; Dm. 24 – 27 cm; Vergina, Museum.*

***Abb. 101** Goldene Aschenkiste (Larnax) aus dem «Philippgrab» von Vergina/Nordgriechenland. Die Larnax ist einem Holzkasten nachgebildet. Den Deckel schmückt der vor allem im makedonischen Umfeld beliebte Stern, spätes 4. Jh. v. Chr. L. 41 cm; Vergina, Museum.*

Das Festzelt des Königs oder Architektur für den Augenblick

Bisher haben wir königliche Feste besucht und einen Blick auf Mythos und Geschichte geworfen. Die Architektur der Ptolemäer stand jedoch noch nicht im Mittelpunkt, obwohl wir bereits feststellen konnten, daß das gewaltige Palastareal in Alexandria beinahe ein Drittel des Stadtgebietes einnahm (Abb. 3). Fragen wir nun nach alexandrinischer Monumentalarchitektur dieser Zeit, dann werden wir enttäuscht. Der Zufall der Überlieferung verwandelte die ptolemäische Herrschaftsarchitektur in ein wissenschaftliches Puzzle, bei dem wir vor allem auf antike Texte angewiesen sind. Besonders berühmt sind zwei Passagen aus der Feder unseres Kallixeinos (Athenaios V, 196a–203 b). Sie sind dem palastähnlichen Prunkschiff des vierten Ptolemäers (Abb. 4. 128. 129) und dem Festzelt Ptolemaios' II. gewidmet (Abb. 102), das man anläßlich der «Pompé» auf der Burg (Akra) des inneren Palastbereichs aufgeschlagen hatte.[112]

Leider genügt ein Blick in die alten Texte, um die archäologischen Schwierigkeiten zu ermessen. Maße fehlen weitgehend. Besonders beklagenswert ist auch der Verzicht auf eingehendere Information zum figürlichen Schmuck. Handelte es sich um mythologische Szenen, um Historienbilder oder gar um Porträts? War der Stil griechisch oder artikulierte sich bereits ägyptischer Einfluß? Und wenn der Rhodier hier und da einen Götternamen überliefert, dann ohne jede Interpretation. Erklärungen sind seine Sache nicht und Hintergrundkenntnisse werden offenbar vorausgesetzt – sehr zum Leidwesen des modernen Lesers. Jeder vergleichbare Schulaufsatz hätte ein «ungenügend» verdient. Doch selbst wenn unsere Quelle nur Stichworte bietet, so führt uns die dürre Schilderung doch in eine versunkene Welt von Königen, die sich mit Vorliebe in göttliche Roben hüllten.

Prunkvolle Zelte gehörten seit jeher zum Repertoire monarchischer Repräsentation. Besonders berühmt war das Zelt des persischen Großkönigs, das Alexander im Jahre 333 v. Chr. nach der Schlacht von Issos in die Hände fiel. Der Perserkönig war schmählich geflohen und hatte seine Familie in den Händen des Siegers zurückgelassen. Und während das triumphierende Alexanderheer das Lager plünderte, trat der Sieger in das achämenidische Königszelt und hinein in orientalischen Prunk. Goldene Gefäße und kostbarste Gerätschaften wohin er auch blickte. Und so entfuhr ihm der bezeichnende Satz: «So ist es also, wenn man König ist» (Plutarch, *Alexander* 20). Keine Frage, daß der junge Makedone derartige Schätze bis zu diesem Augenblick nur aus Mythen und Legenden kannte.

Nun wollten wir uns eigentlich mit ptolemäischer Architektur beschäftigen, und so stellt sich die Frage, was wir von einem Zeltbau lernen können. Denkt man etwa an unsere heutigen Zirkuszelte, so sind sie nur sehr bedingt mit großen Repräsentationsbauten zu vergleichen, auch wenn die moderne Architektur im Fall der Bedachung des Münchner Olympiastadions auf Zeltkonstruktionen zurückgriff. Bei unserem Ptolemäerzelt liegt die Sache jedoch etwas anders, denn die Beschreibung zeigt nur allzu deutlich, daß sich die Konstrukteure an Steinarchitektur orientierten.

Das Ptolemäerzelt wurde von Holzsäulen getragen. Sie waren 25 m hoch und standen im Geviert, und zwar vier an der Front- und fünf an den Langseiten. Ausgelegt war der Bau für wenigstens 100 Gäste, die anläßlich der Festivitäten aus aller Herren Länder in die Metropole gereist waren. In der gewaltigen Halle mußten sie sich fühlen wie Zwerge im Haus eines Riesen, überragte doch das Zelt sogar die höchsten Tempel. Das Zelt war also ein gigantischer Speisesaal, eine Funktion, für die auch das persische Königszelt vorgesehen war, wenn auch nicht ausschließlich.

Leider ist Kallixeinos weit davon entfernt, das Bauwerk präzise zu beschreiben. Wir erfahren zwar die Höhe von 50 Ellen, also etwa 25 m, doch die anderen Maße geben so manches Rätsel auf.

102

***Abb. 102** Festzelt Ptolemaios' II. Rekonstruiert nach der Beschreibung des Rhodiers Kallixeinos (spätes 3./früheres 2. Jh. v. Chr.). Zeichnung U. Denis nach Vorlage des Verfassers. © M. Pfrommer.*

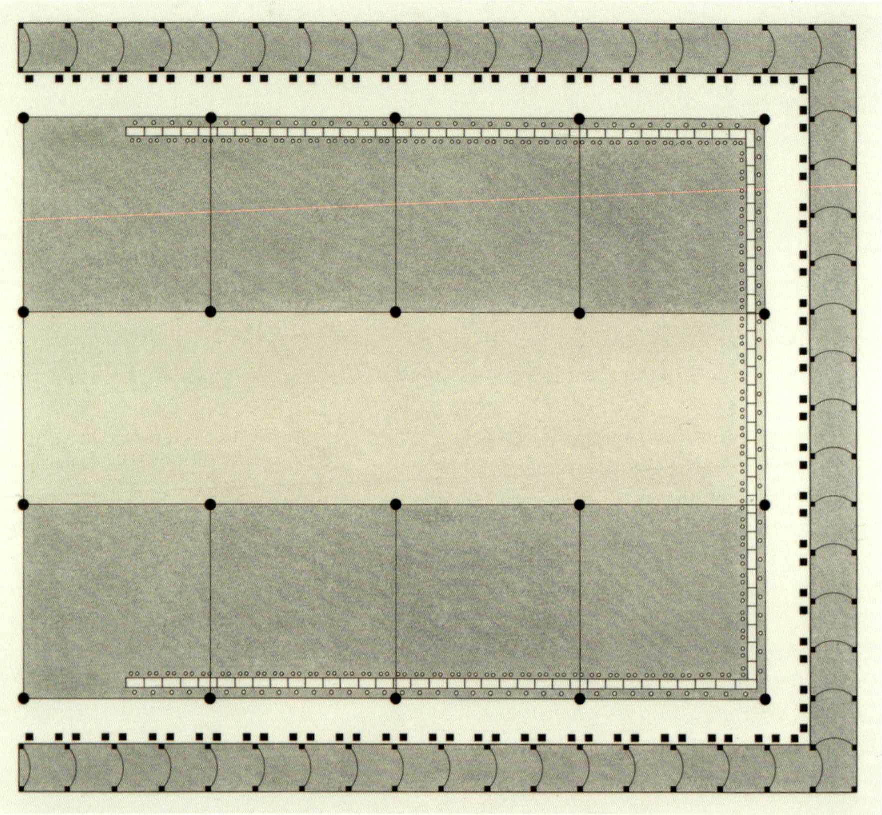

103

Wir horen von vier auf fünf Säulen, aber wie weit standen diese Säulen auseinander? Hier schweigt Kallixeinos, und berichtet nur, daß das Bauwerk eigentlich als Speisesaal für 130 Speisesofas (Klinen) ausgelegt war. Die Front blieb jedoch offen und ohne Klinen, so daß in dem Gezelt am Ende einhundert goldene Klinen standen (Abb. 103). Die Front maß also wenigstens 30 Klinen. Rechnet man nun auf eine Liege etwa 2 m, so müssen wir von einer offenen Säulenstellung von etwa 60 m ausgehen. Der Säulenzwischenraum betrug also gegen 20 m.

Da an den Längsseiten fünf Säulen plaziert waren, kommen wir dort auf etwa 80 m, wobei jedoch im Detail viele Fragen offenbleiben. So lehrt bereits ein Blick auf den Grundriß und auf die Interkolumnien mit ihren 20 m (Abb. 103), daß das Zelt wohl tiefer war als die Länge der Klinenreihen (je 35 = gegen 70 m). Standen die Säulen an der Front demnach weiter auseinander als an den Langseiten? Wir werden es nie erfahren. Unsere Rekonstruktion bietet deshalb in jedem Fall nur eine Annäherung.

Sicher scheint allerdings, daß auch im Zeltinneren Säulen standen, da sich Distanzen von wenigstens 60 bis 70 m im Altertum unmöglich mit Balken freitragend überspannen ließen. Die Decke selbst war dreigeteilt. In der Mitte ein weißer Baldachin mit purpurnem Saum und zu beiden Seiten eine Holzdecke mit Kassetten. Das Kassettenmotiv stammte aus der griechischen Architektur (Abb. 142). Die Balken waren stoffbespannt und trugen griechische Zinnenfriese auf weißem Grund, wie sie später auf einem berühmten Mosaikporträt Berenikes II. erscheinen (Abb. 112).[113] Die Kassettenfelder hatte man reich bemalt, ohne daß wir etwas über die Motive erfahren. Um eine Verzierung anzudeuten, wurden sie in der Skizze mit makedonischen Sternen geschmückt (Abb. 101).

Die vier Eckstützen hatten die Gestalt von Palmsäulen, ein in der ägyptischen Steinarchitektur wohlvertrauter Typus. Die anderen Säulen waren mit ihrer Thyrsosform weit ungewöhnlicher. Den Thyrsosstab kennen wir bereits als heiliges Attribut des Dionysos (Abb. 99). Als Säule spielte der Thyrsos in der antiken Architektur keine Rolle, doch zu einem Festzelt paßte er vorzüglich, war doch Dionysos der Gott des Weins und der orgiastischen Ausschweifung. Das riesige Zelt sollte also unter dionysischem Aspekt gesehen werden – kein Wunder bei einer von Dionysos abstammenden Dynastie.

Der Herr des Theaters

Daß die überdimensionierten Thyrsoi nicht allein auf ein Zechgelage anspielen, lehrt uns dann ein gewaltiger Figurenfries von 4 m Höhe. Die überlebensgroßen Skulpturen in Gestalt berühmter Theatercharaktere umliefen das Zelt in luftiger Höhe. Der Schutzpatron des antiken Theaters ist wiederum Dionysos. Auch verdient besondere Beachtung, daß der königliche Bauherr mit seiner Schwestergemahlin ausdrücklich als Protektor des Theatervolks auftrat. Die Schauspieler und ihre Gilde bezeichnete man in der Antike als «Techniten (Künstler) des Dionysos».[114] Wir kennen sogar die Formulierung «Techniten des Dionysos und der Theoi Adelphoi».

Man griffe mit Sicherheit zu kurz, wollte man diese Hinwendung zum Theater allein als königlichen Spleen bewerten. Theaterbegeisterung oder demonstrativer Bildungsanspruch mag durchaus im Spiel gewesen sein, doch sollte man bei der «fürsorglichen» Behandlung der Theaterleute noch einen weiteren Aspekt in Rechnung stellen: das Theater war ideal, um die Stimmung größerer Volksmassen zu sondieren. Zudem war die Bühne auch ein gefährliches Podium, genügte doch bei einem Schauspieler bereits eine besondere Betonung, ein Nebensatz, um unwillkommene Kritik zu artikulieren. Wenn sich die Ptolemäer um die Kontrolle des Theaters bemühten, dann haben wir zwar nicht gerade die Verstaatlichung der Massenmedien vor uns, aber doch den Versuch, eine öffentliche Plattform königlicher Aufsicht zu unterwerfen. Und wenn wir von königlicher Patronage sprechen[115], dann wird auch klar, was als Gegenleistung gefordert wurde: Wohlverhalten. Die ganze Politik könnte man vielleicht mit dem bekannten Leninwort umschreiben: Vertrauen ist gut, Kontrolle besser. Aus diesem Grund blühten in Alexandria zwar so gut wie alle Wissenschaften, jedoch nicht die ob ihrer Kritikfähigkeit berüchtigte Philosophie (GA 46).

Die gewaltigen Theaterfiguren des Zeltes hatte man in Nischen von 4 m Höhe arrangiert. Kallixeinos präzisiert allerdings nicht, ob er mit seinen acht Ellen die Breite oder die Höhe meint, doch lehrt ein kurzer Blick auf unser Maß-

***Abb. 103** Festzelt Ptolemaios' II. Hypothetischer Grundriß des für hundert Speisesofas (Klinen) ausgelegten Baues. Zeichnung U. Denis nach Vorlage des Verfassers. © M. Pfrommer.*

***Abb. 104** Alternative Konzeption der Seitentrakte des Ptolemäerzeltes mit vollplastischen Adlerfiguren. Zeichnung U. Denis nach Vorlage von M. Pfrommer. © M. Pfrommer.*

system, daß es sich nur um die Höhe handeln kann (Abb. 103). Da die Langseiten jeweils sechs, die Rückfront jedoch vier Nischen besaß, würden wir bei einer Nischenlänge von etwa 4 m eine Gesamtlänge von 24 m erhalten. Selbst wenn man jetzt noch den Raum für die goldenen Dreifüße hinzu nimmt, die zwischen den Gruppen in gesonderten Grotten standen, dann ist das bei weitem zu wenig für eine Strecke von wenigstens 70–80 m (35 Klinen mit je 2 m an den Langseiten). Die «acht Ellen» des Kallixeinos können sich also nur auf die Höhe beziehen, und da er in seiner Beschreibung von unten nach oben geht, ist eine Höhenangabe in diesem Kontext auch durchaus plausibel.

Der Fries war also mehr als gewaltig. Um sich ein Bild von den Proportionen zu machen, lohnt ein Blick auf den monumentalen Gigantenkampf des Pergamonaltars in Berlin, der «nur» etwa 2,3 m erreicht. Anders als in Pergamon waren die Figuren des Zeltes natürlich nicht aus Marmor. Wir haben Puppen aus Holz und Pappmaché vor uns und Kallixeinos erwähnt ausdrücklich ihre realistischen Gewänder. Ob diese Skulpturen nur im Zelt-inneren angebracht waren oder auch die Außenfronten schmückten (Abb. 104), gehört zu den Unklarheiten der Beschreibung.

Die Adler des Zeus

Über den Theaterfiguren erwähnt Kallixeinos längs des Daches gigantische, 7,5 m breite Adler. Der Adler war das Wappentier des griechischen Göttervaters. Aus Sicht des Ptolemäers stand das Zelt somit ganz unübersehbar unter der Patronage seiner göttlicher Ahnen. Adler kennen wir von zahllosen Ptolemäermünzen (Abb. 105b) jedoch auch von einem fragmentierten Gipsabguß aus dem bereits mehrfach angesprochenen Fund von Memphis, der sogar einen Adlerfries zeigt (Abb. 106).[116] Angesichts der Proportionen dürfte bei unserem Zelt die Höhe in etwa der Breite der Raubvögel entsprochen haben. Man hat früher an Akrotere gedacht, also an Zierfiguren oben auf dem Dachrand, doch wären die Adler selbst für ein Zelt von 25 m Höhe als Akrotere allzu gigantisch. Zudem erscheinen sie in der Beschreibung im Zusammenhang mit den Seitenwänden und nicht bei der Schilderung des Daches, so daß wir davon ausgehen dürfen, daß sie tatsächlich den freien Raum über dem Figurenfries schlossen.

Völlig offen ist allerdings, wie man sich diese Adler vorzustellen hat. Die einfachste Lösung wären gestickte Adlerfiguren auf Zelttuch (Abb. 102). Doch wäre man falsch beraten, keine Alternative in Erwägung zu ziehen. Denkbar ist auch eine Reihe gigantischer, dreidimensionaler Adlerskulpturen (Abb. 104). Damit sind wir jedoch noch keineswegs am Ende. So wäre im Falle vollplastischer Figuren zu fragen, ob sich das Dach der Halle dann nicht auch über die Seitenschiffe erstreckte. Das würde jedoch zusätzliche Säulen zwischen den Adlern erfordern, so daß wir ein regelrechtes Obergeschoß erhielten. Da Kallixeinos von alledem nichts zu berichten weiß, geht unsere Primärskizze von der bescheidensten Lösung aus, wobei die Außenfronten schmucklos belassen wurden, um den architektonischen Aufbau nicht zu verunklären.

104

105a

105b

106

Das Ptolemäerzelt und die makedonische Architektur

Von den Seitenschiffen berichtet Kallixeinos, daß sie für die Dienerschaft bestimmt waren. Auf diese Weise konnten die Lakaien von hinten herantreten, ohne die riesige Tafelrunde zu behelligen. Die Seitenhallen wurden von Vierkantpfeilern (Parastaden) getragen, und da zu Pfeilern dieser Art meist ein dorisches Gebälk gehörte, folgt unsere Rekonstruktion diesem Schema.

Angesichts des architektonischen Aufbaus mit Pfeilern, den Zierschilden und dem überdimensionierten Nischenfries darüber genügt ein Blick auf die makedonischen Königsgräber von Vergina (Abb. 107. 108), um die Analogien zu erfassen. Bei einer weiteren Fassade finden wir sogar in Stein gehauene Schmuckschilde, die bei unserem Zelt aus Gold und Silber gearbeitet waren. Unterschiedlich ist allerdings, daß bei den Grabfassaden Säulen und Pfeiler in Relief gestaltet sind, während es sich bei dem Zelt fraglos um freistehende Stützen handelte.

Das bekannteste Grab trägt dann das berühmte Jagdgemälde (Abb. 107) und offeriert uns mit seiner hohen Attika eine makedonische Analogie zu dem so ungewöhnlichen Riesenfries mit seinen Theaterfiguren. Der Entwerfende unseres Zeltes zitierte natürlich nicht etwa Grabarchitektur. Wie die Architekten der Gräber, so orientierte er sich an entsprechenden Palastfassaden. Ganz ähnlich müssen wir uns wohl die talseitige Schauterrasse des Verginapalastes vorstellen (Abb. 137).[117] Dort zeigt sich auch, daß man eine Attika problemlos als kunstvolle Balustrade gestalten konnte. Die Ptolemäer waren Makedonen und so können makedonische Anspielungen nicht erstaunen.

Es ist kein Wunder, daß sich bis heute an diesen außergewöhnlichen Funden wissenschaftliche Geister scheiden. Liegt in der Bestattung mit dem monumentalen Jagdgemälde (Abb. 107. 108) tatsächlich Philipp II., der 336 v. Chr. ermordete Vater Alexanders des Großen?[118] Oder handelt es sich doch eher um den unzurechnungsfähigen Philipp Arrhidaios? Der Alexandernachfolger geriet in das Ränkespiel der Diadochenzeit und wurde schließlich mit seiner Frau zum Selbstmord gezwungen (+ 316 v. Chr.). Das benachbarte Fassadengrab ist nicht minder rätselhaft. Ruht hier der ermordete Sohn Alexanders des Großen?

Die Gräber waren ungeplündert und so stammen aus dem «Philippgrab» zwei goldene Larnakes mit Stern (Abb. 101), das goldene Stemma (Abb. 100a.b) sowie eine Reihe meisterhafter Miniaturporträts (Abb. 154. 155). Doch selbst all diese Funde ermöglichten bis heute keine zwingende Zuschreibung der so rätselhaften Bestattungen.[119]

Die Verginagräber bieten sogar noch eine weitere Verbindung zu makedonischen Formen. So erwähnt Kallixeinos ausdrücklich die gewölbte Decke der umlaufenden Pfeilerhallen und das bedeutet wohl, daß unsere Theaterfiguren wie die Attika der makedonischen Gräber ein Gewölbe kaschierten. Selbst in römischer Zeit wurde das Attikakonzept noch verschiedentlich für diesen Zweck verwendet.

Ein Zelt als Museum

Längs der Pfeiler standen 100 griechische Marmorskulpturen der bedeutendsten Meister. Leider schweigt Kallixeinos wieder zu Bildhauern und Bildthemen, doch erwähnt er, daß zwischen den Säulen kostbare Gewänder und Gemälde der sikyonischen Malschule hingen. Hier sollte man sich vor Augen halten, daß sich schon Ptolemaios I. bemühte, Gemälde dieser Schule zu erwerben. Trotz hoher Angebote war er jedoch nicht in jedem Fall erfolgreich. So zog es ein reicher Maler vor, die königliche Offerte auszuschlagen, und das ersehnte Bild lieber seiner Vaterstadt Sikyon zu schenken.

Daß das Interesse ausgerechnet Werken der sikyonischen Schule galt, ist möglicherweise kein Zufall, war doch der berühmte Sikyonier Lysipp geradezu Hofbildhauer Alexanders. Zudem arbeitete er auch für einige seiner Nachfolger. Bedenkt man die Feindschaft zwischen Makedonien und Athen, dann

Abb. 105a.b Silber-Tetradrachmon. Vorderseite Ptolemaios I. Soter mit Ägis. (305–283 v. Chr.). Auf der Rückseite die Legende ΠΤΛΕΜΑΙΟΥ ΒΑΣΙΛΕΩΣ sowie der Adler des Zeus auf dem Blitzbündel. Geprägt wohl gegen 295–290 v. Chr.

Abb. 106 Fragmentierter Gipsabguß eines Adlerfrieses nach einem Original des 2. Jhs. v. Chr. Aus Memphis (Mit Rahine). B. 7 cm, H. 6 cm; Hildesheim, Roemer- und Pelizaeus-Museum 4659.

Abb. 107 Fassade des «Philippgrabes» von Vergina/Nordgriechenland. Die königliche Bestattung wird in der Literatur teils mit Philipp II. (+ 336 v. Chr.) teils mit dem Alexandernachfolger Philipp Arrhidaios (+ 316 v. Chr.) verbunden. B. 9,5 m.

Abb. 108 Isometrie des «Philippgrabes» von Vergina.

107

108

könnte sich dieser Antagonismus vielleicht auch in der dezidierten Präferenz für nicht-attische Künstler niedergeschlagen haben.

Komplettiert wurde diese erlesene Kunstsammlung durch die kostbaren Gewänder, die nach Kallixeinos teilweise «Bilder der Könige» trugen. In Frage kommen hier nur die ersten beiden Ptolemäer mit ihren Königinnen (Abb. 30) sowie Alexander der Große als fiktiver Stammvater (Abb. 81a.b). In den Interkolumnien hingen purpurne Vorhänge, an deren Außenseiten wohl Tierfelle befestigt waren. Leider geht aus der Beschreibung nicht zweifelsfrei hervor, ob all diese Schätze die Außen- oder die Innenfronten schmückten. Da man preislose Gemälde nicht so ohne weiteres ins Freie hängen wird, ist die ganze Ausstattung in unserer Zeichnung als Innendekoration verstanden.

Die überreiche Ausstattung kann man unter zwei Aspekten begreifen. Zunächst wirkt das Ganze wie ein riesiges Museum, das der staunenden Gästeschar nicht nur den stupenden Reichtum, sondern vor allem auch den erlesenen Kunstgeschmack der Ptolemäer vor Augen führte. Man war auffallend bemüht, sich mit griechischer Kunst zu umgeben. Wollte man hier ganz demonstrativ sein Griechentum herausstellen? Bei der antimakedonischen Haltung vieler Griechen vielleicht kein abwegiger Gedanke.

Nicht minder signifikant ist dann das Gesamtarrangement. Unten finden wir die «Bilder der Könige» umgeben von erlesenster Kunst. Darüber goldene und silberne Schilde als Symbole militärischer Tüchtigkeit. Zusammen mit den noch vorzustellenden Klinen (Abb. 109a.b) versinnbildlichen sie die zeitgenössische Ebene. Über den Schilden erstreckte sich dann der dionysische Theaterfries, dessen dionysischer Hintergrund von den Thyrsossäulen aufgenommen wurde. Hier dokumentiert sich die Göttlichkeit der Dynastie, die schließlich in den Adlern des Zeus ihre Krönung findet. Der Blick des Besuchers schweifte somit von der Ebene der Sterblichen hinauf zur Sphäre des Göttlichen.

Die Sphingen

Etwas präziser wird Kallixeinos bei den 100 goldenen Speisesofas (Abb. 109a.b). So erwähnt er ausdrücklich silberne, zum Händewaschen bestimmte Wasserbecken hinter den Klinen und die silbernen Podeste vor den Liegen, auf denen je zwei dreifüßige Tischchen Platz fanden. Die Zweizahl der Tische könnte dafür sprechen, daß jede der Klinen für zwei Zecher bestimmt war, finden sich doch auf zahlreichen alexandrinischen Totenklinen Kopfkissen an beiden Klinenenden (Abb. 139. 160). Über den Typus der Wasserbecken erfahren wir nichts, doch wird man sich die Form in der Art eines Miniaturgefäßes aus Pantikapaion/Kerč vorzustellen haben, das in einem Grab des späten 3. Jhs. v. Chr. zu Tage trat (Abb. 110). Derartige Becken wurden in allen Formaten gefertigt.[120]

Die Liegen selbst waren mit kostbaren Polstern bedeckt, während zwischen den Klinenbeinen persische Decken herunterhingen, deren orientalische Tierbilder Kallixeinos ausdrücklich erwähnt. Welche Rolle Orientalia im ptolemäischen Ägypten spielten, war bereits anzusprechen (s. S. 37 ff.).

Hochinteressant und zugleich problematisch sind die sphingengestaltigen Füße der Klinen. Eigentlich ist der ägyptische Sphinx stets männlich zu denken und steht für die physische Potenz des Pharaos. Da unser Gastgeber tatsächlich ein leibhaftiger Pharao war, könnte man den Fabelwesen durchaus das ägyptische Königskopftuch zubilligen (Abb. 59a.b. 109a.b). Das würde jedoch bedeuten, daß der Pharao gleichsam zum Möbelstück degradiert wäre – eigentlich undenkbar.

Entscheidet man sich deshalb für eine

a

b

109

Abb. 109a.b Hypothetische Rekonstruktionsmöglichkeiten der Speisesofas (Klinen) im Festzelt Ptolemaios' II. Die goldenen Klinen standen auf Sphingenfüßen und waren mit persischen Decken geschmückt. Zeichnung U. Denis nach Vorlage des Verfassers. © M. Pfrommer.

Abb. 110 Silbernes Miniaturbecken aus einem Grab des späten 3. Jhs. v. Chr. in Pantikapaion/Kerč; H. ca. 15 cm; St. Petersburg, Ermitage. Zeichnung U. Denis.

weibliche Sphinx, wie sie im griechischen Mythos Standard war (Abb. 109a.b), dann wird das Dilemma nicht geringer, denn im ptolemäischen Kontext beinhaltete auch die weibliche Sphinx unweigerlich eine Anspielung auf die Königin, das heißt in unserem Fall auf Arsinoe II. (s. S. 42 ff.).

Völlig unklar ist, ob wir von griechischen (Abb. 109a.b) oder eher von ägyptischen Klinen ausgehen sollten, bei denen die Klinen-Tiere zur Seite hin blickten (Abb. 109a.b). Wie man sich auch immer entscheidet, bei einem leibhaftigen Pharao als Gastgeber war auf keinen Fall zu vermeiden, daß das Sphingenmotiv eine ägyptisch-herrscherliche Konnotation haben mußte. Wir müssen also akzeptieren, daß man hier ein Königssymbol als Schmuckelement verwendete. Aus ägyptischem Blickwinkel war das sicherlich ein Sakrileg, doch zeigen die Klinen letztlich nur, wie fremd sich beide Welten schließlich waren. Was der Ägypter als Herabsetzung des Herrschers empfinden mußte, war aus griechischer Sicht vielleicht gar als Reverenz vor den Traditionen des Nillandes gedacht.

110

Ein persischer Iwan?

Angesichts der Sphingen sind die persischen Klinendecken etwas in den Hintergrund geraten (Abb. 109a.b), doch verdienen sie besondere Beachtung und zwar im Zusammenhang mit dem Grundriß des Zeltes. Griechische und makedonische Häuser organisierten sich in der Regel um Säulenhöfe und so berichtet Polybios im 2. Jh. v. Chr. ganz selbstverständlich von den großen Höfen der Ptolemäerpaläste (Polybios XV, 25). Unser Zelt war jedoch ein alleinstehendes Riesengebäude mit allseitigen Säulenstellungen und überhöhter Halle. Das Konzept war somit aus griechischer Sicht einigermaßen ungewöhnlich.

Zwar sahen wir bereits, daß der Aufbau der Pfeilerstellungen mit makedonischen Bauten zu verbinden ist, doch macht das unser Zelt noch nicht zu einem rein griechischen Gebäude. Im Gegenteil! Zwar kennen wir durchaus hypostyle Hallen mit Seitentrakten unterschiedlicher Höhe – allerdings nicht aus Griechenland, sondern aus dem Orient. Als Beispiel sei hier auf den «Hundertsäulensaal» von Persepolis verwiesen, einer Audienzhalle der persischen Könige. Man bezeichnet diese Hallen gewöhnlich als «Iwane», deren Varianten bis in islamische Zeit verfolgt werden können. Das Zelt bietet uns also ein hellenisiertes orientalisches Baukonzept. Dabei sollten wir durchaus festhalten, daß der Zelt-Iwan sogar etwas höher war als die Audienzhalle von Persepolis. Ob in Alexandrias Palästen steinerne Gegenstücke unseres Zeltes existierten, wenn auch vielleicht in weit geringerer Dimensionierung, läßt sich leider nicht beantworten.

Das Zitat einer orientalischen Form ist bei einem Ptolemäer schwerlich als Zufall zu werten, begriff sich doch jeder Lagide als Nachkomme göttlicher Orientsieger (s. S. 49 ff.). Hinter der Wahl eines iwan-ähnlichen Konzeptes könnte sich deshalb eine architektur-ideologische Botschaft verbergen, ganz wie auch bei den makedonischen Anklängen der Seitenflügel: «Sogar die orientalische Audienzhalle steht nun im Dienst makedonischer Pharaonen». In diesem orientalischen Ambiente überrascht es nun nicht weiter, daß man auch die goldenen Klinen mit persischen Decken schmückte (Abb. 109a.b).

Und noch ein weiteres Detail hat vielleicht einen persischen Nebenklang: die Palmensäulen an den Ecken des Zeltes. Da die überdimensionierten Thyrsosstäbe im Inneren so unübersehbar auf Dionysos anspielen und somit Bedeutungsträger sind, stellt sich die Frage, ob die Ecksäulen tatsächlich nichts als ägyptische Palmsäulen sind? Vielleicht sollte man sich daran erinnern, daß die persischen Großkönige unter einer goldenen Palme Hof hielten.[121]

Das Ptolemäerzelt lehrt, daß nicht nur figürliche Darstellungen, sondern auch Architekturen propagandistische Inhalte vermitteln können. Dies gilt nicht nur für Details wie die Thyrsossäulen, sondern auch für das gekonnte Spiel mit orientalischen und makedonischen Elementen. Auffällig war die weitgehende Abstinenz ägyptischer Formen. Und erscheint bei den Klinen (Abb. 109a.b) doch einmal ein ägyptisches Detail, dann ist es aus ägyptischem Blickwinkel auch noch höchst bedenklich. Ägyptische Elemente erhalten in der ptolemäischen Frühzeit in griechischem Kontext eher «accessoire»-ähnlichen Charakter[122] und selbst bei religiösen Konzepten zeigte die «Pompé», daß man altägyptische Vorstellungen in griechische Bilder übersetzte. Wie bei der «Pompé», so spiegelte sich auch in der Zeltarchitektur höfische Propaganda. Das Konzept offenbarte Verbindungen zum Orient und zu den Bauten Makedoniens, doch das Bild eines Palastes, das bot es nicht.

Rhoxolanoi
Skythenreich
Rhôxola
Karpatês
Thrakes
Istro-Pontischer Bereich
Kgr. der Dardaner
Skoupoi
Triballoi
Mysoi
Getai
Haimos
Rhodopê
Keltenreich von Tylis
Tylis
Tyras
Olbia
Maiôtis
Pantikapaion
Neapolis
Theodosia
Chersonêsos
Tauroi
Bosporan
Istros
Kallatis
Odêssos
Apollônia
Pontos Euxeinos
Antigoniden-reich
Pella
Thessalonikê
Kassandreia
Amphipolis
Philippoi
Abdêra
Ainos
Lysimacheia
Byzantion
Kalchêdon
Hêrakleia Pontikê
Amastris
Sinôpê
Kgr. Bithynia
Nikomêdeia / Olbia
Paphlagonische Fürstentümer
Gangra
Kgr. Pontos
Amaseia
Amisos
Kgr. Pergamon
Pergamon
Galatai
Tolistobogioi
Pessinous
Tektosages
Ankyra
Taouion
Trokmoi
Kgr. Kappadokia
Mazaka
Sardeis
Apameia Kibotos Kelainai
Seleukiden
Nesioten-bund
Halikarnassos
Rhodos
(ab ca. 200 v. Chr. Vorort des Nesiotenbundes)
Aitolischer Bund
Achäischer Bund
Kgr. Sparta
Sparte
Delos
Kretikon Pelagos
Kretischer Bund
Gortyna
Kilikia
Tarsos
Samosata
Kommagênê
Antigoneia / Antiocheia
Seleukeia Pieria
Laodikeia
Kilikios Aulôn
Kypros
Salamis
Paphos
Amathous
Kition
Syriakon Pelagos
Libykon Pelagos
Aigyption Pelagos
Kgr. Kyrênê
(von 275 bis 246 v. Chr. selbständig)
Paraitonion
Alexandreia / Rhakôtis
Memphis
Petra
Nabataioi
Ptolemaer-
Ammôneion
Damaskos
Hemesa
Hemisênoi
Chalkis am Libanon
Tyros
Sidôn
Bêrytos
Gaza
Rhinokoloura
Pêlousion
vollständige Namensform siehe Sonderkarte

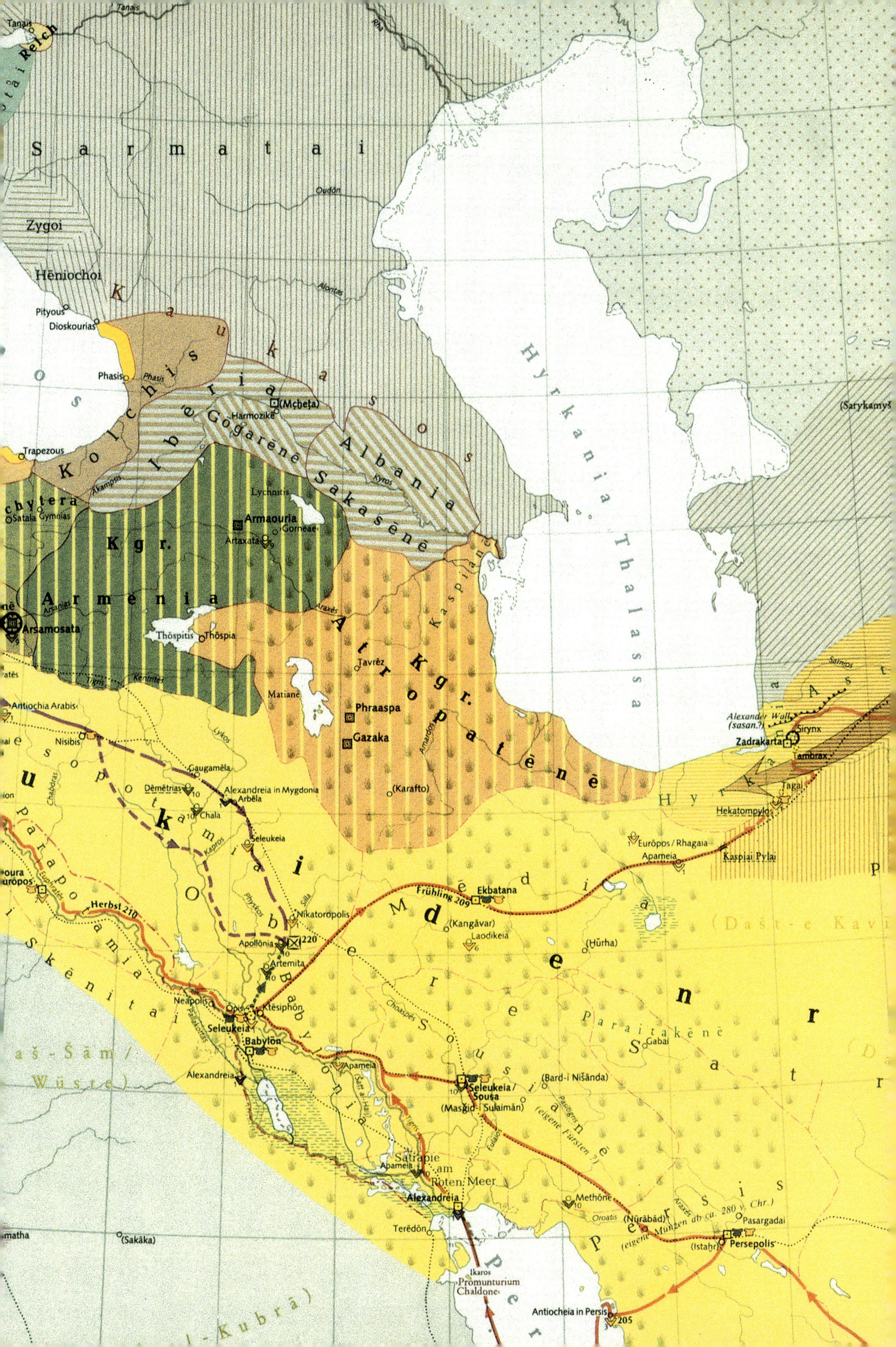
Sarmatai
Zygoi
Hêniochoi
Kaukasos
Pityous
Dioskourias
Phasis
Kolchis
Iberia
Gogarênê
(Mcheta)
Harmozikê
Albania
Sakasênê
Trapezous
Satala
Gymnias
Lychnitis
Armaouria
Gorneae
Artaxata
Kgr. Armenia
Arsamosata
Thôspitis
Thôspia
Atropatênê
Kgr.
Tavrêz
Matianê
Phraaspa
Gazaka
(Karafto)
Hyrkania Thalassa
Alexander Wall (sasan.?)
Zadrakarta
Sirynx
Tambrax
Tagai
Hekatompylos
Kaspiai Pylai
Hyrkania
Eurôpos / Rhagaia
Apameia
Ekbatana
Frühling 209
(Kangâvar)
Laodikeia
(Hûrha)
Mêdia
(Dašt-e Kavir)
Antiochia Arabis
Nisibis
Gaugamêla
Dêmêtrias
Alexandreia in Mygdonia
Arbêla
Chala
Seleukeia
Mesopotamia
Nikatoropolis
Apollônia
220
Artemita
Ktêsiphôn
Opis
Seleukeia
Babylon
Babylonia
Neapolis
Herbst 210
Parapotamia
Skênitai
Alexandreia
Apameia
Seleukeia / Sousa
(Masgid-i Sulaimân)
(Bard-i Nišânda)
Sousianê
Paraitakênê
Gabai
Satrapie am Roten Meer
Apameia
Alexandreia
Terêdôn
Methônê
(Nûrâbâd)
(eigene Münzen ab ca. 280 v. Chr.)
Pasargadai
Persepolis
(Istabr)
Persis
Ikaros
Promunturium Chaldone
Antiocheia in Persis
205
(Sakâka)
Tanais
Oudôn
Alontas
Kyros
Araxês
Tigris
Lykos
Kapros
Physkos
Euphratês
Choaspes
Eulaios
(Sarykamyš)

Auf dem Gipfel der Macht – Ptolemaios III. Euergetes

Der Bericht eines Königs

«... am Anfang der dritten Wache gingen wir Anker auf. Mit so vielen Schiffen, wie der Hafen von Seleukeia fassen konnte, segelten wir die Küste entlang zu der Festung Poseidonion. Dort ankerten wir bis zur achten Stunde des Tages. In der Dämmerung setzten wir wieder Segel und erreichten Seleukeia (an der Mündung des Orontes in Syrien) (Abb. 111; GA 58 f. 63). Die Priester, die Magistrate und die übrige Bevölkerung sowie die Offiziere und ihre Soldaten trafen uns an der Straße, die zum Hafen führte, alle bekränzt mit Girlanden und voller Wohlwollen uns gegenüber ...

... (Dann erreichten wir) Antiochia. Vor dem Tor erwarteten uns die Satrapen sowie die Strategen und Mannschaften zusammen mit den Priestern und den Beamten. Begleitet wurden sie von all den jungen Männern aus dem Gymnasium und einer großen Menschenmenge, die sich mit Girlanden bekränzt hatte ... einige grüßten uns mit der rechten Hand ... und andere mit Geschrei und Applaus ...»

Es ist das Jahr 245 v. Chr. und der «Dritte Syrische Krieg» treibt unaufhalt-

112

S. 76/77

***Abb. 111** Karte der hellenistischen Staatenwelt im 3. Jh. v. Chr., erstellt von H. Waldmann (Ausschnitt). Die braun gehaltenen Küstenpartien von Ägypten bis hinauf zum Hellespont und der thrakischen Küste (Nordägäis) kennzeichnen ptolemäische Besitzungen des mittleren 3. Jhs. v. Chr. Ptolemäisch dominiert war auch der Nesiotenbund in der Ägäis.*

***Abb. 112** Mosaik des Sophilos mit Büste der Königin Berenike II. in militärischer Tracht. Von Tell Timai (Thmuis), späteres 3. Jh. v. Chr.; H. 270 cm; H. des Emblems 85 cm. Alexandria, griechisch-römisches Museum Inv. 21739; Rekonstruktion: Wiktor A. Daszewski; Ausführung Ulrike Denis. © W. A. Daszewski.*

***Abb. 113** Porträtkopf von einer Statuette Ptolemaios' III. Aus Alexandria. Marmor; H. 14, 7 cm; Alexandria, Griechisch-Römisches Museum 3270.*

***Abb. 114** Gipsabguß des gehörnten Seleukiden-Pferdes. Aus Mit Rahine (Memphis). H. 10,2 cm, mittleres 3. Jh. v. Chr. Hildesheim, Roemer- und Pelizaeus-Museum 1147.*

***Abb. 115a.b** Tetradrachmon Seleukos' I. Nikator. Der Herrscher war der Begründer des seleukidischen Reiches. Vorderseite: Kopf des gehörnten Seleukiden-Pferdes. Rückseite: Der Seleukide sah sich als Nachfolger des Indiensiegers Alexander und so steht der Elefant für die letztlich fiktive Herrschaft über den Subkontinent. Der Anker ist hingegen das Zeichen Apollons. Der Gott galt als mythischer Stammvater der Dynastie. Legende ΒΑΣΙΛΕΩΣ ΣΕΛΕΥΚΟΥ. Geprägt in Pergamon 281/80 v. Chr. Silber; Berlin, Staatliches Münzkabinett.*

sam seinem Höhepunkt entgegen. Der vor Jahrzehnten im ägyptischen Fayum entdeckte Papyrus von Gurob[123] schildert uns die Ankunft einer ptolemäischen Interventionsflotte im syrischen Seleukeia und den Einmarsch Ptolemaios' III. (Abb. 113)[124] in Antiochia am Orontes, der Hauptstadt des seleukidischen Reiches. Die Ptolemäer erobern die Kapitale des Gegners, nein, sie erobern sie nicht, sie werden mit Begeisterung empfangen. Wovon Ptolemaios II. im «Ersten Syrischen Krieg» nur träumen konnte (s. S. 65), sein Sohn hat es verwirklicht. Es ist die größte Stunde der Ptolemäer und mit dem Papyrus von Gurob sind wir dabei. Doch hören wir zunächst weiter:

«... als wir die Opfer vollzogen hatten, die uns von den Offizieren (?) und Privatleuten dargebracht wurden, da sank die Sonne und wir besuchten sofort die SCHWESTER. Nachdem wir uns alle den Angelegenheiten gewidmet hatten, die unserer Sorgfalt bedurften, den Strategen, Soldaten und den Einwohnern des Ortes Audienz gewährt hatten, hielten wir Rat über das generelle Vorgehen in unseren Angelegenheiten. Daneben, für einige Tage ...»

Hier bricht das Dokument ab und die Ereignisse von Antiochia tauchen wieder zurück ins Dunkel der Geschichte. Doch wer ist der Verfasser dieses bemerkenswerten Textes? Ein ptolemäischer Admiral? Keineswegs! Es ist der Ptolemäer selbst, der aus diesen Zeilen spricht. Der

113

114

115a

115b

116a

116b

117a

117b

Schlüssel liegt in dem Begriff SCHWESTER und in dem zeitgeschichtlichen Hintergrund.

Ein antiker Weltkrieg

Im Jahre 246 v. Chr. reiste der Seleukidenkönig Antiochos II. «Theos» nach Ephesos in Westkleinasien, um seine geschiedene Frau Laodike zu treffen. Die antike Historiographie schweigt zu den Hintergründen, doch sind sie durchaus einsichtig. Es ging um seinen kleinen Sohn Antiochos, seinen Sohn mit der ptolemäischen Prinzessin Berenike, die er im Jahre 252 v. Chr. geheiratet hatte. Sie ist die Schwester Ptolemaios' III. und die Geschichtsschreibung bezeichnet sie als Berenike Syra, die «syrische Berenike», zur Unterscheidung von der namensgleichen Gattin des dritten Ptolemäers.

Antiochos hatte sein gleichnamiges Söhnchen nach seleukidischer Sitte zum König und formalen Mitregenten erhoben.[125] Auch Antiochos II. hatte bei seinem Vater einst als «Zweitkönig» fungiert, da das von Indien bis ans Mittelmeer reichende Riesenreich neben einer europäischen dringend eine asiatische Kommandantur benötigte. Ein seleukidisches Doppelkönigtum schien zudem die geeignete Lösung zur Regelung der Nachfolge. Etwaige Usurpatoren oder revoltierende Familienmitglieder waren auf diesem Wege leichter abzublocken. Aus dynastischer Sicht war die Ernennung des kleinen Prinzen von allerhöchster Bedeutung, waren doch nun alle Kinder aus der ersten Ehe von der Nachfolge ausgeschlossen. Zumindest theoretisch. Man kann sich unschwer ausmalen, was den Seleukiden damals nach Ephesos trieb – er mußte seiner geschiedenen Frau und seinen Söhnen aus erster Ehe erklären, weshalb der kleine Antiochos den Vorzug erhalten hatte: Es ging um den langfristigen Frieden mit dem Ptolemäerreich.

Zudem würde das seleukidische Haus später Ansprüche auf den ägyptischen Thron erheben können. Eine faszinierende Perspektive, die sicherlich nicht allein in seleukidischen Phantasien spukte. Denn aus ptolemäischer Sicht eröffnete sich gleichsam das Spiegelbild unseres Szenarios. Und wie der Papyrus von Gurob dokumentiert, war die Phantasie von der historischen Realität nicht allzu weit entfernt.

Doch was geschah nun damals in Ephesos? Der Seleukide erschien ... und starb! Er verstarb, nicht ohne auf dem Sterbelager angeblich einem Sohn aus erster Ehe Diadem und Reich zu übertragen. Also ein reuiger Vater und Ehemann, der im Tode zurückfand zu seinen Kindern aus erster Ehe. Rührend und wahrscheinlich eine glatte Geschichtsfälschung. Da der kleine seleukidisch-ptolemäische Prinz mittlerweile ganz regulär zum König ausgerufen war, konnte der Sterbende allenfalls einen Vormund bestellen. Die Ernennung eines Gegenkönigs mußte sein Reich in den sicheren Bürgerkrieg stürzen und das konnte unmöglich in der Absicht des Sterbenden gelegen haben. Der folgende Krieg firmiert in der modernen Literatur als «Dritter Syrischer Krieg», doch die Antike benannte ihn nach der geschiedenen Frau des Seleukiden: Laodike-Krieg.

Da die Geschichte von des Seleukiden später Reue so unwahrscheinlich klingt, gewinnt eine andere Überlieferung an Bedeutung. Ein Teil des Hofes bezichtigte die geschiedene Laodike offenbar des Gattenmords. Die Anklagen waren anscheinend so überzeugend, daß man eine mit der falschen Seite liierte Hofdame, einen felsigen Abhang hinunterstürzte, um ihre Lippen für immer zu versiegeln (Athenaios XIII, 593).

Die Nachricht von dem ephesischen Staatsstreich muß in Alexandrien wie eine Bombe eingeschlagen sein. Der gerade inthronisierte Lagide mobilisierte alle Reserven, um seiner Schwester in Antiochia zu Hilfe zu eilen. Und seine junge Gemahlin weihte ein Teil ihres Haares «allen Göttern», damit sie den Gatten sicher aus dem Osten (Assyrien) heimgeleiteten. Sie stiftete ihre Locken zwar allen Göttern, doch geschah das im Tempel Arsinoe-Aphrodites auf dem Kap Zephyrion (s. S. 60). Aphrodite selbst versetzte die Locken der Königin unter die Sterne, wo sie der Hofastronom Konon sogleich als neues Sternbild verifizierte (GA 79). Wir kennen es noch heute. Der große Kallimachos setzte der «Locke der Berenike» ein unvergeßliches Denkmal und hob damit höfische Dichtung auf höchstes Niveau (s. S. 19). Selbst ein eingefleischter Republikaner und Caesarhasser wie der römische Meisterdichter Catull war sich Jahrhunderte später nicht zu schade, die Verse ins Lateinische zu übertragen (Carmina 66).

Ägypten war nun bereit zur Intervention. Und man intervenierte. Doch im fernen Syrien? In Antiochia? Die Nachricht vom Ableben Antiochos' II. spaltete die Metropole. Die einen favorisierten den kleinen Antiochos, die anderen hingegen Seleukos, den Sohn aus erster Ehe. Der Kampf um die Nachfolge wurde mit aller Rücksichtslosigkeit ausgefochten. Laodikes Parteigänger entführten den kleinen König. Als Berenike die Nachricht erhielt, griff sich die Königin einen Streitwagen und brauste zum Ort des Geschehens. Die Kidnapper waren gerade auf dem Rückzug, als die verzweifelte Mutter die Schurken stellte. Sie schleuderte eine Lanze und verfehlte einen Entführer, nur um ihn Augenblicke später mit einem Schleuderstein desto sicherer niederzustrecken. Doch aller Wagemut vermochte das Kind nicht zu retten, das wenig später ermordet wird. Ob nun Erfindung oder Realität, die Geschichte zeichnet ein schillerndes Bild vom Machtwillen der Ptolemäerin.

Berenike Syra nannte man eigentlich aufgrund ihrer exorbitanten Mitgift «Phernophoros», Mitgiftträgerin. Von ihrem Vater ließ sie sich eigens heiliges Nilwasser nach Syrien senden, um ihre Fruchtbarkeit aufzubessern. Mit Erfolg, wie man sieht. Die Geschichte der Entführung vermittelt nun ein gänzlich anderes Bild: Wir müssen ihr Waffenfähigkeit attestieren und zwar in erheblichem Maße. Ob das bei den Lagiden die Regel war, darf bezweifelt werden, doch waren Ptolemäerinnen oftmals politisch aktiv (s. S. 41 f.). Auch sollte man nicht vergessen, daß die königlichen Geschwister

***Abb. 116a.b** Silber-Tetradrachme mit dem Porträt Berenikes II. 246–222/1 v. Chr. Auf der Rückseite ein Füllhorn. Legende «ΒΕΡΕΝΙΚΗΣ ΒΑΣΙΛΙΣΣΗΣ». Geprägt in Ägypten.*

***Abb. 117a.b** Goldene Oktadrachme mit dem Porträt Berenikes II. 246–222/1 v. Chr. Legende «ΒΕΡΕΝΙΚΗΣ ΒΑΣΙΛΙΣΣΗΣ».*

***Abb. 118** Ptolemäische Herrschaft und Herrschaftsansprüche über Vorderasien. Schwarze Linie: Reich Alexanders des Großen. Schraffierte Gebiete: Machtbereich Ptolemaios' III. (enge Schraffur: tatsächliches Herrschaftsgebiet; weite Schraffur: proklamierter Machtbereich). Grau abgetönte Gebiete: proklamierter Herrschaftsbereich der Kinder des Marcus Antonius und der Kleopatra VII. nach den «Verleihungen von Alexandria» des Jahres 34 v. Chr.*

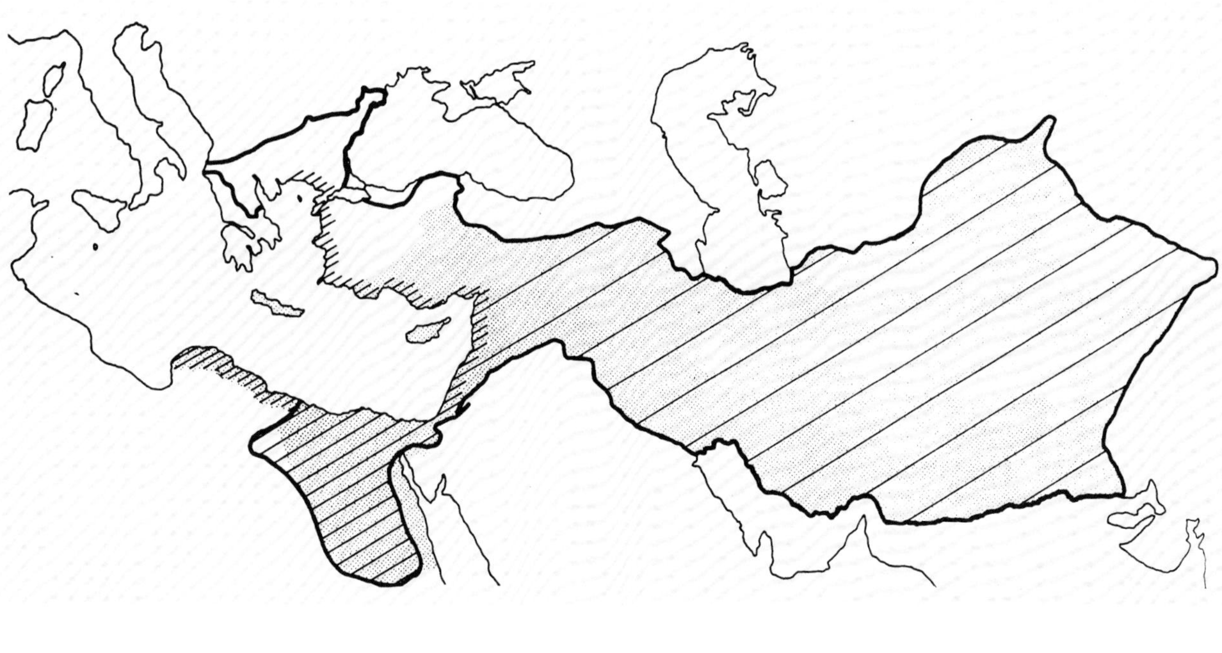

118

Rhoxolanoi
Rhōxolanoi
Olbia
Skythenreich
Tyras
Bastarnai
Thrakes
Karpates
Kordiskoi
Triballoi
Mysoi
Getai
Haimos
Rhodope
Istro-Pontischer Bereich
Kgr. der Dardaner
Skoupoi
Makedonia
Perseis
Pella
Philippoi
Amphipolis
Thessalonikē
Pydna
Kassandreia
Abdera
Marōneia
Philippopolis
Tomis
Kallatis
Odēssos
Apollōnia
Maiōtis
Bosporanisches Reich
Maiotai
Sindoi
Eupatoria / Kerkinitis
Chersonnēsos / Hērakleia
Eupatorion
Theodosia
Pantikapaion
Phanagoreia
Pontos Euxeinos
Sinōpē
Hērakleia Pontikē
Tios
Byzantion
Kalchēdōn
Nikomēdeia
Prousias / Kieros
Kgr. Bithynia
Nikaia
Prousa
Kgr. Pontos
Amisos
Eupatoria
Amaseia
Laodikeia
Kabeira
Zēla
Komana
Kotyōra
Pharnakeia / Kerasous
Armenia Brachy
Satala
Galatai
Tolistobogioi
Tektosages
Trokmoi
Ankyra
Gordion
Taouion
Pessinous
Kgr. Kappadokia
Eusebeia am Argaios / Mazaka
Ariaratheia
Anisa
Nyssa
Parnassos
Tatta
Ikonion
Lystra
Ariaramneia
Eusebeia am Tauros / Tyana
Kybistra
Kilikiai Pylai
Melitēnē
Kgr. Sophēnē
Arsameia am Nymphaios
Kgr. Kommagēnē
Samosata
Arsameia am Euphrates
Seleukeia
Edessa
Antiocheia an der Kallirhoe
Karrhai
Anthemousia / Batnai
Makedonopoulis / Birtha
Zēnodotion
Nikēphorion
Amphipolis / Thapsakos
Asia
Lampsakos
Parion
Kyzikos
Miletoupolis
Apollōnia am Rhyndakos
Alexandreia-Troas
Ilion
Thēbai
Adramyttion
Methymna
Lesbos
Apollonia
Stratonikeia am Kaikos
Pergamon
Kymē
Phōkaia
Elaia
Apollōnis
Sardeis
Chios
Erythrai
Teos
Smyrna
Kolophōn
Ephesos
Philadelpheia
Dionysopolis
Eumeneia
Synnada
Apollōnia
Tralleis
Hierapolis
Laodikeia
Apameia
Kibotos
Kelainai
Magnēsia am Maiandros
Samos
Priēnē
Milētos
Bargylia
Myndos
Halikarnassos
Kōs
Antiocheia / Alabanda
Mylasa
Kibyra
Araxa
Termēssos
Telmēssos
Rhodos
Patara
Astypalaia
Pisidia
Pamphylia
Lykischer Bund
Attaleia
Perge
Aspendos
Sidē
Phasēlis
Korakēsion
Antiocheia
Olba
Seleukeia Tracheia
Antiocheia am Krags
Kilikia
Antiocheia am Kydnos / Tarsos
Antiocheia am Saros / Adana
Hierapolis / Kastabala
Seleukeia am Pyramos / Mopsouestia
Nikopolis / Issos
Antiocheia am Pyramos / Mallos
Antiocheia / Rhōsos
Kyrrhos
Eurōpos
Beroia
Antiocheia am Orontēs
Seleukeia Pieria
Chalkis am Belos
Laodikeia am Meer
Apameia am Axios
Epiphaneia / Amathē
Seleukidenreich
Arados
Hemesa
Tripolis
Laodikeia am Libanon
Byblos
Palmyra
Doura Eurōpos
Fürstentum der Hemisenoi
Arabai
Laodikeia Berytos
Sidōn
Tyros
Damaskos
Paneion
Seleukeia
Antiocheia in Ptolemais / Akē
Kgr. der Itouraioi
Kgr. der Makkabäer
Samareia
Bostra
Antiocheia / Gerasa
Askalōn
Gaza
Hierosolyma
Rhaphia
Idoumaia
Asphaltitis
Kgr. der Nabataioi
(Bādiyat aš-Šām)
Syrische Wüste
(Itra)
(Hirbat at-Tannūr)
Petra
(Wādī as-Sirhān)
Doumatha
Berenikē / Esyōn Geber
Aila
(Gabal Ramm)
(al-Huraiba)
Ailanites Kolpos
Arabikos Kolpos
Herōōn Kolpos
Kgr.
(Taima)
Salamioi
Kgr. Egra
Dedān (al-'Udaib)
Libyān
Phoinikōn Kōmē
Thessalischer Bund
Gomphoi
Philippopolis / Kynoskephalai
Dēmētrias
Pharsalos
Philippopolis / Thēbai
Lysimacheia
Thermopylai
Naupaktos
Skarpheia
Delphoi
Chalkis
Orchomenos
Achaischer Bund
Athenai
Elis
Sikyōn
Korinthos
Aigina
Megalopolis
Epidauros
Messēnē
Methana
Spartē
Andros
Anaphlystos
Delos
Aigaion Pelagos
Kretikon Pelagos
Kretischer Bund
Kydōnia
Gortyna
Itanos
Kilikios Aulōn
Arsinoē / Marion
Salamis
Kypros
Syriakon Pelagos
Libykon Pelagos
Aigyption Pelagos
Kgr. Kyrēnē
Personalunion mit dem Ptolemäerreich
aṣ-Ṣaḥrā' al-Lībīya / Libysche Wüste
Alexandreia
Kanōbos
Naukratis
Mendes
Pēlousion
Hēroōnpolis
Memphis
Hēliopolis
Philadelpheia / Ammana
Moiris
Ammōneion
Ptolemäer-
Oasis mikra
Oxyrynchos
Heptanomis
Hermoupolis
Thebais
Myos Hormos
Ptolemais
Abydos
Leukos Limēn
148
129
119
188
167
113/112
164
105
259
105/95
111
125
126/125
104

Aorsoi
Alanoi
Nordmeer
rmatai
Chorasmie
Hyrkania Thalassa
Ibēria
Albania
Gogarēnē
Harmozike
Lychnitis
Armaouira
Gorneae
Artaxata
Armenia
Araxēs
Thōspitis
Thōspia
Tavrēz
Kgr. Atropatēnē
Phraaspa
Gazaka
Matianē
(Karafto)
Kgr. Adiabēnē
Dēmētrias
Alexandreia in Mygdonia
Arbela
Chala
Hatra
Nisibis
Nisa
Asaak
Sirynx
Zadrakarta
Tambrax
Yüe-Chi und Sakai um 129-124
Tagai
Hekatompylos
Arsakia / Rhagaia
Kaspiai Pylai
Yüe-Chi und Sakai
um 129-124
Epiphaneia / Ekbatana
Adrapana
(Kangāvar)
(Hūrha)
(Daşt-e Kavīr)
Tabai
Ktēsiphōn
Seleukeia
Babylōn
Sousa
Aspadana / Gabai
(Esfahān)
(Bard-i Nišānda)
(Šamī)
(Masğid-i Sulaimān)
Sousianē
(zeitweise unabhängig)
Issatis
(Dašt-e Lūt)
Kgr. Charakēnē
Antiocheia / Pasinou Charax
Terēdōn
(Sakāka)
Ikaros
Promunturium Chaldone
Persikos
(Nūrābād)
Pasargadai
(Istahr)
Persisches Königreich
(Frātadāra Dynastie)
Karmana
Harmozeia
(an-Nafūd aṣ-Ṣuġrā)
Gerrha

seinerzeit beim Erscheinen Arsinoes II. in eine höchst bedrohliche Lage gerieten. Immerhin hatte die neue Stiefmutter schon einmal Nachwuchs aus einer früheren Ehe liquidiert (s. S. 58 f.). «Förderte» diese Perspektive damals die Wehrhaftigkeit der jungen Frau? Wie auch immer, Berenike Syra war in jedem Fall eine würdige Repräsentantin ihres Hauses.

Daß man eine Ptolemäerin durchaus als «Regina armata» darstellen konnte, bestätigt das prachtvolle Sophilos-Mosaik mit dem Porträt Berenikes II. (Abb. 112).[126] Die Gattin des dritten Ptolemäers trägt hier einen «Helm» in Gestalt eines Kriegsschiffs, den Rammsporn über der Stirn. Hinter ihrer linken Schulter erscheint der Rand eines Rundschildes und um Kopf und Schultern fliegen lange Tänien, die an einem Feldzeichen befestigt sind, das man meist als Mast eines Schiffes mißverstand. Gewappnet ist sie mit einem Panzer und dem Blitz des Zeus auf der Schulterklappe. Faszinierend ist vor allem die ungewöhnliche Fibel (Sicherheitsnadel), die auf der rechten Schulter den Mantel zusammenhält. Das goldene Schmuckstück hat Ankerform und entspricht dem dynastischen Symbol des seleukidischen Hauses (Abb. 115a.b).[127] Nun ziert es als Gewandnadel den Mantel der siegreichen Monarchin.

Als Zitat eines fremden Hoheitszeichens steht die Anker-Fibel Berenikes im ptolemäischen Ägypten keineswegs allein. Nicht minder prägnant ist ein memphitischer Gipsabguß mit einer Darstellung des gehörnten Seleukidenpferds (Abb. 114).[128] Das gezäumte Fabelwesen ähnelt in seiner herrscherkultischen Bedeutung den hybriden Kreaturen auf der Attika des Alexanderwagens (Abb. 43). Ob unser ptolemäisches Flügelpferd nun im Rahmen einer Fürstenhochzeit gefertigt wurde, etwa anläßlich der Feierlichkeiten des Jahres 252 v. Chr., oder ob es einen Sieg über das Seleukidenreich zelebriert, es ist heute nicht mehr zu ermitteln.

Wie auch immer, mit den beiden Königinnen fassen wir Charaktere, die selbstbewußt ihr Schicksal gestalten. Die eine glücklich, die andere mit tragischem Ausgang. Denn die Intervention des dritten Ptolemäers kam augenscheinlich zu spät, um die bedrängte Schwester zu retten. Dennoch konstatiert der Gurob-Papyrus: «...und wir besuchten sofort die SCHWESTER.» Da wir aus der «Locke der Berenike» wissen, daß Berenike II. zu dieser Zeit in Ägypten das Zepter führte, kann sie nicht mit der Schwester gemeint sein, selbst wenn die Anrede «Schwester» auch der Ehefrau gelten konnte. Bei der rätselhaften Schwester kann es sich nach Lage der Dinge eigentlich nur um Berenike Syra handeln, so daß der Rechenschaftsbericht des Königs insinuiert, er habe seine Schwester in Antiochia noch lebend angetroffen. Dies paßt jedoch nicht zur Gesamtsituation.

Eine Erklärung bietet hier anscheinend Polyaens Notiz (VIII, 50), daß die Hofdamen nach dem Mord an Berenike Syra anfangs den Tod ihrer Königin verheimlichten und sogar eine Doppelgängerin aufboten. Die Intention liegt auf der Hand, denn die Legitimität der ptolemäischen Intervention beruhte vor allem auf der Existenz des kleinen Antiochos, doch den hatte die Laodike-Seleukos-Partei bereits liquidiert. War nun auch die Königin beseitigt, so erhielt die ptolemäische Hilfsaktion Züge eines Rachekrieges. Der Lagide war auf das Wohlwollen der Seleukidenstädte angewiesen und es findet sich keine bessere Stimmungsskizze als die Worte Justins (XXVII, 1, 5 ff.), der nach dem Mord von allgemeiner Mißbilligung berichtet und anmerkt, daß die entrüstete seleukidische Bevölkerung ins ptolemäische Lager gewechselt sei. Und so feierte man die Ankunft des Lagiden nicht nur in Seleukeia, sondern auch in Antiochia, also in der Hauptstadt selbst!

Der Papyrus insistiert also auf einer «lebenden» Berenike Syra. Hätte die Königin überlebt, die Geschichte des Seleukidenreiches wäre möglicherweise anders verlaufen. In dem Dokument von Gurob ist uns also ein politisch gefärbter Rechenschaftsbericht aus königlicher Feder erhalten. Letztlich nichts anderes als Caesars «Gallischer Krieg» und man sieht, wo die Vorbilder des großen Römers lagen. Leider ist der Papyrus überaus fragmentarisch, ein Schlaglicht auf einen Weltkrieg der Antike.

Wie sich der «Dritte Syrische Krieg» aus ptolemäischer Sicht entwickelte, das zeigt uns in exemplarischer Weise das eingangs zitierte Monument von Adulis (s. S. 20). Über die neuen Königs-Götter haben wir bereits gesprochen, doch der politische Rahmen führt uns just in die Tage des Laodike-Krieges. In der Inschrift geht es nicht mehr um Kleinasien oder um die syrische Küste, nein, der politische Teil der Inschrift umreißt einen Feldzug und ein Herrschaftsgebiet, das weite Teile des östlichen Mittelmeers umfaßte (Abb. 111). Wir hören von der nördlichen Ägäis, den Küsten Kleinasiens, Syriens, Palästinas, ja selbst von Kyrene (Libyen), der Heimat Berenikes II. Doch damit nicht genug, die steinerne Urkunde schildert einen Orientkrieg, der alle Länder bis ins zentralasiatische Baktrien (Uzbekistan/Tadschikistan/Afghanistan) unter die Kontrolle des «großen Königs Ptolemaios» gebracht haben soll. Nähme man das wörtlich, so hätten wir einen zweiten Alexanderzug vor uns (Abb. 118).[129]

Die realen Machtverhältnisse demaskieren (Abb. 111) dieses Pseudo-Alexanderreich als höfische Propaganda. Dennoch haben wir eine Weltmacht vor uns, die sich allerdings weit weniger auf große Territorialmassen, denn auf ihre Marine und auf die Kontrolle der Küstenregionen stützte.[130] Ziel war zweifelsohne die Kontrolle über die Handelsströme, die zusammen mit der Wirtschaftskraft Ägyptens die Lagiden im 3. Jh. v. Chr. zur reichsten Monarchie der Welt machten.

So herausragend die Machtposition der Ptolemäer auch war, so drastisch war der Rückgang ptolemäischer Weltgeltung im 2. Jh. v. Chr. (Abb. 119; GA 109 ff.). Auch die politische Renaissance unter Kleopatra VII. (51–30 v. Chr.) ist angesichts der realen Machtverhältnisse eher in das Reich visionären Wunschdenkens zu verweisen (Abb. 118; s. S. 141 f).

Auf den vorhergehenden Seiten:

***Abb. 119** Karte der hellenistischen Staatenwelt, erstellt von H. Waldmann (Ausschnitt). Die auswärtigen Besitzungen der Ptolemäer sind nunmehr auf Libyen und Zypern zusammengeschmolzen.*

Auf den folgenden Seiten:

***Abb. 120** Isometrische Darstellung der Villa von Boscoreale mit dem Festsaal (Raum H) und dem Cubiculum (Schlafzimmer = Raum M). Malereien des Zweiten Stils, ca. 40–30 v. Chr. Gefunden im Jahre 1900.*

***Abb. 121** Blick durch Türe und Fenster in den großen Festsaal der Villa von Boscoreale. Von den Göttergestalten im Hintergrund blieb allein Aphrodite erhalten, während die anderen Bildthemen von den Ausgräbern nur beschrieben wurden. Neben der Pforte zwei dionysische Flügelgenien. Zeichnung U. Denis nach Vorlage des Verfassers. © M. Pfrommer.*

***Abb. 122** Der große Festsaal von Boscoreale (Raum H) in einer Rekonstruktion als Säulensaal. Rekonstruiert sind auch zwei der rückwärtigen Gemälde (s. Abb. 121). Auf den originalen Dekorationen stehen die gelben Bossensäulen nicht frei im Raum, sondern sind nur in illusionistischer Manier auf die Wand gemalt. Zeichnung U. Denis nach Vorlage des Verfassers. © M. Pfrommer.*

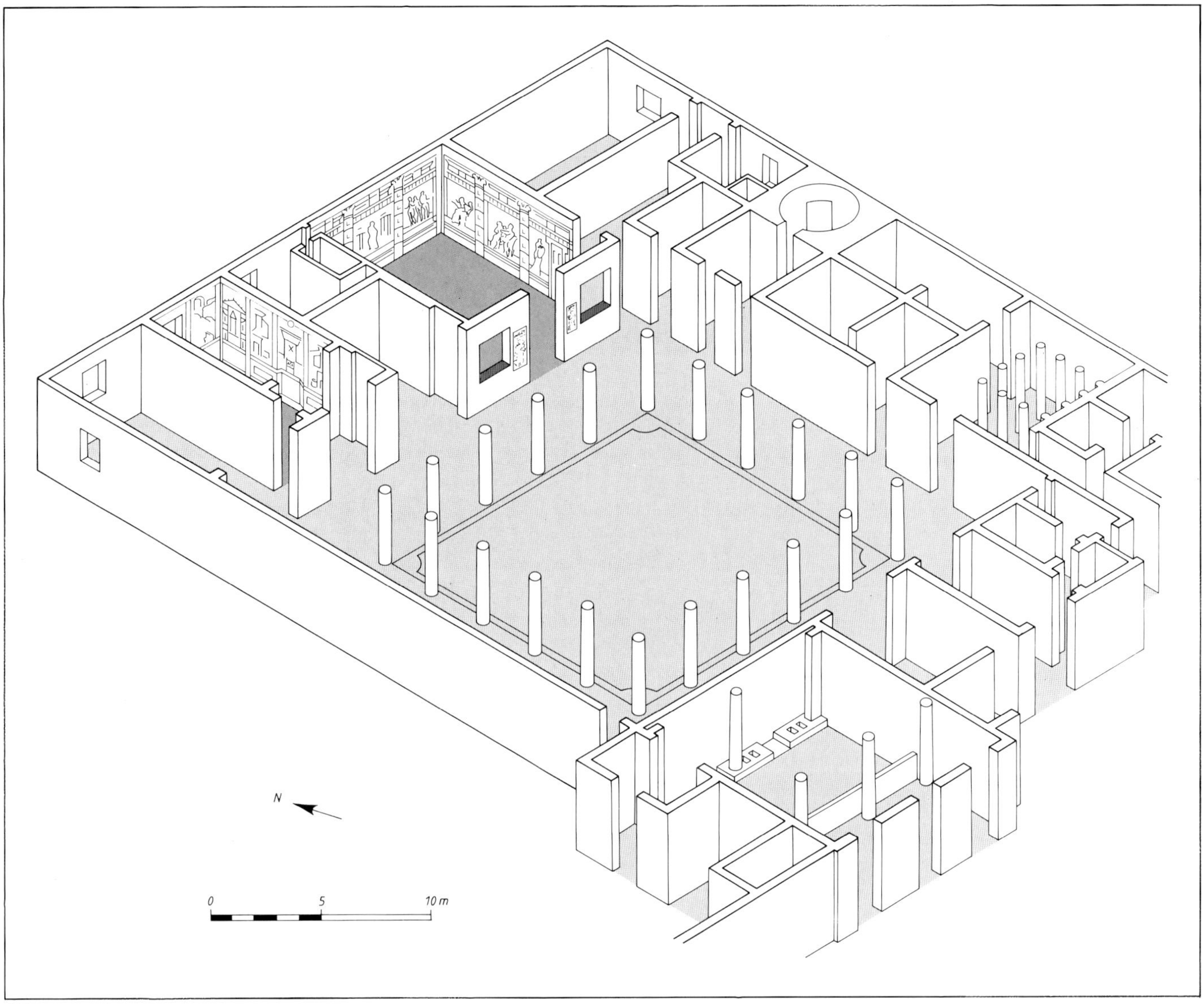

120

«Berenikeia Nomismata»

Angesichts dieser dramatischen Ereignisse hätte man gerne ein Bild Berenike Syras und für einen Augenblick könnte man meinen, wir würden fündig. Gerade in jenen Tagen des Syrischen Krieges prägte Berenike II. in Ägypten ihre noch nach Jahrhunderten als «Berenikeia Nomismata» gefeierten Münzen (Pollux IX, 85). Die brillanten Nominale zeigen uns eine matronale Erscheinung im Profil (Abb. 116a).[131] Die Anlehnung an Münzen Arsinoes II. ist offenkundig, allerdings erscheint auf dem Revers nur ein einfaches Füllhorn (Abb. 116b). Die Legende nennt die Münzherrin: BERENIKES BASILISSES und das bedeutet, daß Ptolemaios III. seiner Frau zumindest für die Dauer des Feldzugs eines der wesentlichsten Hoheitsrechte übertragen hatte. Wie bedeutend ihr staatsrechtlicher Status war, dokumentiert auch die inschriftlich belegte Verwendung eines «Horus- und Geburtsnamens», ein Privileg, das normalerweise ausschließlich dem Pharao zustand.[132] Berenike II. war eine überaus machtbewußte Frau, deren Vorliebe für Luxus aller Art weithin bekannt war. Doch sie besaß auch Sinn für Redlichkeit. Und so berichtet man, sie habe einst ihrem Mann eine Liste von Todesurteilen aus der Hand genommen, als dieser die «Angelegenheit» während eines Würfelspiels regeln wollte. Das sei nicht die rechte Art.

Die Münzgewichte ihrer «Berenikeia Nomismata» orientieren sich zumeist am reduzierten ptolemäischen Standard, doch überraschenderweise nicht alle. Denn aus einer kleinasiatischen Prägestätte stammt eine Serie meisterhafter Goldmünzen mit identischer Legende, die jedoch in einigen Punkten von ihren ägyptischen Analogien abweichen (Abb. 117a.b).[133] Geschlagen wurden sie wahrscheinlich in Ephesos, das nach dem Tode Antiochos' II. schnell unter ptolemäische Kontrolle geraten war. Die Goldmünzen sind nach attischem Standard bemessenen und zählen zu den größten Meisterwerken antiker Münzkunst. Das schlechterdings stupende Porträt charakterisiert diesmal eine weit mädchenhaftere Gestalt. Von einem Doppelkinn ist nichts zu erkennen und auch das Auge ist nun weit weniger beherrschend.

Nun sind antike Bildnisse kaum je als korrekte physiognomische Porträts zu verstehen. Auch darf man vielleicht bezweifeln, daß in den Tagen des «Dritten Syrischen Krieges» an der kleinasiatischen Westküste bereits ptolemäische Prägungen bekannt waren. Doch auch das macht die Angelegenheit nicht minder seltsam. Das attische Münzgewicht bereitet keine Probleme – die Münzen zielten fraglos auf die Konvertierbarkeit in einem außer-ptolemäischen Bereich und gingen unter anderem an Söldner. Die eigentliche Frage ist jedoch, weshalb Ptolemaios III. in Kleinasien überhaupt mit Bildnis und Namen seiner Frau prägte? Weshalb nicht mit seinem eigenen? Die gerade auf den Thron gelangte Königin

123

124

konnte außerhalb Ägyptens doch unmöglich wichtiger sein als der Herrscher selbst.

Diese Vorgabe eröffnet nun noch eine weit faszinierendere Deutung, die jedoch leider unbeweisbar bleibt. Der wahre Souverän in ehemals seleukidischen Gebieten wie Ephesos war selbstverständlich nicht Berenike II., sondern Berenike Syra, die Gattin des verstorbenen Seleukiden. Eine Ptolemäerin durch Geburt, doch rechtlich eine Seleukidin, die natürlich auch Vormundschaftsrechte für ihren kleinen Sohn geltend machen konnte. Sollte sich hinter den feinen Zügen des Münzporträts vielleicht Berenike Syra verbergen? Ein Spiel mit der Namensgleichheit zweier Herrscherinnen? Ein Hinweis auf die ptolemäische Abkunft der seleukidischen Königin? Waren die kleinasiatischen Prägungen Teil jener Propaganda, mit der man den Tod der legitimen Königin zu leugnen suchte?

Das Ende von Tuch el-Karamus

Wie wir sahen, wurde der Schatz von Tuch el-Karamus nach wenigen Generationen verschüttet. Entscheidend ist hier die große Zahl ptolemäischer Münzen (Abb. 50a.b), deren Reihe anscheinend in den ersten Regierungsjahren des dritten Ptolemäers übergangslos abbricht. Es liegt deshalb nahe, den Untergang mit dem Ende der Münzreihe zu verbinden. Da es sich fraglos um ein Heiligtum handelte, scheint so gut wie ausgeschlossen, daß man die Anlage einfach auflöste. Das Ende war sicherlich gewaltsamer Natur, da offensichtlich niemand überlebte, um vom Verbleib des Schatzes zu erzählen. Die Anlage wurde so gründlich geschleift, daß später niemand an den Wiederaufbau dachte. Wir sprechen somit von Krieg und Aufruhr.

Der gewaltsame Untergang erklärt möglicherweise noch eine weitere Besonderheit des Schatzes, denn das Ensemble machte beileibe keinen einheitlichen Eindruck. So war der Kontrast zwischen dem ägypto-persischen Silber und den Kultgerätschaften auf der einen und dem griechischen Geschmeide auf der anderen Seite so beträchtlich, daß man sich fragen kann, ob das Gold am Ende vielleicht nur eher zufällig mit dem Tempelschatz versteckt wurde? Verbarg man das Geschmeide in einem Augenblick höchster Not zusammen mit dem Inventar des Tempels? Gehörte es vielleicht gar der Frau eines lokalen Würdenträgers oder Strategen? Auch muß auffallen, daß die ägyptischen Kultgegenstände zu einem Kultbild im Statuettenformat gehörten, während der griechische Schmuck «Lebensgröße» besitzt. Wie auch immer, hier werden wir nicht über Spekulationen hinaus gelangen.

Spricht man bei Tuch el-Karamus von «Krieg und Aufruhr», so denkt man ganz unwillkürlich an den «Dritten Syrischen Krieg» von 245/44 v. Chr., denn Justin (XXVII, 1, 5 ff.) weiß zu berichten, daß der dritte Ptolemäer ganz Asien unter seine Kontrolle gebracht hätte, wenn in Ägypten nicht ein Aufstand ausgebrochen wäre, der den Lagiden zur Rückkehr zwang. Versank das Heiligtum von Tuch el-Karamus gegen 244 v. Chr. in Schutt und Asche? Markiert der Asienkrieg auch die Verschüttung des Schatzes?

Man kann sich unschwer ausmalen, welche Dynamik die ägyptische Revolte erreicht haben muß, wenn sie den siegreichen König zwang, auf die Ausnutzung seiner Erfolge zu verzichten! Und so siegte in den Kerngebieten des Seleukidenreiches am Ende die Partei der Mörder – Laodike und ihre Söhne, von denen Seleukos III. später den Namen «Kallinikos» annimmt – «Seleukos, der schöne, der wunderbare Sieger».

Für Ptolemaios III. war der «Dritte Syrische Krieg» dennoch ein gewaltiger Erfolg, kontrollierte der Lagide doch in den folgenden Jahrzehnten nahezu alle ostmediterranen Küstengebiete von der Nordägäis bis nach Ägypten und Libyen. Andererseits begann mit dem ägyptischen Aufstand jedoch auch die lange

***Abb. 123** Berenike II. mit Kithara. Das Instrument ist eine Anspielung auf Apollon, den göttlichen Gründungshelfer von Kyrene. Großer Festsaal von Boscoreale, Ostwand. H. 1,78 m; B. 1,87 m; New York, Metropolitan Museum of Art 03.14.5.*

***Abb. 124** Arsinoe II. und Ptolemaios III. mit dem Zepter Vorderasiens. Großer Festsaal von Boscoreale, Ostwand. H. 1,75 m; B. 1,90 m; New York, Metropolitan Museum of Art Inv. 03.14.6.*

***Abb. 125** Berenike Syra, die Gattin Antiochos II. von Syrien und Schwester Ptolemaios III. Großer Festsaal von Boscoreale. H. 1,78 m; B. 1,02 m; New York, Metropolitan Museum of Art 03.14.7.*

Kette jener Revolten, die sich vor allem im 2. Jh. v. Chr. so dramatisch verstärken sollten.

Ptolemäer in Pompeji?

Catulls Paraphrase der «Locke der Berenike» zeigte uns bereits, daß man selbst in den Tagen eines Caesar die Leistungen des 3. Jhs. v. Chr. zu würdigen wußte. Und so spiegeln sich die dramatischen Ereignisse des «Dritten Syrischen Krieges» auch in einem monumentalen Zyklus von Wandgemälden, der im Jahre 1900 unweit Pompejis ausgegraben wurde. Die Villa bei Boscoreale ist heute wieder verschüttet (Abb. 120).[134] Die Dekorationen selbst datieren in das Jahrzehnt zwischen 40 und 30 v. Chr. und somit in die Tage des Marcus Antonius, Octavians und Kleopatras VII.

Uns interessiert hier vor allem der große Raum H, der an der Stirnseite des Säulenhofs liegt, dem Eingang direkt gegenüber (Korridor B. C). Unsere erste Skizze bietet einen Blick von außen durch die Türe und die beiden rahmenden Fenster (Abb. 121). Die Aufmerksamkeit konzentriert sich sofort auf die beiden Flügelgenien neben der hohen Türe, die dem Ambiente einen sakral-festlichen Anstrich geben. Ihre Bedeutung ist nicht vollständig zu klären. Sicher ist nur, daß sie aus dem dionysischen Umfeld stammen müssen, da die rechte Flügelgestalt ein Gebinde aus «dionysischem» Efeu um die Taille trägt. Angesichts des zierlich mit der Rechten gerafften Schleiergewandes dürfte es sich um einen weiblichen Genius handeln.

Auf der gegenüberliegenden Seite haben wir ein satyrhaftes Wesen mit spitzen Tierohren vor uns. Das für Satyrn typische, gebogene Wurfholz des Hirten bestätigt die Zuweisung an den dionysischen Zirkel, auch wenn die Flügelung ungewöhnlich bleibt. Beide Gestalten präsentieren auf großen Metallschalen schemenhaft erkennbare Gaben, so daß man an eine Opferdarstellung aber auch an göttliches «Dienstpersonal» des dionysischen Kreises denken könnte.

Folgt man diesem Gedankengang, dann sollten sich auch im Inneren des Raumes dionysische Bezüge bieten. Bereits ein erster Blick durch die Tür zeigt uns drei Götterbilder auf blauem Grund mit einem gelagerten Dionysos zur Linken. Zur Rechten plazierte der Maler mit den «Drei Grazien» Töchter des Zeus und Gefährtinnen Aphrodites. Im Zentrum der Stirnwand erkennen wir jedoch Aphrodite mit dem kleinen Erosknaben, den sie mit der Hand an ihrer rechten Hüfte hält. Das Bild ist beschädigt, doch blieb genug erhalten, um die Komposition in etwa zu ergänzen. Wir bewegen uns also unzweifelhaft in einer aphrodisisch-dionysischen Sphäre und damit präzise im Umfeld ptolemäischen Herrscherkultes.

Doch treten wir ein, und sehen wir uns um (Abb. 122). Wir stehen in einer Gemäldegalerie, in der ältesten bisher bekannten Pinakothek der Alten Welt. Architektonisch entspricht der Raum dem korinthischen Oikos Vitruvs (VI, 143.9) mit umlaufender Säulenstellung. Die Säulen sind «unfertig» belassen, dienten doch die viereckigen Bossen eigentlich als Halterungen der Taue beim Versetzen der Trommeln. Säulen, Architektur und Gemälde sind in Pompeji gar nicht realiter vorhanden, sondern direkt auf die Wand gemalt. Illusionistische Malereien dieser Art firmieren in der Archäologie als «Zweiter pompejanischer Stil». Unsere Skizze verwandelt die pompejanische Dekoration nun zurück in gebaute Dreidimensionalität.

Wie illusionistisch der Maler zu Werke ging, verdeutlicht nichts besser, als das Bild Aphrodites. Denn die Göttin steht als

125

isolierte Gestalt ganz vorne auf dem Gesims. Erst deutlich hinter ihr beginnt oberhalb einer waagerechten Linie der eigentliche Hintergrund: Das Bild eines Heiligtums – rechts ein gerade noch angeschnittener Rundtempel und zur Linken das Eck einer Halle. Auf den Tempelstufen wirft ein fischender Eros seine Angel aus und bestätigt damit unsere Deutung auf einen Tempel Aphrodites. Links erkennt man schemenhaft eine Tychestatue mit geschwungenem Füllhorn auf hoher Basis. Tyche und Aphrodite, auch hier artikuliert sich offenbar eine ptolemäische Vorstellung (s. S. 126 ff.). Der Künstler malte also Aphrodite einer Statue gleich vor der Kulisse ihres Heiligtums. Es ist die einzige auf diese Weise charakterisierte Figur, wurde doch bei den anderen Gestalten auf ein erklärendes Hintergrundgemälde verzichtet.

Bei der Deutung der übrigen Paneele helfen nun die «Drei Grazien» zur Rechten Aphrodites. In der Hierarchie des griechischen Götterhimmels sind sie durchaus sekundär. Andererseits verglich kein geringerer als Kallimachos die drei Schönen mit Berenike, womit er nach Lage der Dinge nur die Gattin des zweiten Ptolemäers meinen konnte. Eine höfische Schmeichelei, doch hochinteressant, sind die Grazien doch Überbringer göttlicher Wohltaten. Und so plazierte man rechts neben der Dreiergruppe das Bild einer thronenden Frau mit ihrer kleinen Tochter (Abb. 123). Angesichts der großen Kithara und der benachbarten Grazien ist klar wer gemeint ist: Es handelt sich um Berenike II., die das Instrument als «Wappen» ihrer Vaterstadt Kyrene trägt, stammte doch die Königin aus einer Griechenstadt in der libyschen Kyrenaika. Wie die Grazien, so wurde auch die Königin als «Wohltaten- oder Segenspendende Gottheit» verehrt. Die matronalen Züge der Königin lassen sich ohne Schwierigkeiten mit einem ihrer Porträttypen verbinden (Abb. 112).

Im benachbarten Gemälde sitzt Arsinoe II. neben ihrem «fiktiven Sohn», dem Orientsieger Ptolemaios III. Euergetes (Abb. 124). Der als nackter Heros alexandergleich dargestellte König stützt sich auf ein langes Achämenidenzepter als Zeichen seiner Herrschaft über Vorderasien. Bilder dieser Art müssen in ptolemäischen Palästen gang und gäbe gewesen sein, hingen doch bereits im Festzelt Ptolemaios' II. Textilien mit eingewebten Königsporträts (Abb. 102). Unmittelbar gegenüber erscheint eine weibliche Personifikation mit der makedonischen Kappe, der Kausia (Abb. 122). Sie hält mit beiden Händen die überlange Makedonenlanze (Sarisse). An ihren Füßen lehnt der charakteristische Makedonenschild mit rahmenden Kreismotiven und Sternenschmuck, wie wir ihn bereits an anderer Stelle kennenlernten (Abb. 33. 34; s. S. 23). Eine halb griechisch, halb orientalisch gekleidete Frau blickt trübe sinnend zu Makedonia empor: Eine Personifikation des hellenistischen Orients, der nun durch makedonische bzw. durch ptolemäische Waffen bezwungen ist.

Daneben steht ein bärtiger Philosoph, der der Forschung noch heute erhebliche Probleme bereitet. Jüngst hat man in ihm Apollonios von Perge gesehen und somit einen Mann, der längere Zeit am alexandrinischen Hof arbeitete.[135]

Rechts im Vordergrund erkennen wir schließlich die mit dem Seleukiden Antiochos II. verheiratete Berenike Syra (Abb. 125). Das auf den ersten Blick so ruhige Bild illustriert in anschaulicher Weise die Fähigkeit griechischer Kunst, dramatischste Ereignisse mit minimalen Gesten und Attributen anzudeuten. Die Frau ist reich gekleidet und hebt den Kopf klagend zum Himmel. Doch von paralysierender Trauer kann keine Rede sein, denn sie bewaffnet sich gerade mit einem glänzenden Rundschild. Ein krasser Gegensatz zu ihrer vornehmen Erscheinung. Der Sinn ist klar, der Maler insinuiert die Waffenfähigkeit der Fürstin, doch zeigt der klagende Blick, daß sie scheitern wird. Sogar ihr kleiner Sohn Antiochos spiegelt sich als vages «Phantasma» auf der Rundung des Schildes. Vage und irreal in seiner unnatürlichen Schlankheit. Eine Gestalt, die sicherlich nicht zufällig vor dem Schoß der Mutter erscheint. Die Kindvision trägt als einziges Attribut eine Binde im Haar, ist also von königlichem Rang. Und dies ist tatsächlich alles, was wir bis heute von der tragischen Existenz dieses Kindkönigs wissen (s. S. 80 f.).

Das Drama von Antiochia formulierte unser Maler in sparsamster Form. Die Spannung liegt im Detail nicht in der großen Geste. Der Krieg ist vorbei. Was bleibt ist die Majestät der Könige. Die Vorlagen der Königsbilder sind sicherlich weit älter als die dynastischen Götter der Hauptwand. Die verlorenen Originale der Königsbilder entstanden im späteren 3. Jh. v. Chr. Der Raum ist als dynastische Porträtgalerie gestaltet, wie sie uns im Festzelt Ptolemaios' II. oder für die Regierungszeit Ptolemaios' X. Alexander I. (107–88 v. Chr.) im ägyptischen Fayum auch tatsächlich bezeugt sind.[136] Auch im alexandrinischen Kaisareion dürfen wir später wohl ähnliches voraussetzen, konstatiert doch Philon von Alexandria, daß der ausgedehnte Komplex reich mit Gemälden geschmückt sei (s. S. 136). Daß Pinakotheken nicht auf Paläste oder Heiligtümer beschränkt blieben, zeigt uns nicht nur der Festsaal von Boscoreale, sondern auch der in augusteischer Zeit schreibende Architekturtheoretiker Vitruv (VI, 143).

Das Thema «Asiensieg» war gerade in der fraglichen Zeit von höchster Aktualität, hatte man doch Iulius Caesar am Vorabend seines eigenen Orientfeldzuges ermordet. Ein Krieg gegen das vorderasiatische Partherreich, der den großen Römer endgültig auf die Stufe Alexanders heben sollte. Doch kaum war Caesar unter den Dolchen gefallen, da belebte Marcus Antonius diese Pläne aufs Neue. Und beide Römer waren aufs engste mit Kleopatra verbunden. Der Gemäldezyklus feiert die Fiktion eines neuen Alexanderreiches unter römisch-ptolemäischer Führung.

Haben wir also im Auftraggeber von Boscoreale einen Parteigänger des Marcus Antonius und der Kleopatra vor uns? Zwar kennen wir den eigentlichen Auftraggeber nicht namentlich, doch ergaben einige Funde, daß die Villa später im Besitz eines Publius Fannius Synistor war. Nun verblieben diese Villen oft für Generationen im Besitz ein- und derselben Familie und so lohnt ein Blick auf die Fannier. Wir wissen interessanterweise von einem C. Fannius und seiner bewegten Laufbahn in der fraglichen Zeit. Ursprünglich ein Parteigänger des Pompeius, stellte er sich nach Caesars Sieg bei Pharsalos (48 v. Chr.) auf die Seite des Pompeius-Sohnes Sextus Pompeius. Doch nach 35 v. Chr. sehen wir ihn dann plötzlich im Lager des Marcus Antonius. Der Mann war also ein dezidierter Gegner Octavians. Nun waren diese Familien weit verbreitet, so daß sich nicht zwingend ableiten läßt, daß dieser Gaius Fannius auch der Besitzer und Auftraggeber unserer Villa war, doch ist die Koinzidenz mit dem kulturgeschichtlichen Hintergrund des Gemäldezyklus durchaus verblüffend.

Zudem sollte man die Zahl der Sympathisanten des Marcus Antonius beileibe nicht unterschätzen, hatte er doch im Jahre 31 v. Chr. buchstäblich Hunderte von Senatoren und beide Konsuln auf seiner Seite. In den Fürstenbildern von Boscoreale manifestiert sich also nicht nur die große Vergangenheit des ptolemäischen Hauses, sie sind auch Ausdruck ihrer «pompejanischen» Entstehungszeit. Königliche Träume am Ende einer Epoche. Doch Alexander der Große blieb unerreicht, nicht nur für den dritten Ptolemäer oder für Kleopatra VII., auch für die Römer und ihre Caesaren.

Häuser für Götter

Abb. 126 Bildnis Ptolemaios' IV. aus dem alexandrinischen Sarapeion (zusammen mit Abb. 127 gefunden). Nase und Kinn einst in Marmor oder Stuck ergänzt. Ober- und Hinterkopf ursprünglich angesetzt; Spuren von Rot im Haar, 217 (?) – 204 v. Chr. Marmor; H. 45 cm; Paris, Louvre Ma 3186.

Abb. 127 Bildnis Arsinoes' III. aus dem alexandrinischen Sarapeion (zusammen mit Abb. 126 gefunden). Ober- und Hinterkopf nur summarisch angelegt. Im Haar breite Einlaßspur für ein Metalldiadem, dahinter war wahrscheinlich ein Götterattribut eingezapft. Im Gesicht und Haar noch zahlreiche Spuren der antiken Grundierung und Bemalung: Die Augenbrauen und Lider waren schwarz, Augenwinkel und Nasenlöcher rot, die Iris dunkelbraun, während die Lippen rot leuchteten, 217 (?) – 204 v. Chr. Marmor; H. 46 cm; Alexandria, Griechisch-Römisches Museum Inv. 3908.

«Thalamegos» – der schwimmende Palast Ptolemaios' IV.

Nach dem Tode Ptolemaios' III. im Jahre 222 v. Chr. und der Ermordung seiner wohl allzu ehrgeizigen Gattin Berenike bestieg ein 20jähriger Pharao den Thron der ägyptischen Großmacht (Abb. 126). Der neue Herrscher ging als der «Vaterliebende» (Philopator) in die Geschichte ein. Der Beiname ist beinahe als unfreiwillige Ironie zu werten, gehörten doch die Mörder seiner Mutter zum unmittelbaren Umfeld des jungen Königs. Er liebte eben seinen Vater und nicht die Mutter. Im Anschluß an die Bluttat heiratete er seine leibliche Schwester Arsinoe III. (Abb. 127).

Am Anfang seiner Regierungszeit steht die erfolgreiche Abwehr einer seleukidischen Invasion, die in der Schlacht beim palästinischen Raphia 217 v. Chr. zum Stehen gebracht wurde. Nach dem Triumph überließ der junge König das Schicksal des Reiches jedoch zunehmend den Cliquen seines Hofes und wandte sich mehr und mehr religiösen Phantastereien zu. Mit Ptolemaios IV. Philopator treffen wir auf einen echten Religiomanen. Er sah sich als lebenden Gott und «Neuen Dionysos», der seinen dionysischen Herrscherkult selbst den Juden aufzwingen wollte. Daneben erfreuten sich auch ägyptische Kulte seiner besonderen Gunst.

Berühmt war jedoch vor allem sein Nilschiff, die «Thalamegos», deren Überlieferung wir erneut Kallixeinos verdanken (Abb. 4. 128–130).[137] Es war ausschließlich für Binnengewässer konstruiert und zwar mit doppeltem Bug und Zwillingsheck, also wohl ein Katamaran, auf dem

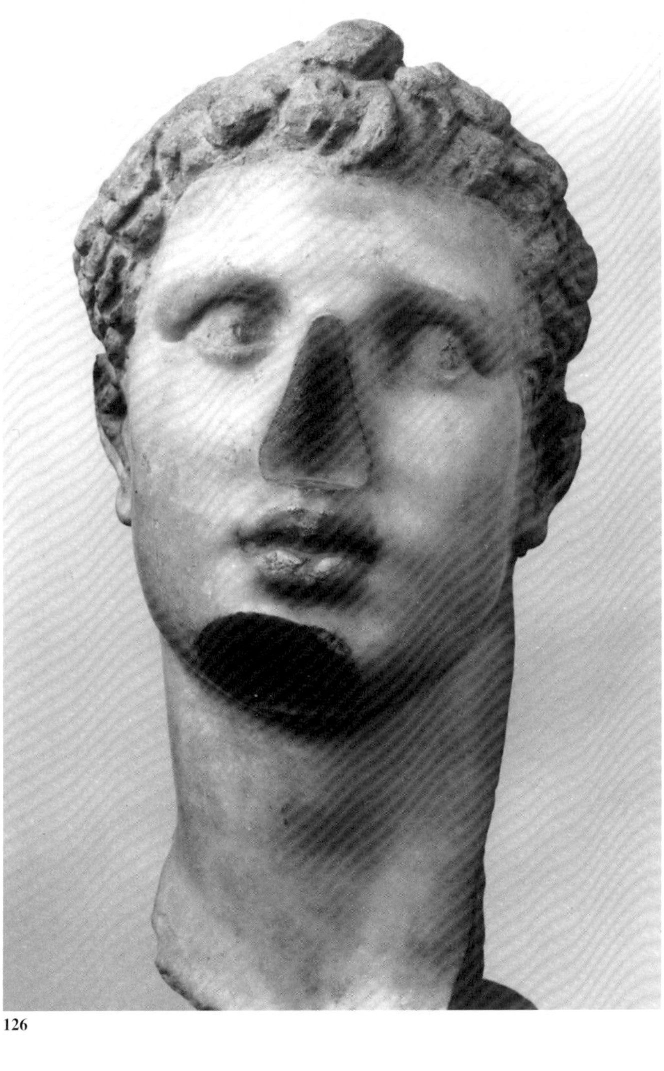

126

127

128a

128b

und einer Gesamthöhe unseres Kajütbaus von wenigstens 15 m müßten wir eigentlich von einem Oberstock von wenigstens 6 m Höhe ausgehen. Es wäre also kaum möglich, aus einem dieser Fenster hinauszusehen, da die Sockelzone bereits Mannshöhe erreichen müßte. Handelte es sich am Ende gar um eine Fassade von Scheinfenstern?

Leider schweigt Kallixeinos zur Farbgebung oder den Architekturdetails, so daß wir bei den Einzelformen über Mutmaßungen nicht hinausgelangen. Eines allerdings scheint sicher: Der Rhodier erwähnt ausdrücklich, daß nur ein einziger Raum im Obergeschoß des Schiffes in ägyptisierendem Stil gehalten war (Abb. 157). Und da ihm diese Besonderheit so am Herzen lag, wird im Umkehrschluß klar, daß wir ansonsten mit griechischen Formen zu rechnen haben.

Eine vergleichbar scharfe Trennung zwischen Griechen und Ägyptern beobachten wir im frühptolemäischen Ägypten auch im Bereich privaten Lebens. So stand man Mischehen überaus ablehnend gegenüber.[138] Es wäre sicherlich verfehlt, hier gleich Reflexe antiker Apartheidspolitik zu vermuten, doch zeigt sich deutlich, wie separiert beide Bevölkerungsgruppen waren. Daß man sich zum Teil redlich mühte, die existierenden Spannungen abzubauen, illustrieren die bereits erwähnten Legitimationsversuche makedonischer Fremdherrschaft oder die Korrelation griechischer und ägyptischer Religionskonzepte (s. S. 50 f.). Diese Bemühungen konzentrierten sich jedoch ausschließlich auf religiöse Konzepte oder auf die Gestalt des Herrschers und nicht auf die breite Masse der Bevölkerung. Und so lehrt gerade die Architektur

sich ein leibhaftiger Palast erhob. Die Thalamegos bietet uns bis heute die beste Vorstellung eines Ptolemäerpalastes, wenn man davon absieht, daß die eigentlich unabdingbaren Säulenhöfe aus Platzgründen größtenteils entfallen mußten.

Im Gegensatz zum Festzelt nennt unsere Quelle immerhin einige Maße, auch wenn sich Kallixeinos nicht sonderlich klar ausdrückt. So erfahren wir, daß das ganze Schiff gegen 105 m lang war und daß der Mast allein beinahe 37 m erreichte. Die Höhe des eigentlichen Palastbaus lag wohl bei 15 m. Als Umfang der Palastkajüte gibt Kallixeinos fünf Plethren an, was in etwa 330 Ellen oder 175 m entspricht. Wenn man mit B. Caspari annimmt, daß die schmale Eingangsfront gesondert gerechnet wurde, dann war der Kajütbau etwa 15 m breit und höchstens 80 m lang. Das bedeutet, daß der Aufriß der Schmalseiten in etwa quadratisch war, ohne daß wir je die präzisen Maße erfahren werden. Die Informationen reichen jedoch aus, um ein einigermaßen präzises Bild des Katamarans zu vermitteln, wobei wir zu Bug und Heck nur erfahren, daß sie hochgeschwungen waren, wie bei einem griechischen Schiff nicht anders zu erwarten.

Der hölzerne Bau war das Haus eines lebenden Gottes, der auf diese Weise auch auf Reisen stets mit dem adäquaten architektonischen Rahmen aufwarten konnte. Die Außenfronten waren auch für griechische Verhältnisse ungewöhnlich: eine dreiseitige Säulenhalle im Untergeschoß und ein geschlossenes Obergeschoß mit Fenstern. Zudem erwähnt der Rhodier unter den Fenstern noch eine Sockelzone. Angesichts der Proportionierung griechischer Stockwerkbauten (Abb. 137. 138)

***Abb. 128** Die «Thalamegos» Ptolemaios' IV. (222/1–204 v. Chr.). Der riesige Katamaran wurde als Palastschiff für den Nil und seine Seitengewässer konstruiert. Rekonstruktion des Verfassers für die ZDF-Dokumentation von Günther Klein, «Tauchfahrt zu Kleopatra». Die Zone unter den Fenstern wurde hier in Analogie zu dem Grab von Lefkadia (Abb. 138) mit einem Fries versehen. Modell und Photo Fa. Panasensor. © Bernd Kammermeier.*

***Abb. 129** Die «Thalamegos», das Palastschiff Ptolemaios' IV. Rekonstruktionsskizze des Kajütbaus. Vorlage Verfasser. Ausführung Ulrike Denis. Trier, Zeichnungs-Sammlung des Archäologischen Instituts der Universität Inv. 1997.15 B. © M. Pfrommer.*

***Abb. 130** «Thalamegos». Rekonstruktionsskizze der Raumverteilung im Haupt- und Obergeschoß. Vorlage Verfasser. Ausführung Ulrike Denis. © M. Pfrommer.*

der Thalamegos, in welchem Umfang sich die frühen Ptolemäer als Makedonen begriffen und wie wenig sie die Gefühle ihrer ägyptischen Untertanen berücksichtigten.

Die Bühne des Herrschers

Den Palastbau betrat man durch ein prunkvolles Propylon mit einem elfenbeinverzierten Portal, über dessen genauere Gestaltung wir leider nichts erfahren. Faszinierend ist jedoch die Erwähnung eines an drei Seiten säulenumstandenen Vorplatzes, der in unserer Rekonstruktion im Anschluß an B. Caspari als Risalitfassade gedeutet wurde (Abb. 128a.b).

Daß Propyläen zu einem Palast gehörten, wird uns die Betrachtung makedonischer Anlagen zeigen (Abb. 137). Die Idee einer Risalitanlage findet sich jedoch eigentlich nur bei Heiligtümern oder Theatern. Das früheste Monumentalbeispiel ist allseits bekannt – die Propyläen des Mnesikles auf der Athener Akropolis, die noch heute jedes Jahr Hunderttausende von Besuchern empfangen.

Schule machte das Risalitkonzept jedoch vor allem bei großgriechischen Theaterfassaden wie dem berühmten Beispiel von Segesta (Abb. 131). Und so kann es nicht erstaunen, daß Kallixeinos den gesamten Kajütbau der Thalamegos als «Skene» bezeichnet, was sowohl im

129

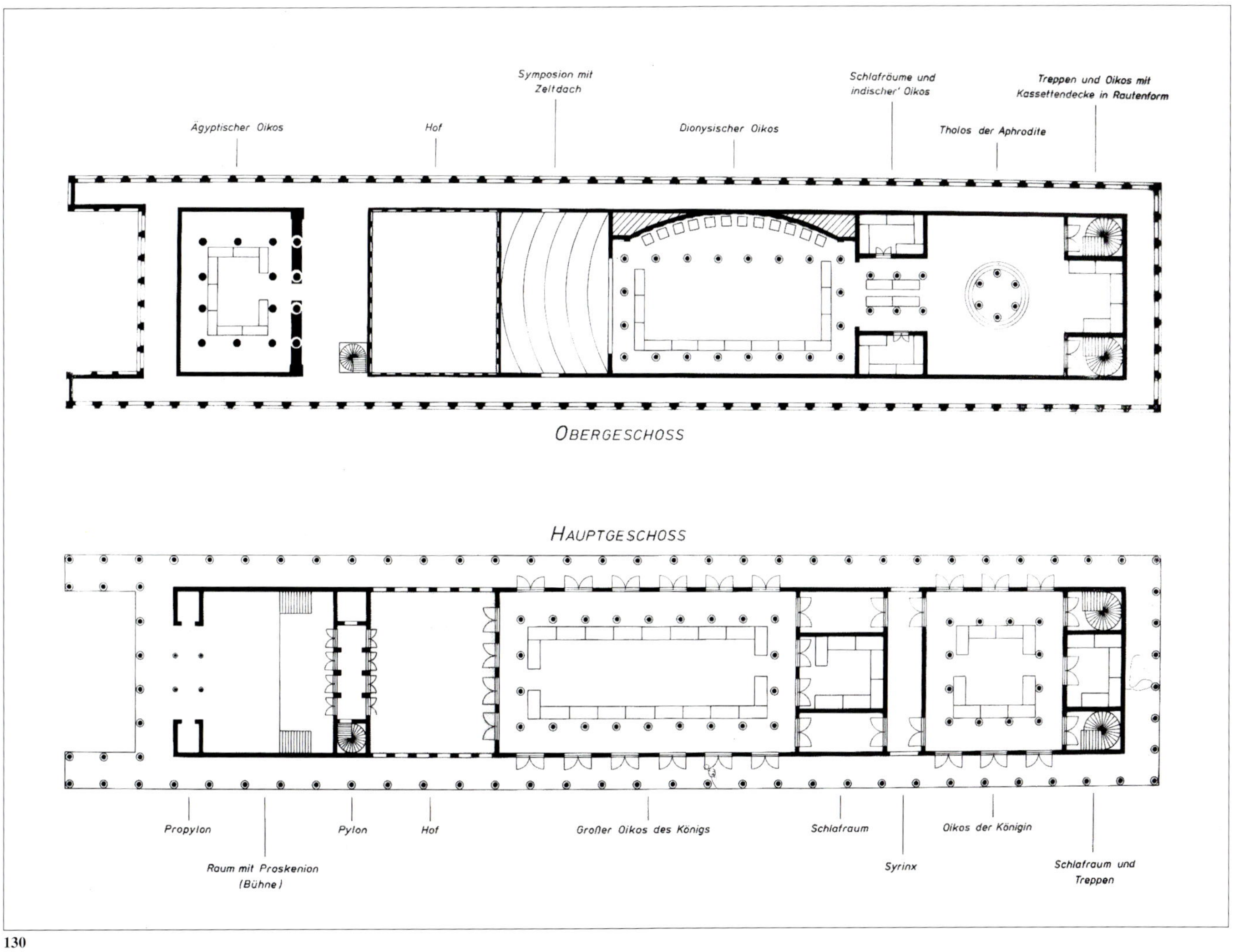

130

Sinne von «Zelt» oder «Wohnung», vor allem jedoch mit «Bühne» übersetzt werden kann. Sollte der Begriff «Skene» vielleicht tatsächlich signalisieren, daß das ganze Schiff als Bühne zu begreifen sei, auf der das Herrscherpaar seine gottgleichen Auftritte zelebrierte?

Der Gedanke ist um so suggestiver, da sich Ptolemaios IV. sogar als Theaterdramatiker betätigte. So schrieb er ein «Adonis» betiteltes Stück, das dem Mythos des sterbenden und auferstehenden Gottes gewidmet war.[139] Das Thema ist vielsagend genug, wurde doch jeder Pharao nach seinem Tod (seiner Entrückung) eins mit Osiris, um in Gestalt des ägyptischen Falkengottes Horus wiederzukehren. Wie wir sahen, faszinierte der auferstehende Gott bereits Arsinoe II., die dynastische «Großmutter» des Ptolemäers (s. S. 56 ff.).

In der Realität fungierte das Palastschiff fraglos als Bühne für den Auftritt des «Neuen Dionysos/Osiris», und man darf davon ausgehen, daß der bühnenartige Eingangstrakt diesem Gedanken nicht zufällig Rechnung trug. Mehr noch! Denn kaum hatte man das Propylon durchschritten, so erreichte man einen zweiten Torbau mit vier Türen (Abb. 132). Wir haben also zwei hintereinander geschaltete Propyläen vor uns. Diese Anordnung ist sicherlich ein Sakralmotiv, wußte doch selbst ein Strabo (XVII, 1, 28) zu Zeiten Octavians, daß ägyptische Tempel häufig mehrere Pylone besaßen. Daß man in der gedrängten Enge unseres Schiffes nicht auf das Doppeltor verzichtet hatte, zeigt die Bedeutung dieses Motivs.

Dieser hinter dem Propylon liegende Saal verdient einen genaueren Blick, befand sich doch in dem Raum laut Kallixeinos ein «Proskenion» (Abb. 132). Damit ist eigentlich ein architektonisches Element «vor einer Bühne» gemeint, etwa eine Säulenstellung. In unserem Fall kann das wohl nur bedeuten, daß der Raum eine regelrechte Bühne enthielt, die der Besucher ersteigen mußte, um anschließend einen viertürigen Pylon zu durchschreiten.[140]

Wir haben also ein Konzept vor uns, das in Alexandria im Grab III von Mustafa Pascha tatsächlich erhalten

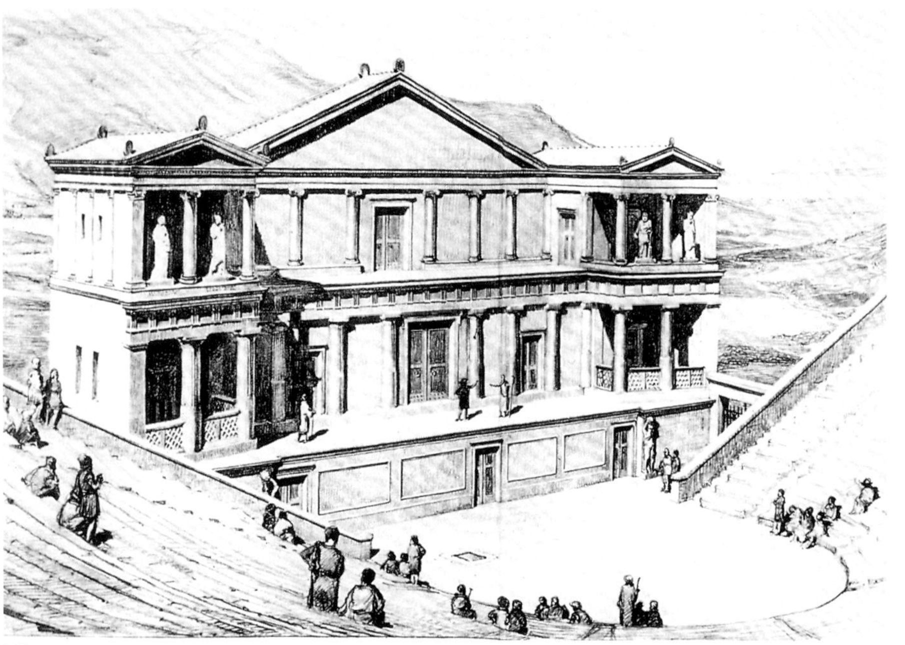

131

***Abb. 131** Rekonstruiertes Schaubild des Theaters von Segesta/Sizilien. Der aufwendige Bau entstand wohl im späten 3. oder früheren 2. Jh. v. Chr.*

***Abb. 132** «Thalamegos». Isometrische Rekonstruktionsskizze der Eingangsfront. Angesichts des viertürigen Bühnenaufgangs (Proskenion) ergibt sich möglicherweise ein Niveauunterschied. Vorlage Verfasser. Ausführung Ulrike Denis. © M. Pfrommer.*

***Abb. 133** Hofseitige Bühnenfront eines Grabes bei Mustafa Pascha/Alexandria (Grab III). Die Vertiefungen im Hof waren ursprünglich wohl mit Blumen bepflanzt. Die Anlage entstand im späteren 3. oder früheren 2. Jh. v. Chr. Zeichnung U. Denis nach Vorlage Verfasser. © M. Pfrommer.*

***Abb. 134** Grundriß des Grabes III von Mustafa Pascha/Alexandria (s. Abb. 133). Zeichnung U. Denis.*

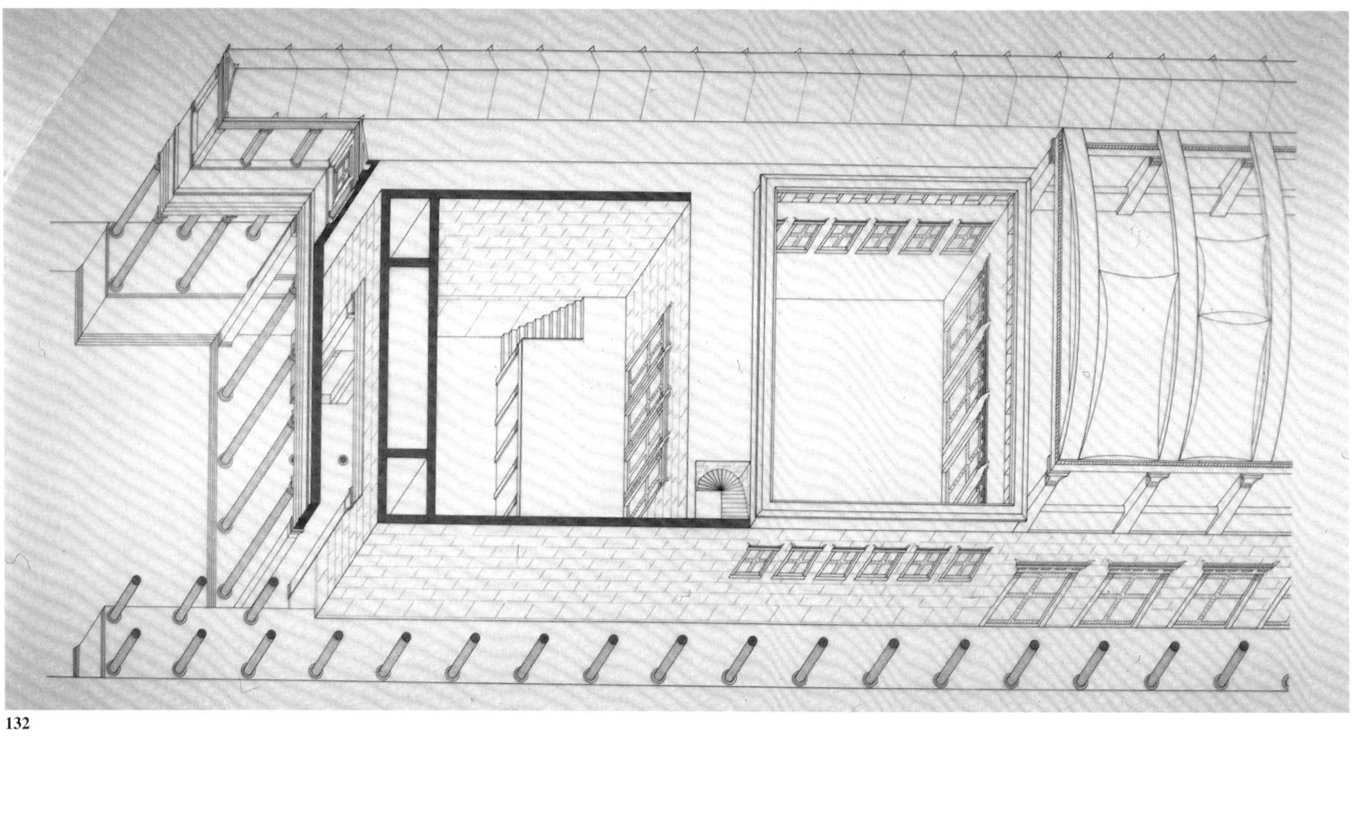

132

133

geblieben ist (Abb. 133. 134).[141] Dort stieg der Besucher vom Hof auf die «Bühne», um dann in der erhöht gelegenen Grabkammer sein Opfer zu verrichten. Nun hat eine Theaterbühne in einem Grab eigentlich nichts zu suchen, doch lehrt ein Blick auf die einst den Hof umgebende Balustrade, daß der Grabhof in Wahrheit nicht ein Theater, sondern das Steingeländer eines herrschaftlichen Hauses mit Dachterrasse imitierte.[142] Wie bereits im Falle der makedonischen Grabfassaden (Abb. 107. 108), orientierten sich auch die alexandrinischen Hofgräber nicht etwa an Heiligtümern, sondern an palastartigen Bauten. Es wäre durchaus plausibel, die Entwicklung des Bühnenelementes mit der Theatermanie des vierten Ptolemäers in Verbindung zu bringen. Gehörte der Stifter des im späten 3. oder früheren 2. Jhs. v. Chr. angelegten Grabes von Mustafa Pascha zu den «Verwandten des Königs»?

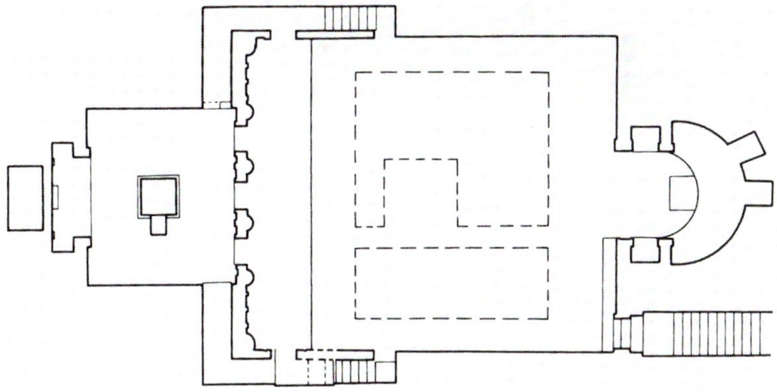

134

Setzt man bei der Thalamegos den Bühnengedanken in architektonische Formen um, dann zeigt sich zunächst, daß die Bühne offenbar dem Zweck diente, den ohnehin privilegierten Besucher gleichsam emporzuheben, so wie man ja auch durch die Propyläen Athens zu den Tempeln hinaufstieg. Der Gast wurde also förmlich auf das Niveau des Königs und seiner Gemahlin erhoben und beim Verlassen des Schiffes wieder auf «menschliches» Normalniveau entlassen. Rein bautechnisch ist von Bedeutung, daß uns das Proskenion möglicherweise einen Niveauunterschied zwischen den anschließenden Trakten und dem Eingangsbereich signalisiert, falls man nicht annehmen will, daß man den Besucher nach Durchschreiten des zweiten Torbaus gleich wieder hinabsteigen ließ, was ziemlich unsinnig wäre. Die Innenbühne könnte somit bedeuten, daß der Eingangsbereich mit den Risalitpropyläen tiefer lag als die Säulenfassaden des Schiffes. Ein möglicher Lösungsvorschlag wäre etwa, die Säulen im Vorhof in Bordwandhöhe auf ein Podium zu stellen (Abb. 132). Anderenfalls müßten die Frontsäulen höher gewesen sein.

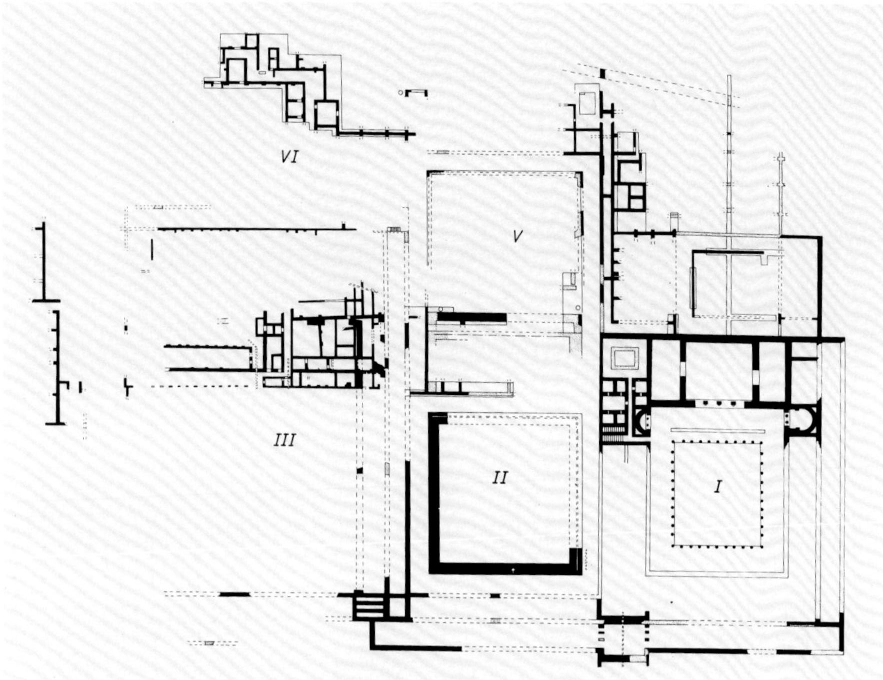

135

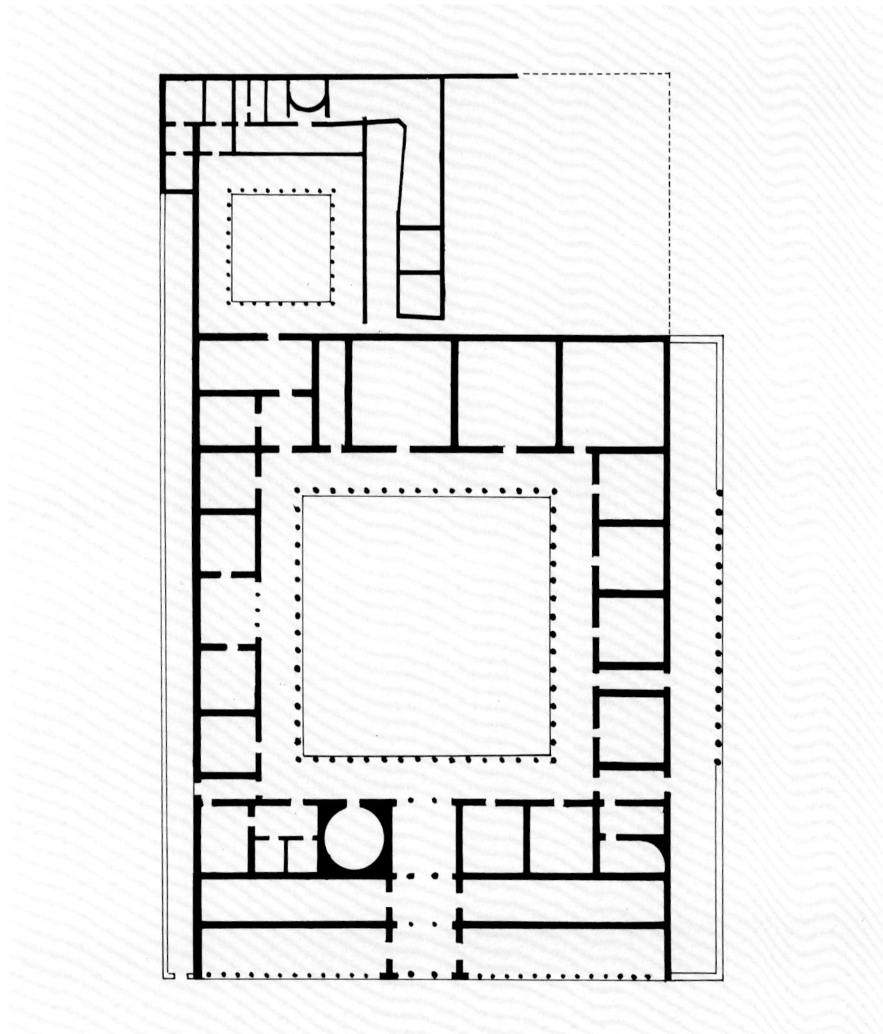

136

Ein makedonischer Palast

Sollten wir deshalb davon ausgehen, daß der Fassadenaufbau vor allem Theaterarchitektur zitierte? Keineswegs, denn eine genauere Betrachtung führt uns umgehend in die makedonische Heimat der Lagiden. Die makedonische Gesellschaft mit ihren Königen kollidierte in krasser Weise mit der demokratischen Verfassung griechischer Stadtstaaten. Und es waren nicht zuletzt diese gesellschaftlichen Unterschiede, die sich auf architektonischem Felde niederschlugen. Dies gilt vor allem für Paläste und palastartige Häuser. Noch zu Zeiten des Peloponnesischen Krieges mußte sich der attische Staatsmann und Feldherr Alkibiades wegen seines allzu luxuriösen Lebensstils heftige Kritik gefallen lassen. Schlendert man hingegen in unseren Tagen durch die überdimensionierten Paläste und Privathäuser der makedonischen Residenzstadt Pella (Abb. 135), dann erkennt man schnell, daß den Makedonen dererlei Skrupel fremd waren. Und was der Oberschicht recht war, mußte für Könige mehr als billig sein, zumal sie geradezu gezwungen waren, sich für ihren Auftritt auch die adäquate architektonische Bühne zu kreieren. Ein wunderbares Beispiel bietet hier ein Palast in der alten Königsstadt Aigai/Vergina (Abb. 136. 137).[143] Es handelt sich um den ältesten für uns faßbaren Makedonenpalast und er vereint bereits viele Elemente unserer Thalamegos.

Arrangiert war der Komplex um einen zentralen Hof, dessen Abmessungen eher an ein Heiligtum denn an ein Wohnhaus denken lassen. Wie dominierend dieser Hofgedanke war, zeigt der multi-peristyle Palastkomplex aus Pella II (Abb. 135), der einige Generationen nach dem Verginapalast entstand. Das Genie der Entwerfenden artikulierte sich weniger im Entwurf neuer Einzelformen als vielmehr in der brillanten Kombination vorgeprägter Einzelelemente. Bedeutsam sind vor allem die Säulen der Schaufronten, wie wir sie normalerweise von Tempeln oder

***Abb. 135** Grundriß eines makedonischen Palastes in Pella (II)/Nordgriechenland. Die gewaltige, um mehrere Höfe arrangierte Anlage entstand im späteren 3. und früheren 2. Jh. v. Chr.*

***Abb. 136** Grundriß eines makedonischen Palastes in Vergina/Nordgriechenland. Die weitläufige Anlage, hier rekonstruiert mit zwei Schaufronten entstand in der Diadochenzeit gegen 300 v. Chr.*

***Abb. 137** Rekonstruktion der Schaufassaden des Palastes von Vergina/Nordgriechenland, basierend auf der Rekonstruktion von V. Heermann. Vorlage Verfasser. Ausführung Ulrike Denis. © M. Pfrommer.*

***Abb. 138** Fassade eines makedonischen Grabes bei Lefkadia. Die einem Palastpropylon nachgebildete Scheinfassade entstand gegen 300 v. Chr.*

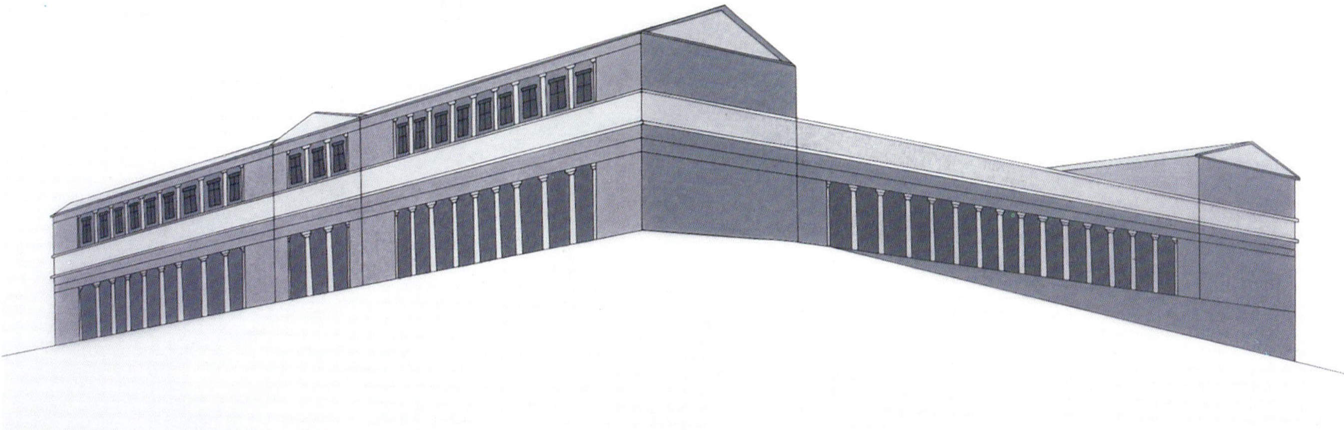

137

138

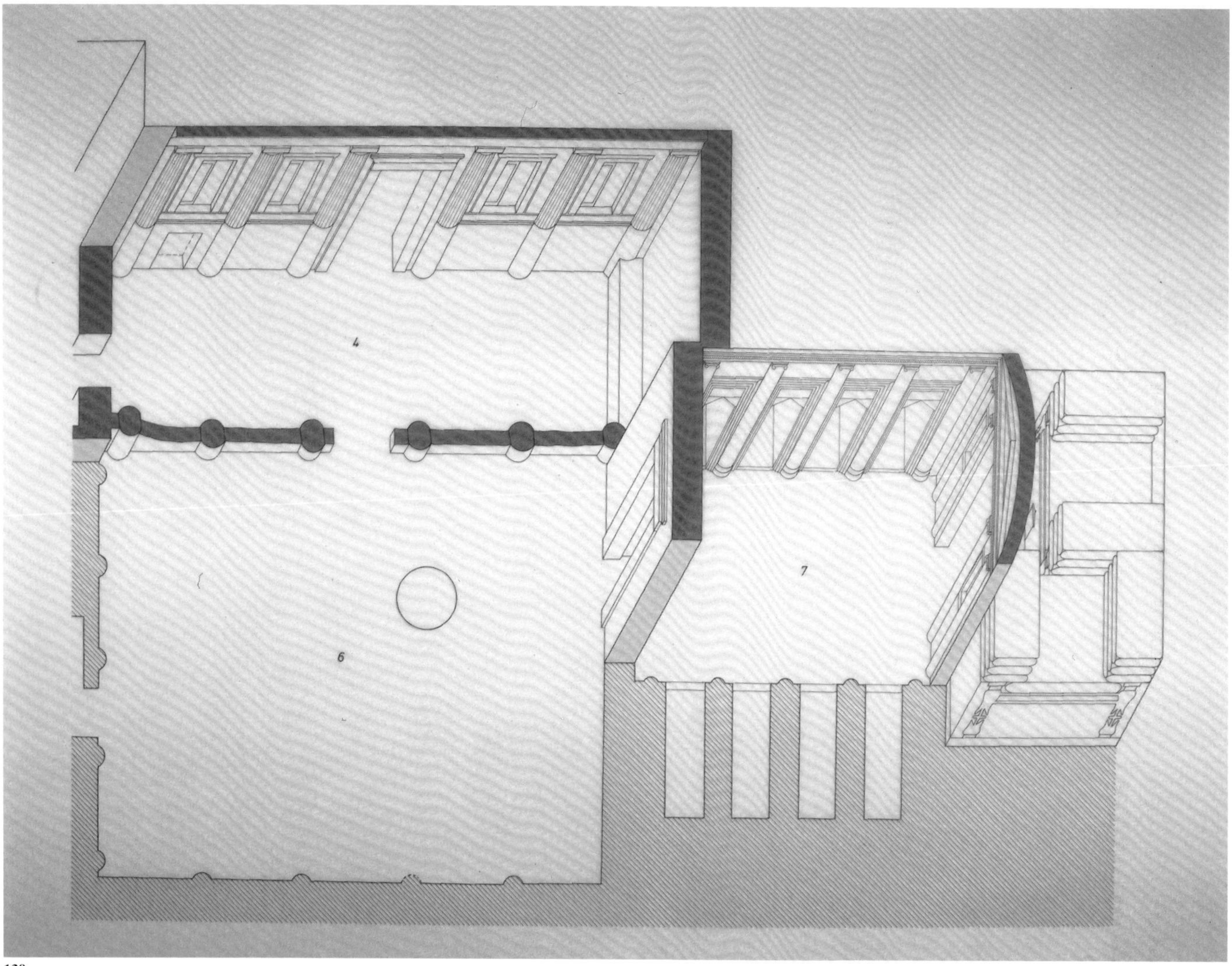

139

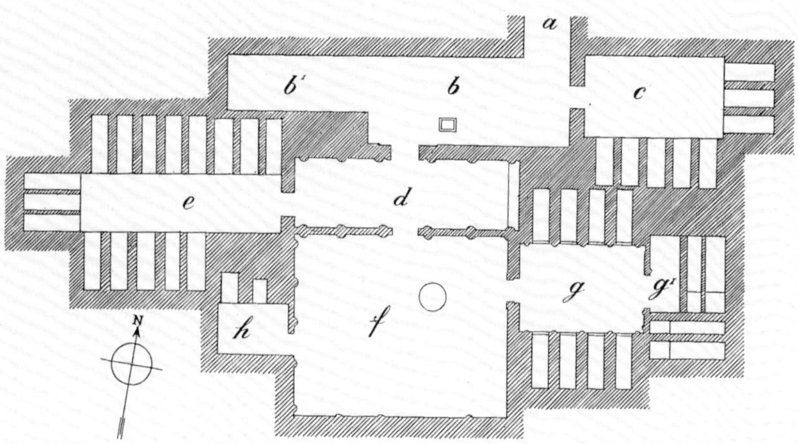

140

öffentlichen Hallenbauten kennen. Ihre Aufgabe war es, dem Nahenden schon von Fern den «öffentlichen Charakter» des Bauwerkes zu signalisieren, so wie der Hausherr selbst den Staat repräsentierte. Im Gegensatz zu der eher introvertierten, nach innen orientierten Hausarchitektur Griechenlands zielt der Palast dezidiert auf architektonische Außenwirkung. Wir haben also extrovertierte Architektur vor uns.

Ein weiteres Charakteristikum ist der deutlich hervorgehobene Torbau. Er empfängt den Eintretenden und stellt die immense Bedeutung des Hausherrn heraus. Auch diesen Aspekt kennen wir bereits von der Thalamegos. Daß unser Schiff hier jedoch deutlich über das Verginapropylon hinausgeht, steht außer Frage. Andererseits genügt ein Blick auf die Rekonstruktion von Vergina, um zu erkennen, daß der Kajütbau des Schiffes letztlich nichts anderes war als ein Palast, bei dem die links und rechts an das Propylon anschließenden Säulentrakte rechtwinklig nach hinten «geklappt» waren.

***Abb. 139** Isometrische Teilskizze eines aufwendigen Grabes bei Schatbi/Alexandria. Das in der ältesten Nekropole Alexandrias angelegte Grab entstand im Laufe des 3. Jhs. v. Chr. Vorlage Verfasser. Umsetzung U. Denis. © M. Pfrommer.*

***Abb. 140** Plan des Grabes von Schatbi/Alexandria.*

***Abb. 141** Blick in das Innere des sog. «Eurydikegrabes» im makedonischen Vergina (Nordgriechenland). Der steinerne Thron folgt in perfekter Manier hölzernen Prototypen. Der Bau mit seiner ionischen «Innenfassade» entstand im späteren 4. Jh. v. Chr.*

Da die Thalamegos zwangsläufig von allen Seiten betrachtet werden konnte, umzieht der Säulenmantel auch alle vier Seiten, was bei antiken Palästen zumeist nicht der Fall war (Abb. 135. 136). Dort konzentrierte man sich im Wesentlichen auf ein oder zwei Schauprospekte. Von der Bauidee her bieten die Außenfronten der Thalamegos also letztlich die perfekte Paraphrase eines makedonischen Palastes mit Säulenfassade und Propylon.

Auch im Detail sind bei dem Prunkschiff makedonische Analogien mit Händen zu greifen. Dies gilt vor allem für die Idee eines Giebelpropylons und die Fenster im Obergeschoß. Während wir dies in Vergina noch aus Fragmenten rekonstruieren müssen, ist ein vergleichbares Konzept in der makedonischen Grabfassade von Lefkadia tatsächlich erhalten (Abb. 138). Unter der Fensterflucht erstreckt sich in Lefkadia ein heute stark zerstörtes Stuckrelief, das dem Orientkampf der Makedonen gewidmet ist. Der Zierfries verläuft über der «Dachrinne» (Geison) des Untergeschosses just an jener Stelle, an der wir bei dem «Philippgrab» (Abb. 107. 108) das bereits angesprochene Jagdgemälde finden. Was bei dem Verginagrab hingegen fehlt, sind die Fenster mit den miniaturisierten Pfeiler-Halbsäulchen des Obergeschosses, die viel zu klein sind, um ein vollständiges Stockwerk zu tragen. Im Falle von Lefkadia mußte man sie auf eine Balustrade stellen, damit Geländer und Fenstergalerie zusammen Etagenhöhe erreichen. Mit den Bauten von Lefkadia und Vergina tritt also das Fenster als Gliederungselement in die abendländische Architektur, um als Motiv spätestens in den Tagen der Thalamegos voll entwickelt zu sein.

Ein Oikoshof?

Im Obergeschoß unseres Schiffes befand sich unmittelbar hinter dem Proskenion des Erdgeschosses ein «freier Raum» (Aitrion). Dieses Aitrion lag – laut Kallixeinos – wieder präzise über einem Raum des Untergeschosses. Und so stellt sich die Frage, ob das «Aitrion» eventuell wie ein Lichthof bis ins Untergeschoß hinabreichte und somit als Hof zu begreifen ist, der dem Großen Oikos (Speisesaal) des Königs vorgelagert war (Abb. 132).[144]

Nun erwähnt Kallixeinos, daß im Untergeschoß eben jener Raum mit Fenstern versehen sei, um die Luftzirkulation sicher zu stellen. Fenster in einem Hof? Die Idee scheint einigermaßen abwegig, doch sollte man nicht vorschnell urteilen. So fand sich in Alexandria im Bereich der Schatbi-Nekropole eine aufwendige Grabanlage (Abb. 139. 140)[145], bei der sich an einen weiten Hof zur Rechten ein spektakulärer Raum anschloß. In ihm öffnen sich an beiden Längswänden hinter hohen Türen eine Vielzahl von Loculi. Unter einem Loculus versteht man kleine, waagerechte Schächte, in denen einst die Körper der Toten lagen oder Urnen standen. An der Stirnseite des Raumes erkennen wir unter einem regelrechten Giebel zwei Fenster (eines davon nur als Nische ausgebildet) und dahinter die letzte Ruhestätte einer herausgehobenen Persönlich-

141

142

keit, die vielleicht mit dem Stifter der Anlage identisch war.

Der ganze Entwurf ist nun höchst spannend, denn auch auf der Thalamegos findet sich ein solch vieltüriger Raum mit anschließendem Schlafgemach (Koiton): der große Speise- und Empfangsraum des Königs (Abb. 142). Die Analogie ist so unmittelbar, daß sie kaum zufällig sein dürfte. Nun hat man auf dem Schiff schwerlich eine Bauidee aus der Grabarchitektur auf den königlichen Speisesaal übertragen. Man wird vielmehr annehmen, daß das Konzept eines vieltürigen Repräsentationsraumes in der alexandrinischen Grabarchitektur nur zitiert wurde. Die Festsäle herrschaftlicher Häuser, ja selbst der Oikos des Herrschers wurden somit in gewisser Weise zum ewigen Symposiengemach der Toten. Und so wie sich in der Mustafa-Pascha-Bühne der Proskenion-Gedanke der Thalamegos spiegelte (Abb. 132–134), so wiederholt nun das Hypogäum von Schatbi die Idee eines vieltürigen Hauptraumes mit Schlafgemach und vorgelagertem Hof. Daß Oikos und Hof unmittelbar zusammengehörten, zeigt uns im übrigen auch die im Zenonpapyrus erhaltene Schilderung des Diotimospalais.[146]

Interessanterweise findet sich die Idee einer «Innenfassade» wie in Schatbi bereits in einem makedonischen Grab in Vergina (Abb. 141).[147] Dieser in der Literatur auch als «Eurydikegrab» bezeichnete Bau zeigt uns nicht nur eine ins Grabinnere projizierte Außenfassade, wir erkennen wie in Schatbi neben der zentralen Tür zwei Fenster. Man gewinnt beinahe den Eindruck, als habe der Architekt des alexandrinischen Grabes eine in Makedonien ausformulierte Idee zitiert, und die Bedeutung des Raumes durch einen Innengiebel noch zusätzlich hervorgehoben. Nicht vergessen sollte man auch die vergleichbare Anordnung im Festsaal von Boscoreale (Abb. 121. 122) oder im Philippeion von Olympia, das von Alexander dem Großen gestiftet wurde. Bedenkt man, welche Rolle Fenster in makedonisch-ptolemäischer Palastarchitektur spielten, dann wäre immerhin denkbar, daß wir hier ein makedonisches Motiv fassen. Aus chronologischer Sicht ist anzumerken, daß das «Eurydikegrab» fraglos älter ist als das im Laufe des 3. Jhs. v. Chr. angelegte Hypogäum von Schatbi.

Der Innengiebel des Schatbigrabes bestätigt zudem, daß wir im Inneren unserer Paläste wohl mit prachtvoll ausgestalteten Wanddekorationen zu rechnen haben, von denen uns leider Kallixeinos kein Wort berichtet, so daß in den Rekonstruktionsskizzen in der Regel auf aufwendigeren Wandschmuck verzichtet wurde. Das Konzept der Innenfassade findet in der antiken Architektur eine überreiche Nachfolge und führt uns schließlich zu den prachtvollen Kulissen des «Zweiten pompejanischen Stils».

Damit ist die Relevanz von Schatbi für die Rekonstruktion der Thalamegos noch keineswegs erschöpft, denn das Grab bietet uns auch eine Reihe von Scheinfenstern, die sich ursprünglich wohl direkt auf den Hof öffneten. Die Betonung liegt auf «ursprünglich», denn in einer späte-

***Abb. 142** «Thalamegos». Großer Oikos des Königs im Hauptgeschoß. Vorlage Verfasser. Ausführung Ulrike Denis. © M. Pfrommer.*

***Abb. 143** Korinthisches Kapitell einer Pfeilerhalbsäule wie man sie auch im Obergeschoß der «Thalamegos» zwischen den Fenstern verwenden könnte. Aus dem Palastbezirk (?) von Alexandria, 3. Jh. v. Chr.*

ren Bauphase hat man anscheinend eine Säulenreihe davorgesetzt. Ob diese Säulen nur mit Scherwänden verbunden waren oder ob sie eine Fensterreihe gliederten, ist angesichts der Erhaltung nicht mehr zu ermitteln. Daß diese Säulenreihe sekundär sein dürfte, zeigt, daß der Eingang zu unserem vieltürigen Saal ursprünglich in der Mitte der Hofseite lag. Erst als man zur Linken einen weiteren Raum anfügte (Abb. 140, in der Isometrie nicht ausgeführt), zog man im Hof eine separate Säulenstellung ein, um dieses Totengemach mit einem eigenen Vorraum auszustatten.

Es besteht also durchaus die Möglichkeit, daß sich auf den Hof des Schatbigrabes einst Scheinfenster «öffneten». Für die Grabanlage sind sie natürlich sinnlos, so daß in jedem Fall auf herrschaftliche Wohnarchitektur angespielt wird. Auch die Thalamegos könnte also durchaus einen Hof mit Fenstern besessen haben und unsere Skizze (Abb. 132) trägt diesem Gedanken Rechnung. Als bekrönende Brüstung wurde wie bei alexandrinischen Hypogäen eine einfache Balustrade rekonstruiert (Abb. 133).

Die großen Gräber (Abb. 133. 162a–c) verwirklichen schließlich noch ein im Ptolemäerschiff wohl ebenfalls anklingendes Konzept. Hier wie dort betrat man die eigentlichen Repräsentationsräume vom Hof aus durch eine regelrechte Innenfassade (Abb. 132). Bei der Thalamegos wissen wir nur, daß man den mutmaßlichen Hof durch vier Türen über eine Art Podium betrat, um den eigentlichen Oikos zu erreichen. Man darf deshalb wohl annehmen, daß auch die Front des Oikos mehrtürig war, zumal Kallixeinos für diesen Raum ohnehin 20 Türen überliefert. Es zeigt sich somit ganz deutlich, in welchem Maße alexandrinische Gräber palastralen Strukturen verpflichtet sind.

Voller Gold und Elfenbein – der Große Oikos

Aus dem mutmaßlichen Fensterhof trat man in den Großen Oikos, der dem König selbst vorbehalten war (Abb. 142). Der Speisesaal war für 20 Klinen konzipiert und mit äußerstem Prunk ausgestattet. Er besaß nicht weniger als 20 mit Elfenbein verzierte Türen. Die Säulen trugen goldene korinthische Kapitelle und waren noch zusätzlich mit Elfenbein geschmückt. Da im ptolemäischen Ägypten in der Regel nicht der spätere Normaltypus korinthischer Kapitelle bevorzugt wurde, zeigt auch die Skizze einer in Alexandria belegten Variante (Abb. 143. 144).[148] Die umsäulte Halle entsprach also vom Raumtypus her dem gemalten Festsaal von Boscoreale (Abb. 122), nur daß man auf dem Schiff den Raum nach Art eines «Kyzikenischen Oikos» ins Freie über Türen geöffnet hatte (Vitruv VI, 143.10; 144,11).

Die Gebälke waren ebenfalls vergoldet und auch an den geschnitzten Deckenornamenten hatte man nicht mit Gold gespart.[149] Die Säulen trugen noch zusätzlich einen gegen 70 cm hohen Fries, dessen Figuren vollständig aus Elfenbein geschnitzt waren. Über die Darstellung erfahren wir bedauerlicherweise nichts, wohl jedoch über die Handwerkskunst: «Sehr kostbar, jedoch von mäßiger Qualität», urteilte unser Gewährsmann (Athenaios V, 205 c). Ein interessanter Aspekt, der deutlich macht, daß auch bei herrschaftlichen Projekten Quantität durchaus vor Qualität gehen konnte, wenn entsprechende Künstler gerade nicht greifbar waren. Der Fries umzog zumindest die Klinenstellung. Rechnet man je Kline etwa 2 m, so kommen wir auf wenigstens 40 m Fries, falls er nicht noch zusätzlich an den Wänden umlief. 40 laufende Meter an Elfenbeinfiguren, keine Frage, das war in der Tat kostbar. Zudem sollte man nicht vergessen, daß im Oikos der Königin (Abb. 130) ein ähnlicher Fries von wenigstens 18 m Länge angebracht war.

Relieffriese dieses Formates evozieren eher sakrale Assoziationen. So findet sich auf griechischem Boden der einzige Innenfries vergleichbaren Zuschnitts nicht etwa in einem Privathaus, sondern im Tempel von Bassai Phigalia.[150] Auch dort verlief der etwa 65 cm hohe Fries in ganz analoger Weise über einer Säulenstellung. Sollten den königlichen Architekten derartige Analogien entgangen sein? Sicherlich nicht. Spätestens bei einem solchen Vergleich wird deutlich, in welchem Ausmaß man Schmuckformen, die wir ursprünglich bei sakralen Räumlichkeiten kennen, für den Prunk der Paläste nutzte. Letztlich also ein ganz ähnlicher Vorgang wie bei der Verwendung von Säulenhallen und prunkvollen Torbauten an den Außenfronten makedonischer Paläste. Auch dort fassen wir eine Synthese von Konzepten, die ursprünglich für andere Bautypen entworfen wurden.

Bedeutungsvoll sind bei dem Oikos auch die Materialien. Die überreiche Verwendung von Gold beinhaltet sicherlich eine Ewigkeitsanspielung, war doch Gold sogar im Erdboden unzerstörbar. Und jeder, der einmal die goldene Totenmaske Tutanchamuns gesehen hat, wird begreifen, welche Bedeutung man in Ägypten dem «Fleisch der Götter» zumaß.

Auch das so verschwenderisch verwendete Elfenbein ist interessant, und zwar in mehrfacher Hinsicht. Zunächst kennen wir Elfenbein bei griechischen Kultbildern oder bei Porträtstatuen der göttlichen Könige, bei denen die nackten Hautpartien in Elfenbein gestaltet wurden. Nicht zu vergessen ist auch der

143

144

um Kostbarkeit, sondern auch um die immaterielle Botschaft dieses vor Gold und Elfenbein strotzenden Raumes. Der göttliche Ptolemäer empfing in einem Ambiente, das eines Tempels würdig war, und so kann es nicht erstaunen, daß noch ein Lucan zur Zeit Neros bei seiner Schilderung des Festsaals Kleopatras VII. viele dieser architektonischen Metaphern wiederholte – ein Raum vom Format eines Tempels mit goldenen Kapitellen und Gebälken (Pharsalia 10, 111–112). Daß goldene Architektur in antiken Augen Sakralassoziationen hervorrief, zeigen die goldplattierten Decken des seleukidischen Zeustempels im syrischen Antiochia oder die von Domitian veranlaßte Vergoldung des römischen Kapitolstempels.[151] Die goldprunkenden Oikoi des Ptolemäerpaares waren zwar keine Tempelräume, aber sakralen Anstrich besaßen sie zweifelsohne, und so sollte man daran erinnern, daß noch Jahrhunderte später die Audienzsäle spätantiker Kaiser als sakrale Räumlichkeiten gesehen wurden.[152] Angesichts der ptolemäischen Oikoi muß man nicht lange fragen, wer diese Traditionen begründete.

Der gold-elfenbeinerne Oikos mit seinen Wänden aus duftendem Zedernholz war der Hauptraum des schwimmenden Palastes, doch würden wir aus abendländischer Sicht eigentlich einen Thronsaal erwarten. Der Thron des Königs oder gar der Thron Alexanders spielte in der dynastischen Ideologie in der Tat eine große Rolle (s. S. 63), und so übersandte Kleo-

145a

145b

außergewöhnliche Stellenwert der Elefanten. Diese Tiere waren nicht nur die Panzer des Altertums, sie waren die mächtigste Spezies überhaupt und zugleich die Wappentiere Afrikas und Indiens (Abb. 81a. 115b). Sie zu besiegen oder zu zähmen, besagte mehr als viele Worte. So erklärt eine Passage der eingangs zitierten Adulisinschrift: «...begleitet von afrikanischen und indischen Elefanten, die sein Vater und er selbst in diesen Gegenden gefangen und nach Ägypten gebracht hatte, um sie für den Militärdienst abzurichten...» Im Material «Elfenbein» verbanden sich somit repräsentative und dynastische Motive.

Wenn nun unser makedonischer Pharao die Gebälke vergoldete und gleich ganze Figurenprogramme aus Elfenbein fertigen ließ, dann ging es fraglos nicht allein

***Abb. 144** Korinthisches Kapitell aus einem Heiligtum für Ptolemaios III. und Berenike II. Hermoupolis Magna. Gestiftet von der lokalen Garnison, 240/30 v. Chr. Trotz des fragmentarischen Zustands sind reiche Spuren antiker Bemalung erhalten.*

***Abb. 145a.b** Posthumes Gold-Oktadrachmon Arsinoes' III. Vorderseite: Büste der Königin in Chiton, Mantel, Ohrringen, Halskette. Die Königin trägt nicht nur das lange Zepter der vergöttlichten Lagiden, sondern singulärerweise ein Königsdiadem, bei dem ein gefranstes Ende wie bei einem Mann über die Schulter fällt. Auf der Rückseite Legende ΦΙΛΟΠΑΤΟΡΟΣ ΑΡΣΙΝΟΗΣ, mit Früchten reich gefülltes, diademgeschmücktes Füllhorn und Stern; Glasgow, The Hunter Coin Cabinet.*

***Abb. 146** Modell des Mandulis-Tempels von Kalabscha (südlich von Assuan). Der aufwendige Bau entstand in ptolemäischer Zeit und wurde unter Augustus vollendet.*

***Abb. 147** Plan des Tempels von Kalabscha.*

patra VII. anläßlich ihrer Kapitulation im Jahre 30 v. Chr. ihrem Bezwinger Octavian den Kopfschmuck (Stephane) der Göttin, ihr Zepter sowie den goldenen Thron. Auf dem Schiff fehlte jedoch ein Thronsaal, und das kann nur bedeuten, daß man bei gegebenem Anlaß die Speisesofas entfernte, um den Oikos als Thronsaal zu nutzen. Das deskriptive Raummaß blieb jedoch allemal die Klinenzahl.

Im Hintergrund steht, daß in hellenistischer Zeit und vor allem in makedonischem Kontext alle repräsentativen Empfänge in Form von Gelagen veranstaltet wurden. Die Trinkgelage Alexanders waren berüchtigt, und keine geringere als Arsinoe III., die Schwester und Frau unseres göttlichen Schiffbauers, äußerte sich anläßlich einer in Alkohol ertrinkenden Festivität höchst abfällig zu diesem Verhalten.[153]

Unmittelbar hinter dem Großen Oikos mit seiner sakral-ideologischen Ausstattung lag dann das siebenklinige Schlafgemach des Königs, in das sich dieser nach durchzechtem Fest mit seinen Leibwachen oder seinen Favoritinnen zurückziehen konnte.

Abschließend lohnt noch ein kurzer Blick auf den bisher durchschrittenen Bereich: Doppelte Propyläen, Hof, Säulensaal und Schlafgemach als privatester Raum. Hier ist nun auffällig, wie sehr unsere Raumfolge dem Grundriß des ptolemäischen Kalabshatempela ähnelt (Abb. 146. 147).[154] Im Gegensatz zur Thalamegos war der Tempel natürlich in pharaonischem Stil erbaut. Nimmt man die Analogie wörtlich, dann wäre das Schlafgemach somit das Allerheiligste des göttlichen Königs. Das könnte implizieren, daß man zur sakralen Überhöhung des Herrschers ägyptische Sakralarchitektur in griechische Bauformen übersetzt hätte.

Der Oikos der Königin

Jenseits des königlichen Schlafgemachs teilte ein gewölbter Gang das Erdgeschoß in Frauen- und Männertrakt oder in «Gynaikonitis» und «Andronitis» (Abb. 130). Eine vergleichbare Aufteilung schildert auch der Zenonpapyrus für palastartige Villen der Ptolemäerzeit.[155] Es spricht jedoch für den politischen Stellenwert der Königin, daß ihr neunkliniger Oikos zwar kleiner war als der Saal ihres Bruders, daß ihr Raum jedoch mit vergleichbarem Prunk ausgestattet war. Einem Besucher vermittelte der Prunk aus Gold und Elfenbein somit präzise dieselbe Botschaft wie im Oikos ihres Brudergemahls. Und wie bei dem Trakt des Königs, so fand sich

146

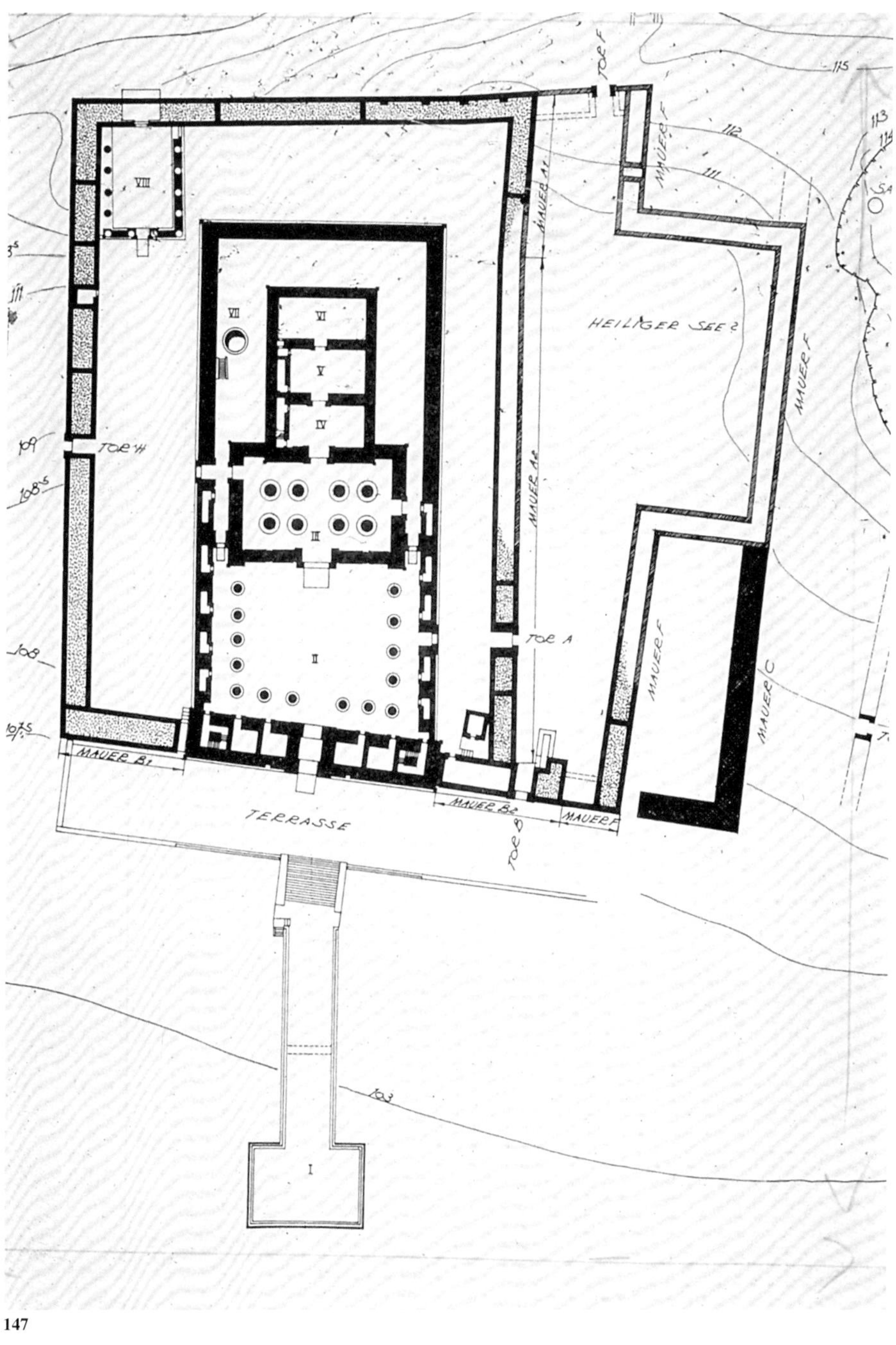

147

148

auch an der Stirnseite des Arsinoe-Oikos ein Schlafgemach, neben dem dann zwei Wendeltreppen ins obere Stockwerk führten.

Angesichts dieser demonstrativen Hervorhebung Arsinoes III. (Abb. 145a.b) ist noch einmal daran zu erinnern, daß auf der politischen Bühne des klassischen Griechenland Frauen so gut wie keine Rolle spielten, doch sahen wir bereits, daß dies bei den Ptolemäerinnen anders war (s. S. 42 f.). Wie unabhängig und machtbewußt diese Fürstinnen waren, demonstriert niemand eindringlicher als Kleopatra VII. (51–30 v. Chr.), neben der ihre Brüder und männlichen «Königspartner» eher wie königliche Statisten wirkten, derer sie sich bei passender Gelegenheit mitleidslos entledigte. Bei Berenike Syra hörten wir sogar von einer waffenfähigen Ptolemäerin (s. S. 81) und auch eine Kleopatra VII. erscheint natürlich persönlich im Feldlager des Marcus Antonius.

Vor der Schicksalsschlacht von Raphia im Jahre 217 v. Chr. trat nun die damals noch mädchenhafte Arsinoe vor die schlachtbereiten Ptolemäertruppen und begeisterte die makedonischen Garden, die griechischen Söldner, und die erstmals in höchster Not bewaffneten Ägypter zu äußerster Tapferkeit. Auf der

Abb. 148 Thalamegos, Obergeschoß. Isometrische Rekonstruktionsskizze der rückwärtigen Raumflucht. Ganz rechts die aus den Gemächern der Königin empor führenden Treppen und der Tempel Aphrodites und links daran anschließend der bacchische Oikos. Vorlage Verfasser. Ausführung Ulrike Denis. © M. Pfrommer.

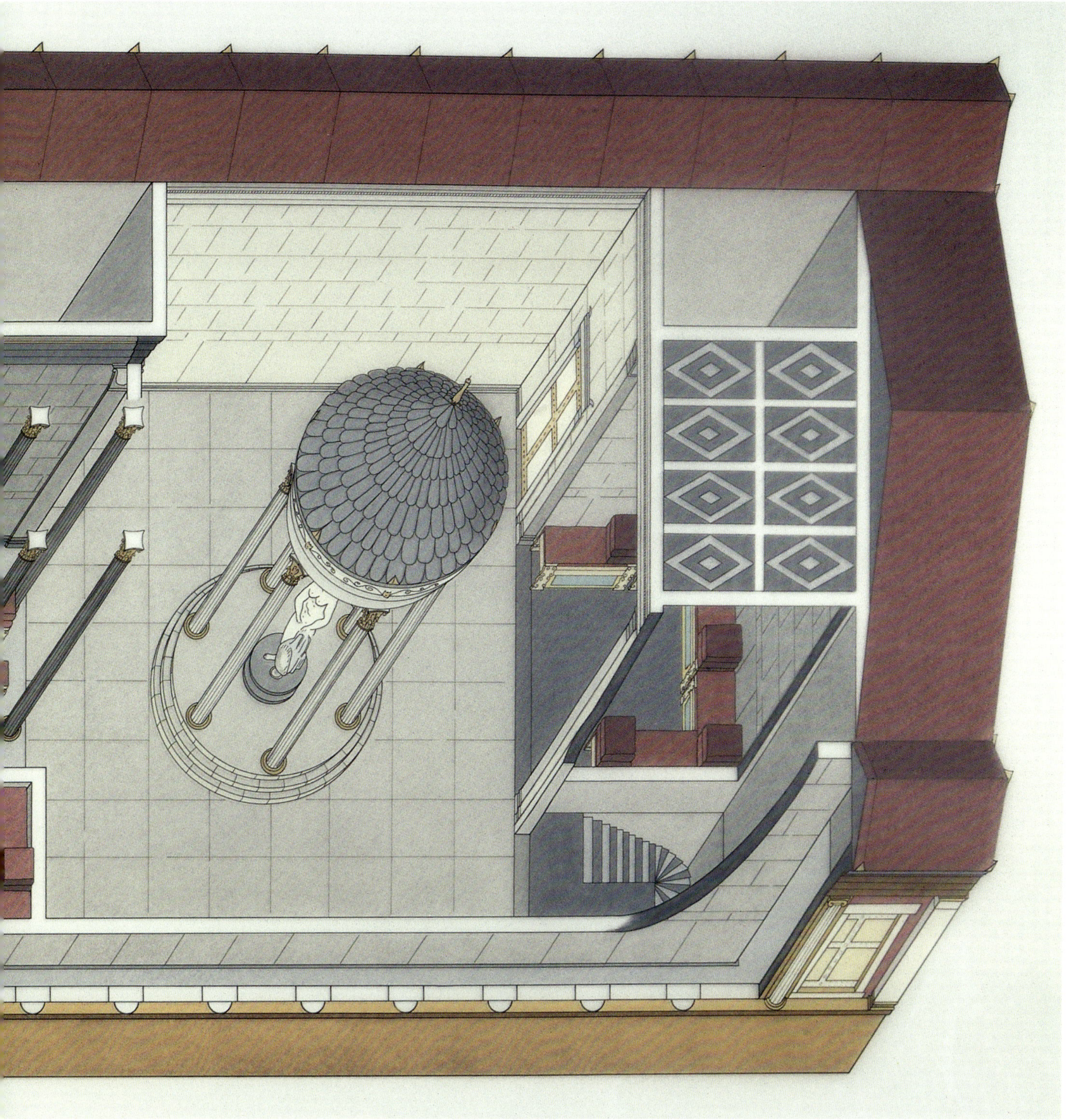

Gegenseite war in Gestalt des Seleukidenheeres der halbe Orient aufmarschiert, angefangen von den Elefanten Indiens bis hin zu jenen Reitervölkern Zentralasiens, die wenig später selbst den Osten regieren sollten. Und dann standen in den seleukidischen Reihen natürlich auch noch Nachkommen der einstigen Alexanderarmee.

Was war das für ein Augenblick, als eine makedonische Pharaonin vor ihr Vielvölkerheer trat und im Namen der großen ptolemäischen Vergangenheit gerade von den Ägyptern forderte, zur Erhaltung makedonischer Herrschaft das Äußerste zu wagen. Man darf nicht vergessen, daß spätestens seit der Mitte des 3. Jhs. v. Chr. in Ägypten immer wieder Aufstände tobten (s. S. 90). Es ist deshalb um so bemerkenswerter, daß sich bei Raphia die makedonisch ausgebildeten Ägypter mit äußerster Bravour für König und Königin schlugen. Sie behaupteten sich selbst gegen die Angriffe der Elefanten. Und es waren die Ägypter, denen der unerwartete Sieg so maßgeblich zu danken war.

Die Königin war nach den erhaltenen Indizien bedeutender, in jedem Fall jedoch ungleich beliebter als ihr Gatte und Bruder. Auf posthumen Goldprägungen mit ihrem Bildnis trägt sie sogar in der Art eines Mannes das königliche Diadem mit dem auf die Schultern fallenden Ende (Abb. 145a). Bei der Revolte des Hofes ab 204 v. Chr. wurde sie deshalb auch zum bevorzugten Ziel der Attentäter, die dann später ausgerechnet diese Ehrenmünzen emittierten. Arsinoes Ende liegt im Dunkeln, doch die ermordete Königin triumphierte noch im Tode, wurden ihre Mörder doch bei lebendigem Leib zerrissen.[156]

149

Der Tempel Aphrodites

Aus den Gemächern der Fürstin führten zwei Wendeltreppen ins Obergeschoß. Oben trat der Besucher in einen kleinen Hof, in dem ein Rundtempelchen alle Aufmerksamkeit fesselte (Abb. 148 und Frontispiz). Bei dem Heiligtum ist Kallixeinos ausnahmsweise etwas präziser: Er beschreibt den Bau als «Naos Tholoides» mit einer Marmorstatue Aphrodites. Zweifelsohne also ein regelrechter Tem-

Abb. 149 Terrassenpalast auf dem Felsen von Massada/Palästina über dem Toten Meer. Erbaut von Herodes dem Großen (37–4 v. Chr.) und zerstört bei der römischen Erstürmung 72 n. Chr. Zeichnung Verfasser. © M. Pfrommer.

150

Abb. 150 Nabatäische Grabfassade der Khaznet il-Firaun («Schloß des Königs») in Petra/Jordanien. Das Prachtgrab entstand kurz vor der Zeitenwende. Die Anlage bietet uns die beste Anschauung einer späthellenistischen Palastfassade.

pel, von dem wir jedoch leider nur erfahren, daß er rund war. Aufgrund des geringen Raumangebots wird man eher von einem Monopteros ausgehen und nicht von einem Bau mit Cella wie beim Philippeion in Olympia. Auch wird sich zeigen, daß die Wirkung des Architekturkonzeptes unter anderem von der Sichtbarkeit der Statue lebte.

Angesichts der Anbindung an die Gynaikonitis könnte man vermuten, es handele sich bei dem Aphroditetempel eher

151a.b

um eine galante, höfische Geste. Dies ist jedoch ausgeschlossen, wurde doch bereits Arsinoe II. mit Isis-Aphrodite gleichgesetzt (s. S. 60). In der Folgezeit erfreute sich die Aphrodite-Angleichung außerordentlicher Beliebtheit: Berenike-Aphrodite oder Kleopatra-Aphrodite bis hin zu dem unvergeßlichen Auftritt Kleopatras VII. als «lebende Aphrodite» im Jahre 41 v. Chr.[157] Bei dem Aphroditetempelchen wäre allenfalls zu diskutieren, ob es sich um einen Kult der als Aphrodite vergöttlichten Königin oder um ein dynastisches Heiligtum handelt, in dem ihre als Aphrodite deifizierte Mutter bzw. «Großmutter» verehrt wurde. Man sollte hier noch anmerken, daß uns sowohl in Alexandria selbst wie auch in Memphis Tempel Arsinoes II. im Palastareal überliefert sind.[158] Auch dies unterstreicht die herausragende Rolle der Königinnen im Rahmen des ptolemäischen Herrscherkultes.

Doch auch aus architekturgeschichtlicher Sicht verdient unser dynastisches Tempelchen höchste Aufmerksamkeit, handelte es sich doch im Vergleich zu makedonischen Palastanlagen um eine Weiterbildung eines lange vorgeprägten Baugedankens. So begegnet in dem ungleich älteren Palast von Vergina ein wohl mit dem Herakleskult zu verbindender Rundraum (Abb. 136), doch ist hier von einem selbständigen Gebäude noch keine Rede. Da sich die Makedonen als Heraklesnachkommen begriffen, war der Rundraum wohl der Verehrung des göttlichen Ahnherrn gewidmet. Eingebunden in andere Räumlichkeiten ist auch ein Rundraum im Palast von Pella II, der sicherlich ebenfalls als Heiligtum unbekannten Zwecks zu deuten ist (Abb. 135).

Mit Blick auf die Thalamegos ist nun interessant, daß die griechische Architektur eigentlich keine Rundtempel kannte. Und so handelte es sich bei dem Philippeion Alexanders auch nicht um einen Tempel, und die Statuen sind trotz ihres Gold-Elfenbein-Glanzes ausdrücklich Porträts und keine Götterbilder. Unser Thalamegostempelchen ist somit wohl der früheste, eindeutig als Heiligtum (Naos) apostrophierte Rundbau. Spätestens hier wird nun deutlich, wie die staatsrechtliche Aufwertung der Königinnen am Ende auch zu einer architektonischen Emanzipierung des Rundbaugedankens führte. Auf der Thalamegos ist der Tempel ein eigenständiger Bau.

Gerahmt wurde er von zwei Speiseräumen, in denen man handverlesenen Gästen die Göttlichkeit der Königin vor Augen führte. Von einem der Speiseräume erfahren wir neben der Klinenzahl (fünf) nur, daß seine Decke rautenförmige Kassetten besaß. Um dies anzudeuten, wurde die Decke in der Zeichnung (Abb. 148) rautenförmig akzentuiert. Der zweite Speiseraum besaß angeblich Säulen aus indischem Marmor. Welches Material damit auch gemeint sein mag, die «inhaltliche» Konnotation ist unzweideutig. Es handelt sich wieder um den Indiengedanken und um die Anspielung auf die großen Indiensieger Osiris, Dionysos und Alexander. Aus diesen Speiseräumen blickten die Gäste hinaus auf einen dynastischen Aphroditetempel. Die einzelnen Baukomponenten wurden also in geradezu ideologischer Weise präsentiert.

Die dynastische Bindung eines Rundbaus findet sich in Alexandria wohl bereits im früheren 3. Jh. v. Chr. auf dem großen Pharos (Abb. 1. 8. 9), dessen oberstes Stockwerk als Rundbau gestaltet war. Die Erwähnung einer Statue des Zeus Soter beinhaltete möglicherweise bereits eine dynastische Anspielung, bezeichnete man doch das erste Ptolemäerpaar als «Theoi Soteres». Einen Eindruck von der Wirkung dieses Baugedankens vermittelt dann das sogenannte «Ptolemaion» von Limyra/Kleinasien (Abb. 14), das eine Tholos auf hohem Sockel trug (s. S. 12).

Natürlich wurde die Idee des Palasttempels nicht für das Schiff kreiert, es setzt steinerne Prototypen voraus. Einmal entwickelt, war das Konzept jedoch zündend wie selten eines. Man erkennt das nirgends besser, als bei den um die Zeitenwende errichteten Palästen Herodes' des Großen. Obwohl wir hier einen jüdischen Herrscher vor uns haben, der neben Jahweh keine Götter kennen durfte, findet sich im Terrassenpalast von Massada ein aufwendiger Rundbau, der wohl als Speiseraum zu deuten ist (Abb. 149).[159] Ganz Ähnliches begegnet auch in Herodion[160], so daß man davon ausgehen kann, daß zu Zeiten Herodes' des Großen Rundbauten längst integrale Elemente palastraler Architektur geworden sind. Gleichgültig wie der jüdische König seine Tholoi «tarnte», der kultische Hintergrund der Originale war jedem Gebildeten bestens vertraut, und so kann es nicht weiter erstaunen, daß Herodes seine Paläste zum Teil als burgartige Anlagen konzipierte und letztlich wie ein Gefangener im eigenen Lande lebte.

Wie sakral das Motiv verstanden

***Abb. 151a.b** Statuettengruppe mit Ptolemaios II. als «Herakles-Alexander» und Arsinoe II. mit doppeltem Füllhorn. Aus Ägypten, mittleres oder späteres 3. Jh. v. Chr. Bronze; H. 39 bzw. 35,5 cm; London, British Museum Inv. GR 38442 und 38443.*

***Abb. 152** Bronzene Reiterstatuette Ptolemaios' II., «bekleidet» mit der indischen Elefanten-Exuvie Alexanders des Großen. Aus Athribis (?) im Delta, 3. Jh. v. Chr.; H. 25 cm; New York, Metropolitan Museum of Art Inv. 55.11.11.*

153

wurde, zeigt auch die Khaznet il-Firaun in Petra (Abb. 150). Bei dieser nabatäischen Grabfassade erhebt sich ein Monopteros im Oberstock einer Palastkulisse, während auf dem Giebel des Hauptgeschosses die Kantharoi des Dionysos und die Symbole der Isis nur allzu deutlich Bindungen zum ptolemäischen Herrscherkult verraten. Imitiert das nabatäische Monumentalgrab die Front eines spätptolemäischen Palastes? Oder ist es wirklich nur Zufall, daß der Rundtempel wie auf unserem Schiff im Obergeschoß zu finden ist? Wie wir später sehen werden (s. S. 138), wirkte die Idee des Palasttempels auch im römischen Westen, doch bleiben wir zunächst bei unserer Thalamegos.

In der Grotte des Dionysos

Bedenkt man die dionysische Konnotation des Indienthemas, dann kann nicht überraschen, daß wir nach dem Raum mit Säulen aus indischem Marmor nun ganz unmittelbar mit dionysischen Themen konfrontiert werden. Kallixeinos schildert einen dionysischen (bacchischen) Oikos für 13 Klinen, dessen Decke von Säulen getragen wurde. Die goldenen Gebälke signalisierten wieder den bereits angesprochenen Ewigkeitscharakter (Abb. 142).

Zur Rechten trat der Besucher vor eine mit Gold und Edelsteinen verkleidete Apside, der die Architekten das Aussehen einer Grotte gegeben hatten. Apsidenräume, die uns von römischen Tempeln oder von christlicher Sakralarchitektur vertraut sind, waren in griechischer Zeit außerordentlich selten. In Wohnhäusern fehlten sie nahezu grundsätzlich, doch lassen sich in Heiligtümern immerhin einige Beispiele fassen.[161] Es ist also bereits die Raumform selbst, die Sakralcharakter signalisiert. Die religiöse Botschaft der goldenen Grotte ist nicht schwierig zu entschlüsseln, denn als man den kleinen Zeussohn Dionysos nach seiner Geburt vor seiner Stiefmutter Hera in Sicherheit brachte, da trug der Götterbote Hermes den Kleinen zu den Nymphen von Nysa, die das Götterkind im Schutz einer Grotte aufzogen. Bedenkt man, daß sich der Herr der Thalamegos als «Neuer Dionysos» feiern ließ, so wird überdeutlich, daß dieser Apsidenraum als Kultstätte des Königs denselben Zweck erfüllte wie der Rundtempel Aphrodites für seine vergöttlichte Gemahlin.

Um den dionysischen Charakter zu unterstreichen, erwähnt unser Gewährsmann noch, daß die Decke des Raumes «dem Charakter des Gottes entsprach». Das kann eigentlich nur bedeuten, daß die Kassettendecke in Form einer Efeu- und Weinlaube gestaltet war, oder daß man ihr den Charakter einer Grotte gegeben hatte. Das Efeu- bzw. Weinmotiv ist in der Zeichnung (Abb. 148) in einer Ecke über den Säulen angedeutet.

Daß der Oikos nicht dem Dionysoskult im Allgemeinen, sondern dem König gewidmet war, zeigt der Schmuck der Apsidengrotte, in der «Marmorstatuen der königlichen Verwandtschaft» standen. Die Verwandten der Könige («Syngeneis») spielten an hellenistischen Höfen eine beträchtliche Rolle, rekrutierten sich doch aus dieser Elite zahllose Würdenträger. Dies kann hier jedoch nicht gemeint sein, denn das würde ja bedeuten, daß in der Grotte des Dionysos die Statuen von Höflingen standen. Die «königliche Verwandtschaft» ist hier anders zu verstehen: Es handelt sich um die göttlichen Verwandten des Ptolemäerpaares, um eine Ahnenreihe, wie sie uns die Adulisinschrift bietet.[162]

Welche vergöttlichten Personen oder Götter könnten wir hier also erwarten? Nun, natürlich zunächst das vierte Ptolemäerpaar, die Theoi Philopatores, die «ihren Vater liebenden Götter». Sodann die vergöttlichten Königspaare der Vergangenheit, also die Theoi Euergetai sowie die «Segenspendenden Götter» (Ptolemaios III. und Berenike II.). Hinzu kommen noch die Theoi Adelphoi, die «Geschwistergottheiten» (Ptolemaios II. und Arsinoe II.) und schließlich die von Ptolemaios IV. in den dynastischen Kult integrierten Theoi Soteres, die «Rettenden Götter» (Ptolemaios I. und Berenike I.). Hinzu kommen eventuell noch Dionysos und Herakles nebst ihres Vaters Zeus sowie möglicherweise Alexander der Große als ideeller Vorfahre der Ptolemäer und Nachfolger des Dionysos als Indienbezwinger. Zählt man zusammen, so erhielte man eine Zwölfgöttergruppe, ein in Griechenland überaus beliebtes Motiv. Ob es tatsächlich 12 Statuen waren, bleibt natürlich spekulativ, doch ist zumindest mit den Ptolemäern sowie mit Dionysos zu rechnen. Die Apside war

Abb. 153 Bildnis Alexanders des Großen aus dem Skulpturenfund vom Tell Timai (Thmuis im Delta), um 200 v. Chr. Marmor; H. 20 cm; Kairo, Ägyptisches Museum Inv. JE 39521.

Abb. 154 Elfenbeinköpfchen, wohl Porträt Philipps II. Aus dem «Philippgrab» von Vergina/Nordgriechenland. Der Körper war aus Holz geschnitzt und vergoldet, spätes 4. Jh. v. Chr.; H. 3 cm.

Abb. 155 Elfenbeinköpfchen, wahrscheinlich Porträt Alexanders des Großen. Aus dem «Philippgrab» von Vergina/Nordgriechenland. Der Körper war aus Holz geschnitzt und vergoldet, spätes 4. Jh. v. Chr.; H. 3 cm.

also in jedem Fall von beträchtlichen Abmessungen.

In unserem Rekonstruktionsversuch orientiert sich die Charakterisierung der Monarchen an bekannten Darstellungen. So wurde der erste Ptolemäer wie auf seinen Münzen durch das Königsdiadem gekennzeichnet (Abb. 84). Das göttliche «Geschwisterpaar» wurde der bekannten Londoner Statuettengruppe angeglichen (Abb. 151a.b). Ptolemaios II. erscheint hier als orientbezwingender Alexander mit der Elefantenexuvie, ganz wie Alexander auf frühptolemäischen Münzen (Abb. 81a.b. 152). Wie sein großes Vorbild, so ist nun auch der Ptolemäer ein «Orientsieger», wenn auch nur im «Ersten Syrischen Krieg» und ohne eine Schlacht geschlagen zu haben (s. S. 65 f.). Als Nachkomme des Herakles trägt er die Keule und als Makedone die zum makedonischen Kostüm gehörenden Stiefel (s. S. 142). Seine Schwester Arsinoe II. stützt sich auf ihr langes Götterzepter, und hält das Doppelfüllhorn (Abb. 77a.b; s. S. 65). Ptolemaios III., der wahre Asiensieger, trägt in Analogie zu den posthum geschlagenen Münzen den Strahlenkranz des Sonnengottes Helios, dem Äquivalent des ägyptischen Ammon-Re (Abb. 85a.b; s. S. 51). Der vierte Ptolemäer wurde schließlich als «Neuer Dionysos» mit Thyrsos und Efeukranz charakterisiert. Daß derartige Gruppen existierten, ist nach den Funden entsprechender Marmorporträts sicher (Abb. 35) und auch hier hatte man nicht auf Alexander den Großen verzichtet (Abb. 153).

Im Falle der Thalamegos wählte man Marmorstatuen, doch zeigte bereits der eingangs erwähnte Tempel Berenikes I., daß Standbilder der Könige auch in «quasi-göttlicher» Technik aus Gold und Elfenbein gefertigt wurden, so wie bei den berühmtesten Kultbildern des klassischen Altertums. Und auch hier erwiesen sich die Ptolemäer als treue Nachfolger Alexanders. Denn kaum hatten die Makedonen unter Philipp und Alexander die Hegemonie über Griechenland gewonnen, da errichtete Alexander in unmittelbarer Nähe des olympischen Zeustempels einen kostbaren Rundbau, dessen Fundamente noch heute zu besichtigen sind. In dieses «Philippeion» stiftete Alexander nach 336 v. Chr. sein eigenes Standbild und daneben die Porträtstatuen seiner Eltern und Großeltern. Und all diese Skulpturen waren in «göttlicher» Technik aus Gold und Elfenbein gearbeitet. Es handelte sich zwar um Porträts, doch kamen sie Kultbildern formal so nah wie nur möglich.

154

155

156a

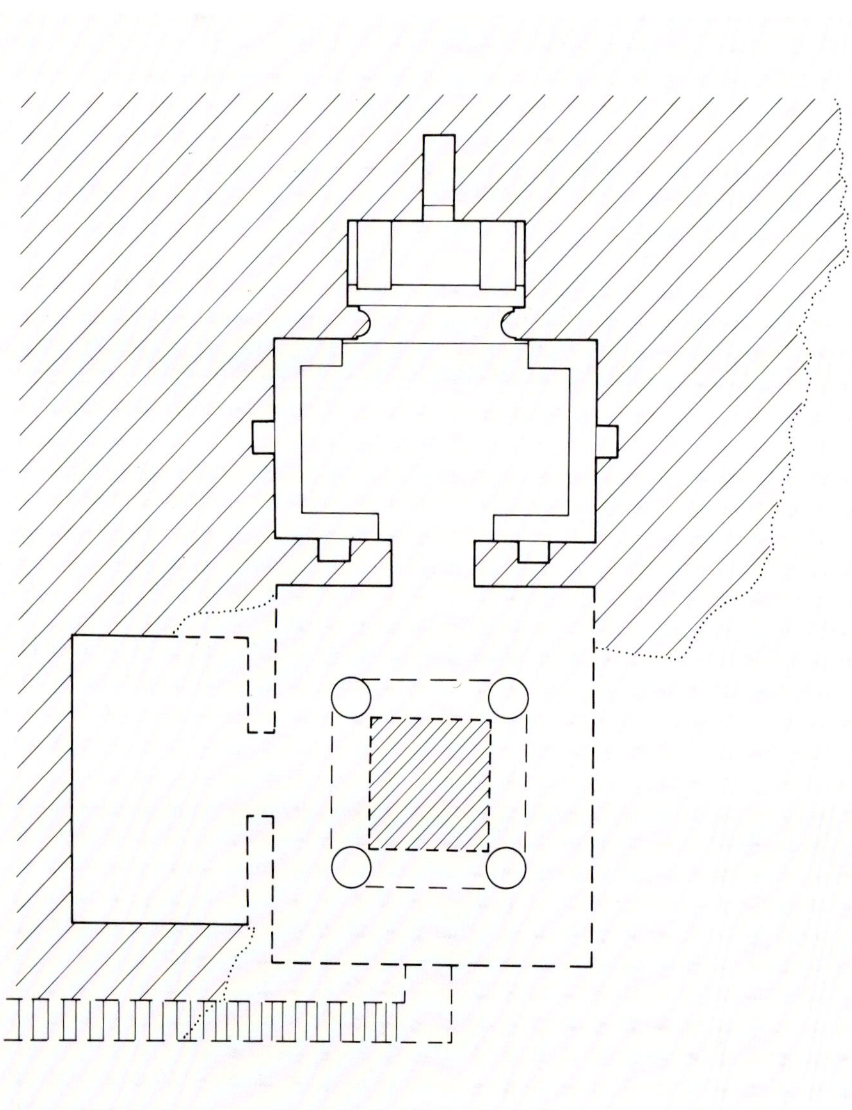

156b

Die ungewöhnliche Idee «chryselephantiner» Statuen war anscheinend in Makedonien ein durchschlagender Erfolg, der für uns vor allem «en miniature» faßbar wird. So kennen wir aus makedonischen Gräbern Elfenbeinköpfchen von etwa 3 cm Höhe, die man zusammen mit elfenbeinernen Gliedmaßen in hölzerne Statuetten oder Relieffiguren eingefügt hatte. Besonders spektakuläre Beispiele sind uns in dem mehrfach zitierten «Philippgrab» erhalten (Abb. 107).[163] Dort schmückte man die Speisekline des in der Hauptkammer beigesetzten Toten offenbar mit einer ganzen Gruppe entsprechender Figürchen.

Zwei der Köpfchen identifizierte der Ausgräber wohl zu Recht mit Philipp II. (Abb. 154) und seinem Sohn Alexander (Abb. 155). Tatsächlich ist die «Familienähnlichkeit» gerade in den Profilansichten durchaus schlagend. Sogar die Schmarre über dem Auge des bärtigen Königs könnte man mit jener berühmten Pfeilwunde verbinden, die Philipp bei der Belagerung von Methone sein rechtes Auge kostete. Ob die Könige tatsächlich so aussahen, steht natürlich dahin. Sicher ist nur, daß der Künstler auf eine Ähnlichkeit der Köpfe Wert legte.

Derartige Miniaturporträts blieben keineswegs auf Könige beschränkt.[164] So erfahren wir zum Beispiel, daß man 323 v. Chr. in Babylon anläßlich der Einäscherung Hephaistions Gold-Elfenbein-Statuetten («eidola») des Toten anfertigte (Diodor XVII, 115), ein mehr als sprechendes Indiz für das Selbstwertgefühl makedonischer Eliten. Es ist also beileibe kein Wunder, wenn gerade die Ptolemäer mit ihrem immer hypertropheren Ahnenkult die Idee einer dynastischen Gruppe begeistert aufgriffen.

Mit Blick auf unseren Grottenraum erweist sich die Raumkonfiguration aus Tempelhof, Oikos mit «indischen» Säulen und dionysischem Oikos als sorgfältig geplantes Architekturensemble, das dem Besucher die göttliche Gegenwart und Vergangenheit der Ptolemäer in bildhaftester Form vor Augen führte.

***Abb. 156a.b** Rekonstruktion der Klinenexedra und ergänzter Grundriß eines Grabes bei Sidi Gaber/Alexandria. Der wohl mumifizierte Leichnam des Grabbegründers war in dem Loculus (Nische) über dem Totenbett beigesetzt, 3./2. Jh. v. Chr. Vorlage Verfasser. Ausführung Ulrike Denis. © M. Pfrommer.*

***Abb. 157** Thalamegos. Skizze des «ägyptischen Oikos» mit Kompositkapitellen ägyptischen Typs und in zweifarbigem Stein verkleideten Wänden. © M. Pfrommer.*

157

Das Symposion

Jenseits dieser dynastischen Kultraumgruppe fand sich dann ein offenes Symposion. Es wurde je nach Tageszeit und Wetter von Sonnensegeln beschattet, die man über gebogene Spanten zog (Abb. 132). Das Motiv des Sonnensegels kennen wir bereits vom Ptolemäerzelt (Abb. 102). Dort überdeckte es die Zeltmitte, beiderseits gerahmt von hölzernen Kassettendecken. Daß das Motiv im hellenistischen Ägypten auch andernorts verbreitet war, lehrt das Grab von Sidi Gaber (Abb. 156a.b), das «en miniature» ein kassettengerahmtes Sonnensegel bietet. Im Gegensatz zum Festzelt ist die Decke jedoch bereits gewölbt wie auf der Thalamegos. Die Anlage dokumentiert erneut den Einfluß herrschaftlicher Architektur auf die Gräber der Metropole.

Ein Bonbon für Ägypten

Umschritt man den anschließenden Lichthof (Abb. 132), so trat man in den «Oikos Aigyptiakos» (Abb. 157). Der Raum war auch über eine Treppe im Bereich des zweiten Pylons zu erreichen, die direkt auf den überdachten Fenstergang führte. Für den Oikos beschreibt Kallixeinos Wände aus weißen und schwarzen Steinen sowie Säulen ägyptischen Typs. Um die Farbigkeit ägyptischer Architektur anzudeuten, sind die Kapitelle unserer Zeichnung in der Art des frühptolemäischen Philae-Tempels koloriert (Abb. 158) und auch die von Kallixeinos nicht eigens erwähnte Decke wurde mit Himmelsglyphen geschmückt, da es sich bei dem Oikos um den Saal eines Gottes handelte.

Wie diese Zweifarbigkeit der Wände ausgestaltet war, bleibt natürlich offen. Denkbar wäre ein Schachbrettmuster, doch wirkt das derart unruhig, daß nach einem Versuch darauf verzichtet wurde, auch wenn sich später in Italien zur Zeit des «Zweiten pompejanischen Stils» gemalte Analogien finden, die allerdings nur jeweils kleine Wandpartien schmücken. Durchgehende, farblich alternierende «Steinlagen» sind immer noch seltsam genug. Diese Lösung ist allerdings später im islamischen Ägypten häufig zu beobachten. Eine derartige Analogie wäre natürlich höchst interessant, könnte man doch auf diese Weise ein Element islamischer Architektur auf ptolemäische Vorbilder zurückführen. Bei den Klinen wurden ptolemäisch-pharaonische Formen zitiert, wobei die Löwengestalt natürlich Hypothese bleiben muß.

Interessant ist vor allem, daß Kallixeinos ausdrücklich anmerkt, dies sei auf der Thalamegos der einzige ägyptische Raum gewesen. Eine Aussage, die man sich geradezu auf der Zunge zergehen lassen muß, denn wir besichtigen immerhin das Schiff eines Pharaos. Man denke sich also unseren Katamaran auf dem Nil, die Ufer gesäumt von ehrfürchtigen Untertanen, bei denen es sich nahezu ausschließlich um Ägypter handelte. Wo immer man auch vor Anker ging, stets war der Ptolemäer als Pharao gefordert, und so erschien er dann sicherlich mit der Doppelkrone auf dem Haupt und mit Krummstab und Wedel. Doch sein schwimmendes Haus besaß die Gestalt eines gräko-makedonischen Palastes. Große Rücksichtnahme auf die Gefühle seiner ägyptischen Untertanen kann man dem Ptolemäer also nicht attestieren.

Und dies alles bei einem Pharao, der im besonderen Maße ägyptische Tempel förderte, vor allem wenn sich wie bei Hathor/Aphrodite eine direkte Verbindung zum Herrscherkult herausarbeiten ließ (s. S. 34). Wenn es jedoch um seine architektonische Repräsentation ging, dann demonstrierte er erbarmungslos, daß

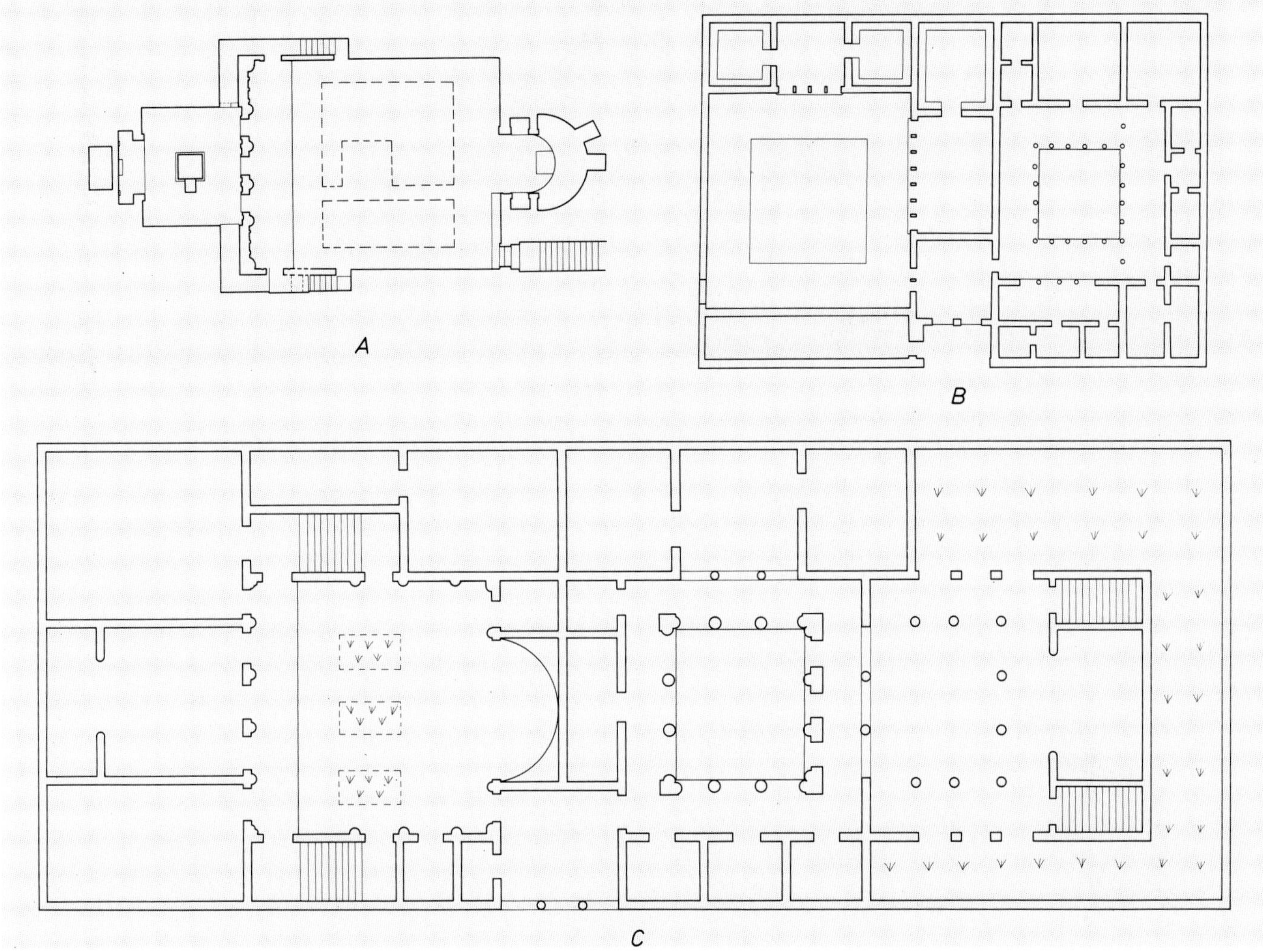

159

die Ptolemäer Ägypten als «speergewonnenes» Land betrachteten. Man hätte das Überlegenheitsgefühl der gräko-makedonischen Herren kaum ungenierter ausdrücken können. Auch hier ist die Sprache der Architektur ganz unmißverständlich.

Und so verwundert es auch nicht, daß nach mehreren Jahrhunderten erst die große Kleopatra (51–30 v. Chr.) der Landessprache mächtig war. Und Kleopatra VII. war die letzte der Ptolemäer.

Abb. 158 Blick in den unter Ptolemaios II. begonnenen Tempel von Philae (nach: Ägypten gestern und heute. Lithographien und Reisetagebuch von David Roberts [1996]).

Abb. 159 A) Grundriß des Grabes Nummer III von Mustafa Pascha/Alexandria. B) Grundriß eines im späten 4. Jh. v. Chr. erbauten Hauses in der makedonischen Residenz von Pella/Nordgriechenland. C) Hypothetischer Grundriß eines ptolemäischen Hauses mit palastartigen Zügen. Vorlage Verfasser. Ausführung Ulrike Denis.

Auch sie besaß übrigens eine Thalamegos, ein «nave talamego» (Sueton, Divus Iulius 52), auf dem sie mit Caesar bis nach Nubien reiste. Gesichert wurden beide von einer ganzen Begleitflotte, auf der sich eine römische Armee eingeschifft hatte. Das ungleiche Paar präsentierte sich somit nicht anders als die großen Ptolemäer. Die Reise selbst wurde in der Moderne heftig kritisiert[165] und am Ende auch unliebsam unterbrochen. Denn wie seinerzeit bei Alexander in Indien, so zwangen schließlich die eigenen Soldaten den großen Caesar am Rande der bekannten Welt zur Umkehr.

Mit dem ägyptischen Oikos verlassen wir den schwimmenden Palast. Und fragt man, weshalb derartiger Aufwand getrieben wurde, dann sollte man sich vor Augen halten, daß die ptolemäische Herrschaftsarchitektur weit mehr war als nur ein prachtvoller Rahmen. In ihren Konzepten, ihren Formen bis hin zur Ausstattung war sie stets dynastischer Botschaft verpflichtet. Und so dürfen wir davon ausgehen, daß uns das Schiff mit seinen Räumlichkeiten gleichsam die architektonische Quintessenz eines Ptolemäerpalastes bietet. Die Thalamegos war eine architektur-ideologische Bühne und umgab den Herrscher mit einem architektonischen Gewand, das vielleicht nicht minder bedeutsam war wie seine anderen Insignien.

Villa und Palast

Kallixeinos überliefert uns somit die einzige Schilderung eines Ptolemäerpalastes, den wir uns nur gleichsam in die Fläche breiten und um Höfe arrangieren müssen. Eine Analogie im Bereich prunkvoller Privatarchitektur bietet die in den Zenonpayri überlieferte Villa des Diotimos im Fayum.[166] Das Archiv datiert in die Mitte des 3. Jhs. v. Chr. und ist somit etwa eine Generation älter als das Ptolemäerschiff. Angesichts der prunkvollen Räumlichkeiten des Diotimos in Phildelphia lohnt ein Vergleich mit der Thalamegos.

Bereits J. Reader verwies auf den palastartigen Charakter und auf die Verbindungen zu jenem griechischen «Musterhaus», das der römische Architekt Vitruv

160

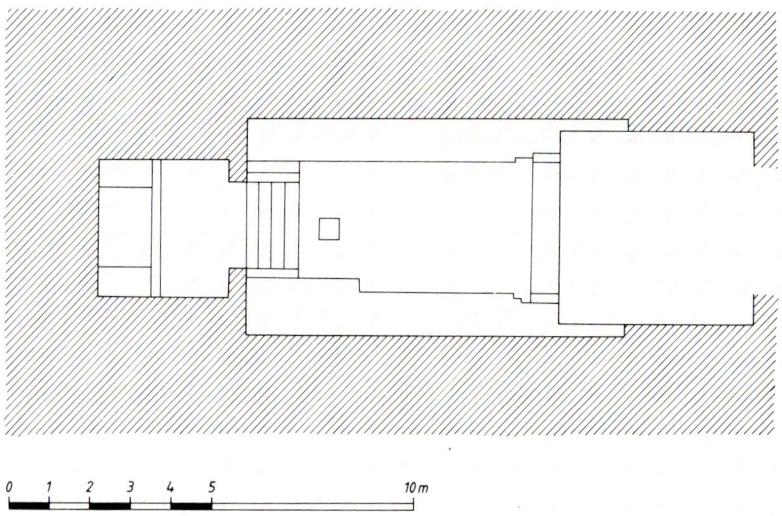

161

definierte (De Architectura VI, 7). Vitruv schrieb allerdings als Zeitgenosse des Augustus unmittelbar vor der Zeitenwende. So gering unser Denkmälerbestand auch sein mag, er umspannt beinahe den gesamten Hellenismus.

Werfen wir zunächst einen Blick auf das Haus des Diotimos, wobei wir auf Details wie die Pferdeställe verzichten, da sie auf der Thalamegos ohnehin fehlen mußten. Man betritt den palastartigen Komplex durch einen Torbau (Pylon), den wir auch von der Thalamegos her kennen. Das gesonderte Propylaion als vorgeschaltetes Prunktor sucht man in Philadelphia jedoch vergeblich. Danach geht es durch eine Prostas (Vestibül), durch einen Raum, der auch auf der Thalamegos erwähnt wird. Bei dem Haus erreichen wir dann den Männertrakt, in dem verschiedene Speiseräume und ein

***Abb. 160** Grabanlage im Suk el-Wardian (Alexandria). Rekonstruktionsskizze der zentralen Kammer mit Kline. Davor ein Kultraum mit Bänken und Altar, spätes 3./2. Jh. v. Chr. Vorlage Verfasser. Ausführung Ulrike Denis. Zeichnungs-Sammlung des Archäologischen Instituts der Universität Trier Inv. 1998.1B2.*

***Abb. 161** Plan der Grabanlage im Suk el-Wardian (Alexandria) (s. Abb. 160).*

***Abb. 162a–c** Grab I von Mustafa Pascha (Alexandria). Rekonstruktionsskizze. Das am besten erhaltene und eindrucksvollste Grab der Gruppe gehört zum Typus der sog. Peristylgräber, wobei die einzelnen Räume um einen zentralen Säulenhof angelegt wurden (hier ein Pseudoperistyl). Blick vom Hof auf die Eingänge zu Raum 8. Vorlage Verfasser. Ausführung Ulrike Denis. Zeichnungs-Sammlung des Archäologischen Instituts der Universität Trier Inv. 1996.17B.*

162a

162b

sogenanntes Andron zu finden sind, wobei mit Andron wohl der Repräsentationsraum des Hausherrn gemeint ist. Um seine Größe zu definieren, wird er als «Siebenkliner» bezeichnet und man sollte sich vor Augen halten, daß auf der räumlich ohnehin beschränkten Thalamegos der Oikos des Königs für 20 und der Oikos der Königin immerhin noch für neun Klinen ausgelegt war. Komplettiert wurde dieser Teil der Diotimosvilla durch eine Exedra, die wir uns im Peristylbereich vorstellen dürfen, wie es uns in Pella sowohl im großen Palast (Abb. 135) wie auch in einem hellenistischen Privathaus erhalten ist.[167]

Ganz ähnlich klingt auch die Beschreibung Vitruvs, der vom Eingangsbereich, einem Vestibül (Prostas) und der Andronitis spricht. Dort findet sich ein Peristyl neben einem Oikos, wiederum eine Exedra sowie eine Bibliothek und eine Gemäldegalerie. Bei der Pinakothek denkt man natürlich sofort an Boscoreale (Abb. 122).

Daneben existierte in Vitruvs Musterhaus ein gesonderter Frauentrakt, die Gynaikonitis. Auch hier ist die Übereinstimmung mit der Thalamegos schlagend, zumal er den Frauenbereich wiederum mit reichen Räumlichkeiten ausstattet. In diesem Zusammenhang erscheint ein zweiter Oikos. Im Diotimoshaus wird keine Gynaikonitis erwähnt, doch fand sich dort ein Wirtschaftstrakt mit Küche und Bad.

Sucht man unter archäologischen Zeugnissen nach Analogien, dann zeigt sich ein gesonderter Hof, den man als Gynaikonitis verstehen könnte, bereits in Pella (Abb. 135). Ein Wirtschaftsbereich, der vielleicht mit der Gynaikonitis identisch sein könnte, begegnet in Vergina (Abb. 136) und darüber hinaus im libyschen Ptolemais im Palazzo des örtlichen Gouverneurs, dem «Palazzo delle Colonne». In diesem Bau findet sich nicht nur ein großer, umsäulter Oikos wie auf dem Ptolemäerschiff, er bietet uns auch im vorgelagerten Peristyltrakt eine Doppelexedra, wie sie bereits im Palast von Pella II angelegt wurde (Abb. 135).[168]

Fassen wir unsere Analyse zusammen, dann stellt sich heraus, daß die einzigen Räumlichkeiten, die auf dem Schiff weitgehend singulär bleiben, die Heiligtumskomplexe sind. Von einem Tempel im Privathaus ist nirgends die Rede. Göttliche Repräsentation war offenbar eine Sache des Pharaos. Auch ein Apsidenraum wie unser «Bacchischer Oikos» ist bisher meines Wissens noch nie in einem hellenistischen Haus ausgegraben worden.

Es waren somit gerade diese Kultraumgruppen, die eine palastähnliche Villa zum Königspalast machten. Doch sollte man diesen Aspekt nicht isoliert betrachten. Nicht minder bedeutsam war auch der Fassadengedanke, der bereits bei makedonischen Palästen ausformuliert wurde (Abb. 137). In diesem Sinn zu deuten ist wohl auch der Eingangsbereich der Thalamegos mit seinen Theatermotiven, dem Bühnencharakter der Prostas oder der heiligtums-ähnlichen Staffelung der Torbauten. All dies war für ein Privathaus sicherlich unangemessen. Kein Wunder, auf dem Schiff betrat man ja auch das Haus eines Gottes. Es bleibt nun jedem selbst überlassen, ob man die Ptolemäerpaläste als sakrale Anlagen oder als makedonisierende Paläste mit sakralen Komponenten deutet. «Sprechend» im ideologischen Sinne waren sie allemal.

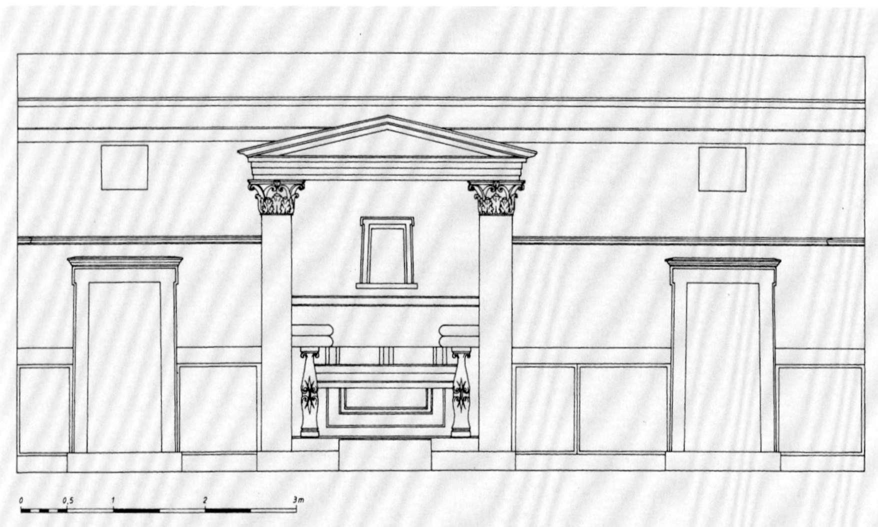

162c

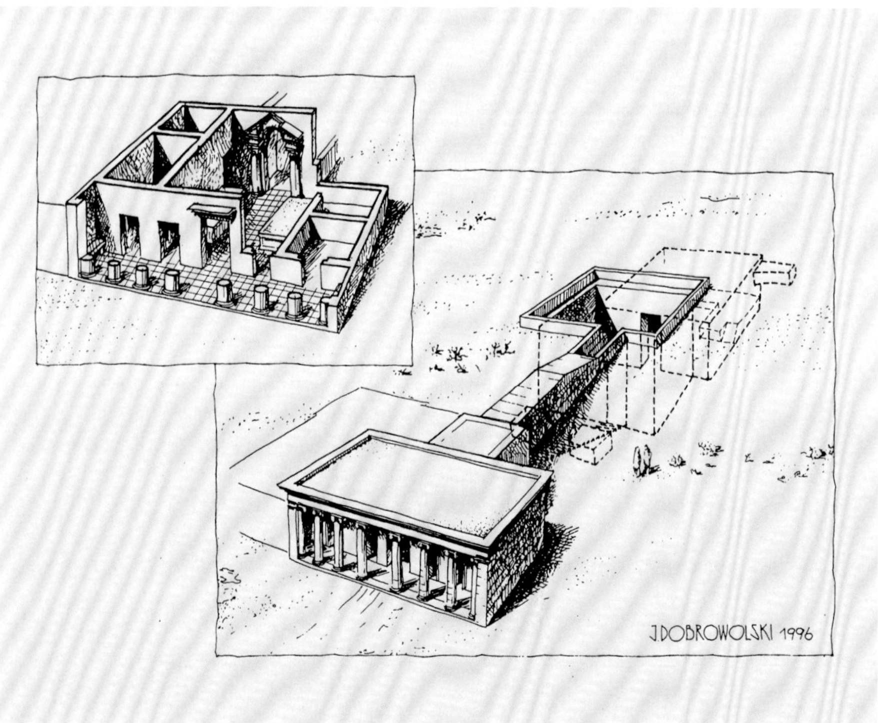

163

Die Gräber Alexandrias

Angesichts der bisher aufgezeigten Verbindungen zwischen den Herrscherpalästen und der Grabarchitektur Alexandrias könnte man vermuten, daß die Grabbau-

***Abb. 163** Marina el-Alamein an der Küste Ägyptens westlich von Alexandria. Teilrekonstruktion der Nekropole mit späthellenistischen bzw. frühkaiserzeitlichen Grabanlagen.*

***Abb. 164** Rekonstruktion des Pfeilerperistyls eines alexandrinischen Grabes. Gefunden im Garten der Familie Antoniadis, späthellenistisch. Zeichnung U. Denis nach Vorlage des Verfassers. © M. Pfrommer.*

ten allein auf palastähnliche Strukturen anspielen (s. S. 97). Dies ist jedoch allenfalls die halbe Wahrheit. Ganz ähnlich liegt der Fall bei den Bindungen an den makedonischen Raum, konnten wir doch bei den Fassaden des Ptolemäerzeltes (Abb. 102) oder der Thalamegos (Abb. 128. 129) stets makedonische Analogien ins Treffen führen. Deshalb würde es eigentlich naheliegen, in Alexandria auch Fassadengräber makedonischen Zuschnitts zu vermuten. Doch weit gefehlt, wurde doch bis heute keine einzige Grabfassade entdeckt, die mit makedonischen Funden (Abb. 107. 108) unmittelbar vergleichbar wäre. Einzuschränken ist hier nur, daß aus Alexandria bisher kein herrschaftliches Grab der Gründergeneration bekannt ist. Die Anlagen scheinen frühestens im mittleren 3. Jh. v. Chr. einzusetzen und datieren also aus einer Periode, die bereits auf einen längeren Kontakt mit ägyptischer Zivilisation zurückblicken konnte.

Im Gegensatz zu makedonischen Blendfassaden bevorzugte man in Alexandrien zwei Varianten gänzlich anderer Konstruktion. Beide Spielarten sind unterirdisch angelegt (Hypogäen). Zu nennen ist zunächst das «Oikosgrab» (Abb. 160. 161). Die Hauptkammer besaß an der Rückwand oftmals eine aufwendig gestaltete Rechtecknische mit einem steinernen Totenbett (Abb. 156a.b. 167. 168). Wurde der Hof noch zusätzlich in Art griechischer Häuser als Säulenhof konzipiert, so spricht man auch von «Peristylgräbern» (Abb. 162a–c).[169]

Nun spielten auch die Fassaden makedonischer Gräber in der Regel nicht auf Tempelarchitektur, sondern auf palastähnliche Konzepte an. Bei alexandrinischen Grabbauten ist allerdings Vorsicht geboten. So finden sich in den Kammern oder in den Höfen in der Regel Altäre, die deutlich machen, daß die Hypogäen permanent für totenkultische Zeremonien genutzt wurden (Abb. 160). Auch andere Elemente wie die Sphingen von Mustafa Pascha (Abb. 162a.b), die umlaufenden Bänke in den Hauptkammern (Abb. 156a. 160) oder die gelegentlich zu erschließenden Gärten wurden als Belege für den kultischen Charakter ins Feld geführt (Abb. 133). Wir müssen demnach von einem Nebeneinander palastähnlicher und sakraler Konzepte ausgehen.

Wie dominierend dieser Sakralgedanke werden konnte, dokumentiert das «Oikosgrab» von Suk el-Wardian (Abb. 160). Der kleine Altar steht im Inneren der langgestreckten Vorkammer unmittelbar vor einer kleinen Treppe, die uns durch ein übergiebeltes Portal in die eigentliche Kammer führt. Dort stand dann die

164

steinerne Totenkline wie im Allerheiligsten eines Tempels. Über der Kline öffnete sich ein Loculus, in dem wohl der Begründer der Anlage seine letzte Ruhe gefunden hatte. Das Ensemble mit Altar, Treppe und Giebel erinnert in der Tat an einen kleinen Podientempel.

Nicht uninteressant ist bei der Anlage von Suk el-Wardian auch der ornamentale Schmuck des Klinenraumes: Das Lunettenmotiv der antithetischen Greifen, die vor einer Blüte feierlich die Vorderpranken heben, hat altorientalische Wurzeln. Der umlaufende Palmettenfries stammt hingegen aus dem kleinasiatischen Repertoire.[170] Daß die Verbindungen nach Kleinasien zielen, ist nicht weiter erstaunlich, kontrollierten doch die Ptolemäer im 3. Jh. v. Chr. weite Teile der kleinasiatischen West- und Südküste (Abb. 118).

Mit seinem «Innengiebel» steht das Grab von Suk el-Wardian keineswegs allein, fand sich doch ganz Ähnliches auch in dem etwas älteren Grab von Schatbi (Abb. 139. 140; s. S. 101). Interessanterweise fehlte jedoch in Schatbi das Treppenmotiv und der unmittelbar davor errichtete Altar, so daß die Heiligtums-Anmutung noch deutlich hinter die Palast-Paraphrase zurücktritt. Bedenkt man, daß die Idee eines Innenprospektes bereits in dem makedonischen «Eurydikegrab» formuliert war (Abb. 141), wenn auch noch ohne Giebel, dann wird deutlich, wie sich dieser Sakralgedanke Schritt für Schritt ausgestaltete, bis man im Falle von Suk el-Wardian zu einer regelrechten Tempelanspielung gelangte.

All diese alexandrinischen Gräber waren über Generationen hinweg zugänglich, was die erhebliche Zahl der schmalen, in etwa körperlangen «Loculi» bestätigt. Die Grabnischen wurden natürlich nicht auf einmal, sondern über lange Zeiträume hinweg belegt. Und war die Kapazität der Anlagen erschöpft, dann fügte man oftmals weitere Räumlichkeiten mit neuen Grabstätten hinzu, wie wir es ja auch im Falle des Schatbi-Hypogäums sehen konnten (Abb. 139. 140; s. S. 103).

Im Gegensatz zu diesen Hypogäen waren makedonische Fassadengräber in der Regel nur für eine Bestattung vorgesehen, so daß es auch möglich war, die Scheinfassaden nach den Feierlichkeiten mit einem großen Erdhügel zu bedecken. Die prachtvollen Kulissen verschwanden somit für immer unter der Erde, während die alexandrinischen Prachtgräber keine künstlichen Hügel besaßen. Im Gegenteil! Gerade hier lohnt ein Blick auf die neuen Ausgrabungen in Marina el-Alamein, etwa 90 km westlich von Alexandria. Der Ort liegt ganz in der Nähe des im Zweiten Weltkrieg so berühmten Schlachtfeldes. In Marina blieb erhalten, was in Alexandria durch moderne Bebauung längst vernichtet wurde: Die ober-

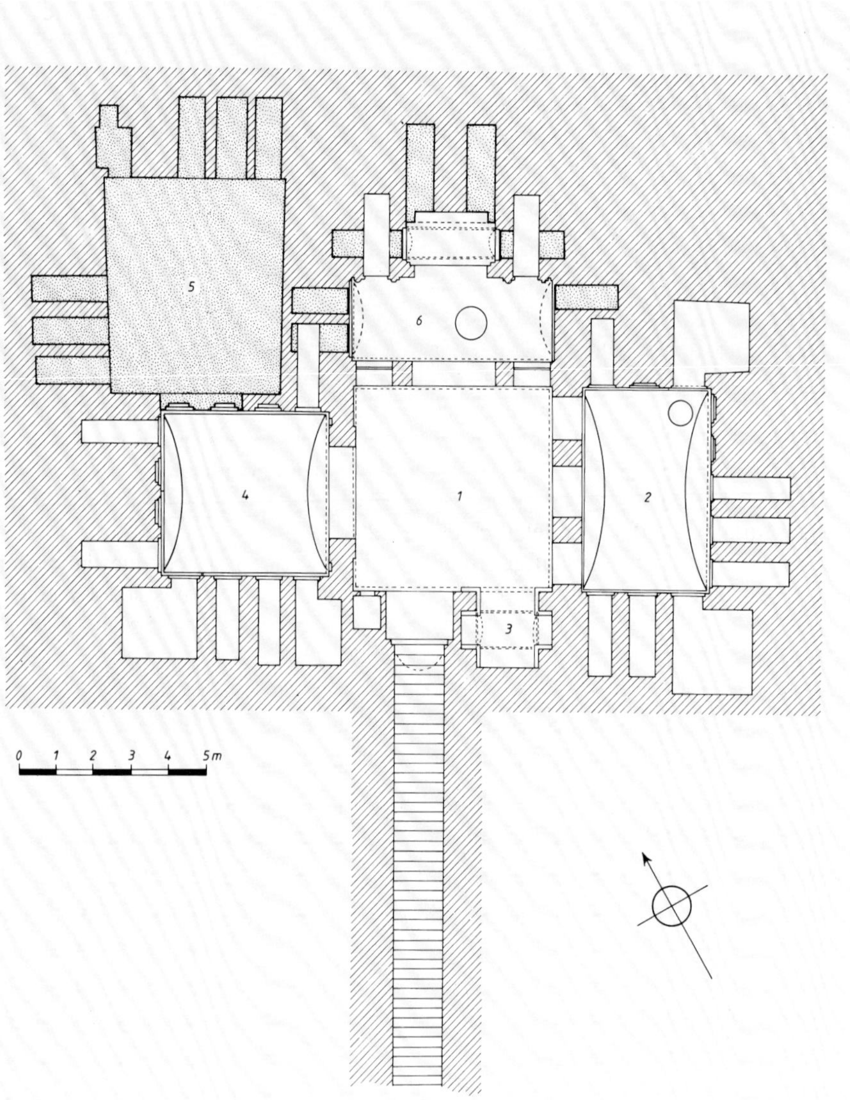

165

irdischen Anlagen der Hypogäen. Es handelt sich um Eingangshallen und Speisesäle, die wir uns auch in Alexandria ergänzen müssen (Abb. 163).[171] In Marina fanden sich zudem auch niedrige Steinbalustraden um die zentralen Höfe. Die Brüstungen waren sicherlich nicht nur als Hausillusion gedacht, sie schirmten zugleich auch den Flugsand ab, und hielten auf diese Weise die unterirdischen Höfe wenigstens einigermaßen sauber.

Nicht verschwiegen werden sollte jedoch, daß die antike Literatur bei den archäologisch nicht mehr zu fassenden Ptolemäergräbern um das Sema Alexanders ausdrücklich Tumuli erwähnt (Lucan, Pharsalia VIII, 695 ff.; GA 67). Handelte es sich wenigstens bei diesen «Tumuli» um Hügel makedonischer Prägung? Hier stimmt nun nachdenklich, daß die Gräber Makedoniens nach der Leichenfeier unzugänglich waren. Demgegenüber schlug man Octavian nach dem Fall Alexandriens ausdrücklich vor, die Mumien der Ptolemäer zu besichtigen, ein Ansinnen, das er in reichlich abfälliger Form zurückwies.[172] Die Ptolemäerbestattungen müssen also betretbar gewesen sein. Zudem zeigt die bei den Lagiden übliche Mumifizierung, wie sehr man sich auf landesübliche Vorstellungen eingelassen hatte. Und auch die Ptolemäer wurden natürlich mumifiziert.

Nun verfehlen Fürstenhöfe nahezu niemals ihre Wirkung auf Untertanen und Verehrer. Allein schon aus diesem Grund ist davon auszugehen, daß das Mumifizierungsritual der Lagiden auch unter ihren gräko-makedonischen Untertanen Nachahmer fand. Zudem war die ägyptische Vorstellung vom Jenseits weit faszinierender als der griechische Hades, in dem die Toten im wahrsten Sinn des Wortes ein Schattendasein führten. Das bedeutet nicht, daß alle Griechen Alexandrias ägyptische Vorstellungen übernahmen. So ist daran zu erinnern, daß sich in den frühalexandrinischen Nekropolen von Schatbi bis Hadra zahllose Aschenurnen fanden (Abb. 6).[173] Zumindest in diesen Fällen kann also von ägyptischen Jenseitsvorstellungen keine Rede sein. Festzuhalten ist indes, daß ägyptische Einflüsse im Laufe der Ptolemäerzeit beständig an Boden gewannen.

Wie sehr wurden jedoch die großen Hypogäen Alexandrias von ägyptischen Grabbauten beeinflußt? Nicht nur die Grundrisse mit den Höfen zeigen verblüffende Parallelen, auch Altäre oder die wohl mit dem Totengott Osiris zu verbindenden Gärten können bereits lange vor der Ptolemäerzeit belegt werden.[174] Wie ambivalent ein Motiv sein konnte, zeigen allerdings gerade diese Gärten. Sie finden sich nicht nur in ägyptischen Gräbern, sie sind auch ein Kennzeichen für alexandrinische Wohnbebauung (Strabo XVII, 1.9).

Sucht man angesichts der ägyptischen Vorläufer für das Gesamtkonzept nun in den großen Hypogäen nach archäologischen Belegen für ägyptische Vorstellungen, so bemerkt man nur allzu bald, daß die Architektur beinahe ausschließlich griechischen Vorgaben folgt. Ausnahmen bilden etwa die wohl nachträglich aufgestellten Sphingen in Mustafa Pascha (Abb. 162a–c) sowie die Schlange über der zentralen Kline des Antoniadisgrabes (Abb. 164. 165). Das Reptil ist sicher eine Anspielung auf den guten Dämon, den Agathos Daimon, der anläßlich der sagenhaften Gründung Alexandrias eine so maßgebliche Rolle spielte. Damals ließ Alexander eine Schlange erschlagen, der er später reuevoll ein Heiligtum errichtete. Dieser Schlangendämon wurde später eng mit dem synkretistischen Gott Sarapis verbunden (GA 81 ff.). Die Sphingen von Mustafa Pascha sind fraglos als Beschützer des Grabes zu verstehen, eine Funktion die in der hieroglyphischen Beischrift einer Sphinx des Wah-ib-re in Wien ausdrücklich genannt ist.

Daß nicht jedes ägyptische Motiv auch mit Hilfe altägyptischer Formen dargestellt werden mußte, zeigt uns möglicherweise ein kleines Gemälde über der zentralen Tür im Hof des ersten Grabes von Mustafa Pascha (Abb. 162a.b). Über Türen aufgestellte Bilder kennen wir etwa aus dem Bereich der pompejani-

***Abb. 165** Grundriß des Hypogaeums im Garten des Anwesens der Familie Antoniadis. Alexandria, s. Abb. 182.*

***Abb. 166** Hölzerne Scheintür des Ika (aus Sakkara), 5. Dynastie; Kairo, Ägyptisches Museum JE 72201.*

schen Wandmalerei. Zudem bietet uns eine dieser Dekorationen eine bühnenähnliche Türfront, wie wir sie in einfacherer Form auch für das Ptolemäerschiff rekonstruieren konnten (Abb. 132), doch macht diese Analogie die Kombination von Bild und Tür noch nicht zu einem ägyptischen Motiv.

Betrachten wir deshalb unser alexandrinisches Gemälde etwas genauer. Dargestellt ist eine Opferszene mit zwei Frauen und drei Reitern, die alle um einen Altar versammelt sind und als Zeichen des Trankopfers Schalen in den Händen halten. Die reichlich schematisch arrangierten Kavalleristen sind angesichts ihrer Brustpanzer und des goldglänzenden Helms beim rechten Flügelmann zum Kampf gewappnet. Zwei der Reiter tragen unter ihren Panzern langärmelige Chitone von roter Farbe. Diese Farbe signalisierte im Alexanderheer die Nähe zum König. Interessanterweise erkennt man bei den beiden helmlosen Kriegern Kopfbedeckungen, die entweder als Petasos oder wahrscheinlicher als makedonische Kausia gedeutet werden können, wie sie auch auf einem Wandgemälde von Boscoreale erscheint (Abb. 122; s. S. 92).[175] Ein makedonisches Motiv wäre in Mustafa Pascha umso bemerkenswerter, da im ptolemäischen Ägypten tatsächlich eine Kavallerieeinheit der «makedonischen Reitersiedler» überliefert ist, zu der auch Ägypter Zutritt hatten!

Die makedonische Kausia wird sogar noch bei den berühmten Verleihungen von Alexandria des Jahres 34 v. Chr. erwähnt (s. S. 141) und zwar als Teil des königlichen Ornates, wobei allerdings zu sagen ist, daß diese Kappen keineswegs zwangsläufig als Königstracht gedeutet werden dürfen, auch wenn die Kausia mit Diadem gerade für Alexander bestens bezeugt ist. In unserem Fall haben wir wohl Personen vor uns, denen daran lag, als Nachkommen makedonischer Einwanderer zu gelten.

Nun wird gerade diese Türfront durch die Sphingengalerie besonders geschützt. Und in der Tat tritt man dahinter in die zentralen Grabkammern, allen voran in die Kammer mit der Kline, die sicherlich dem Begründer des Grabes vorbehalten war. Die Opferszene führt also definitiv in den jenseitigen Bereich. Bemerkenswerterweise kennen wir jedoch just dieses Motiv von ägyptischen Scheintüren in sepulchralem Zusammenhang, über denen in der Regel ebenfalls Opferszenen zur Darstellung kommen (Abb. 166). Gemeint ist dabei ganz wie in Mustafa Pascha der Übergang in eine jenseitige Welt. Wir dürfen deshalb wohl davon ausgehen, daß hinter dem so griechisch wirkenden Türschmuck letztlich ein ägyptischer Gedanke stand.

Wir fassen also tatsächlich immer wieder ägyptische Elemente wenn auch zum Teil in griechischer Paraphrase. Andererseits zeigt ein heute zerstörtes Grab bei Sidi Gaber (Abb. 156a.b), daß man mitunter selbst die Ausgestaltung der Klinenräume mit Wohnhausarchitektur verbinden kann.[176] Unmittelbar über der Liege erkennt man einen reich mit Girlanden ausgestatteten Loculus, doch ist dieser zusammenhanglos in eine Dekoration anderen Typs eingeblendet. Man dachte sich die Klinennische als luftige Veranda. Wir erkennen einen halbhohen Sockel und auf diesem Miniaturpfeiler, also letztlich die bereits aus Makedonien geläufige Architekturordnung mit Sockel und Zwergsäulen.[177] Gemalte Girlanden schwingen zwischen den Pfeilerchen und die Mitte der gewölbten Decke ziert ein großes Sonnensegel zwischen rahmenden Kassettenfeldern. Das Dachmotiv ist somit eine Mischung aus dem Symposion des Ptolemäerschiffs (Abb. 132) und dem Festzelt des zweiten Lagiden (Abb. 102). Das Ganze wirkt wie ein luftiges Schlafgemach und nicht wie die Exedra einer Grabkammer, so daß man sich unwillkürlich an ptolemäische Papyri erinnert, die uns von den Fenstern ptolemäischer Schlafzimmer berichten, die zudem noch des öfteren im ersten Stock lagen.[178] Der Hinweis auf den Oberstock paßt vorzüglich zu der gemalten Architekturkulisse, beinhaltet doch ein Sockel mit Miniatursäulen oder Pfeilern tatsächlich einen Hinweis auf einen Oberstock, wie uns das Grab von Lefkadia (Abb. 138) oder das Ptolemäerschiff bestätigen (Abb. 128a.b. 129).

Eher in den Bereich eines ägyptischen Grabgartens führt uns jedoch eine gemalte Pfeilerhalle in einem Hypogäum im Viertel von Anfushi (Abb. 167. 168).[179] Die steinerne, bankartige Kline für den Sarkophag ist mit einem gemalten Tuch geschmückt. Über dem Gebälk mit dori-

166

167

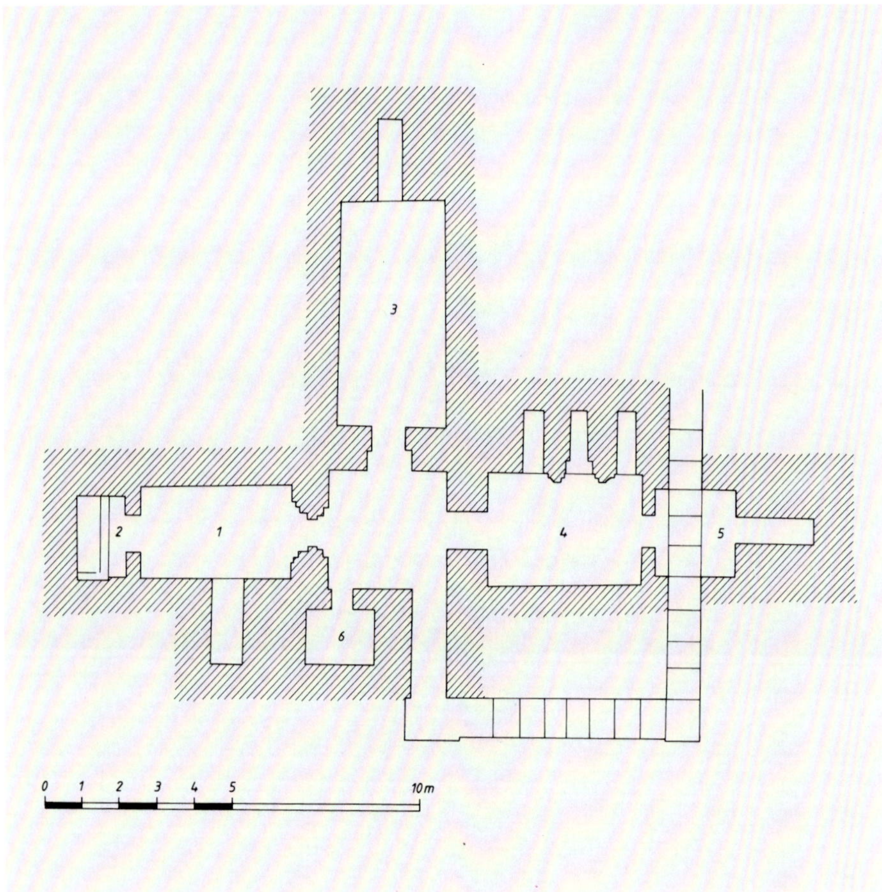

168

schem Kymation spannt sich eine jener gewölbten Decken, wie sie in der ägyptischen Grabarchitektur seit alters her so beliebt waren. Die Decke selbst ist wie in Suk el-Wardian (Abb. 160) im Sinne einer griechischen Kassettendecke ausgestaltet (Abb. 142).

Der Gang zur eigentlichen Grabkammer wurde in Stuckatur und Malerei mit einer Scheinquaderung versehen, während die gewölbte Decke das gerade im Grabbereich des öfteren belegbare Schachbrettmuster zeigt. Das Anfushi-Grab steht bereits für die Endphase des alexandrinischen Hellenismus und ist mit G. Grimm wahrscheinlich sogar erst nach den Zerstörungen des alexandrinischen Krieges anzusetzen (GA 133). Wir haben somit die Zeit Kleopatras erreicht.

Rein formal stehen wir also bei unseren alexandrinischen Gräbern vor einer geradezu schizoiden Situation. Auf der einen Seite wissen wir von den kultischen Funktionen der Hypogäen, auf der anderen Seite sahen wir, in welchem Ausmaß man bei der Ausgestaltung dieser Anlagen auf Elemente der Haus- und Palastarchitektur rekurrierte. So war die «Haus-Assoziation» der Grabperistyle derart unmittelbar, daß man sogar versuchte, den Grundriß von Mustafa Pascha I als Plan eines griechischen Wohnhauses zu begreifen (GA 41).

Versucht man nun, mit Hilfe der herrschaftlichen Hypogäen ein alexandrinisches Prachthaus zu rekonstruieren, dann zeigt sich sofort, wie schwierig es ist, die in den Gräbern zitierten Raumtypen mit einem normalen Peristylhaus zu verbinden. Um diesen Aspekt zu verdeutlichen, wurde in Abbildung 159 C der Grundriß des Grabes III von Mustafa Pascha (Abb. 133. 134. 159 A) mit seiner Bühne und der großen Exedra in ein hypothetisches Haus inkorporiert. Da die Papyri und auch Kallixeinos für das Ptolemäerschiff von einer Zweiteilung der Häuser in einen Männer- und einen Frauenbereich sprechen, wurde auch unsere Phantasievilla um zwei Höfe errichtet, wobei die Idee des Mitteleingangs von einem Haus der makedonischen Residenz Pella entlehnt wurde (Abb. 159 B).

Im zweiten Hof unseres Hauses plazierten wir nun noch einen vieltürigen Oikos, wie ihn uns das Grab von Schatbi (Abb. 139. 140) oder das Ptolemäerschiff überliefert (Abb. 142). Der Vergleich mit dem makedonischen Haus dokumentiert, wie weit unsere hypothetische Anlage von einem griechischen Peristylhaus entfernt wäre. Die Divergenzen mögen zumindest teilweise chronologischer Natur sein – gegen 300 v. Chr. das Haus in Pella, späteres 3. bzw. 2. Jh. v. Chr. unser alexandrinisches Phantasiegebäude, doch macht das die Unterschiede nicht eben kleiner. Wir werden deshalb nicht fehlgehen, in so manchem Architekturdetail alexandrinischer Hypogäen nicht nur Wohnhaus-, sondern geradezu Palastelemente zu erkennen.

Andererseits war so manche Familie mit dem Herrscherhaus verwandt, so daß nicht auszuschließen ist, daß sich die «Verwandten der Könige» in ihrer architektonischen Selbstdarstellung so weit eben angängig an Königspalästen orientierten. Nur die Palasttempel (Frontispiz) werden wir in ihren Villen wohl vergebens suchen.

***Abb. 167** Rekonstruktion des Klinenraumes eines Hypogäums bei Anfushi/Alexandria (Raum 2 und Gang 1). Erbaut wohl nach Caesars «Alexandrinischem Krieg» in der 2. Hälfte des 1. Jhs. v. Chr. Zeichnung U. Denis nach Vorlage des Verfassers. © M. Pfrommer.*

***Abb. 168** Grundriß des Hypogaeums von Anfushi (Alexandria), (s. Abb. 187).*

Rätsel aus Gold und Silber

Das Getty-Gold

Generationen jünger als der Schatz von Tuch el-Karamus ist ein Ensemble im J. Paul Getty Museum, das uns eine umfangreiche Palette hellenistischen Goldschmucks bietet (Abb. 169).[180] Nur die sonst so charakteristischen Halsketten mit Tierköpfen suchen wir vergeblich (Abb. 47a.b). Ansonsten ist bei diesem, mit größter Sicherheit aus Ägypten stammenden Geschmeide alles vertreten, angefangen von einer diademartigen Stephane und einem Haarnetz bis hin zu aufwendigen Armreifen in Schlangengestalt. Vorzüglich gearbeitete Fingerringe fehlen ebensowenig wie zierlicher Ohrschmuck.

Nun stellt sich bei jedem, aus dem Kunsthandel erworbenen Schatz die Frage nach seiner Wertung. Gehörten die Funde in der Antike überhaupt zusammen? Haben wir ein prunkvolles Grabinventar vor uns oder handelt es sich wie im Falle von Tuch el-Karamus um einen in höchster Not versteckten Hort? Letzte Sicherheit ist kaum zu gewinnen, sind wir doch auf Indizien angewiesen. So gehören zu dem Getty-Gold mehrere Ohrringe und ein Ohrgehänge mit Erosfigürchen, die unmöglich auf einmal getragen werden konnten. Dies ist interessanter als auf den ersten Blick zu vermuten, legte man doch einer vornehmen Toten in der Regel ein vollständiges Schmuckset mit ins Grab. Nach antiker Sitte wäre also nur ein Paar Ohrringe zu erwarten. Sollte der Ohrschmuck zum ursprünglichen Befund gehören, so wäre davon auszugehen, daß uns hier eher die Schmuckschatulle einer vornehmen Dame erhalten ist. Man könnte sogar noch einen Schritt weiter gehen, und aufgrund des fehlenden Halsschmucks folgern, daß das Museum nicht das gesamte Ensemble erwerben konnte.

Vergleichbare Schatzfunde illustrieren das Drama des modernen Kunsthandels mit besonderer Schärfe. Auf der einen Seite unterstützt jeder Kauf die Aktivitäten der Raubgräber. Doch fände sich kein Käufer für den Gesamtschatz, dann würden die Stücke einzeln losgeschlagen, so daß der Wissenschaft auch noch der letzte Schimmer an archäologischer Information verloren ginge. Es ist ein Teufelskreis. Und selbst wenn es gelänge, jede Form von Kunsthandel zu unterbinden, dann würde man Schmuck wegen seines Materialwerts schlichtweg einschmelzen. Auch dafür kennen wir manch trauriges Beispiel.

Ist nun aus archäologischer Sicht überhaupt denkbar, daß uns im Getty Museum ein antikes Ensemble erhalten ist? Bei der Antwort hilft unter anderem eine Eigentümlichkeit antiker Schmuckfunde – sie enthalten nämlich nur in seltenen Fällen Geschmeide älteren Datums. Während bei uns Schmuckstücke aus Pietät von Generation zu Generation vererbt werden, spielte in der Antike die Brosche der Urgroßmutter eine weit geringere Rolle. Mit einem Wort, Schmuck

***Abb. 169** Ptolemäischer Goldschatz im J. Paul Getty Museum, spätes 3./frühes 2. Jh. v. Chr.*

169

170

vierten bzw. fünften Ptolemäers abdeckt (222/1–204 bzw. 204–180 v. Chr.). Das würde bedeuten, daß der Hort spätestens im 1. Viertel des 2. Jhs. v. Chr. unter die Erde kam.

Wenn es sich bei dem Schatz tatsächlich um eine hastig versteckte Schmuckschatulle handeln sollte, dann ist die ins Auge gefaßte Periode geradezu ideal, wurde doch Ägypten in diesen Jahren von Kriegen und Aufständen erschüttert.[182] Wer auch immer das Ensemble versteckte, er überlebte nicht lange genug, um das Gold wieder zu bergen. Auch wenn es sich hier sicher nicht um Tempelgold handelt, so ist die historische Ausgangssituation durchaus mit der von Tuch el-Karamus zu vergleichen.

Dynastische Götter

Selten ist ein herrscherkultischer Hintergrund derart deutlich wie bei zwei goldenen Fingerringen aus dem Getty-Schatz. Beide tragen sie geschnittene Chalzedone und beide gehören sie mit Abmessungen von 4 auf 3 cm zu den großen Ringen hellenistischer Zeit. Der erste Chalzedon zeigt eine stehende Frauengestalt (Abb. 171. 172b). Angesichts ihres prachtvollen Doppelfüllhorns handelt es sich um die Schicksalsgöttin Tyche, wie wir sie bereits auf den Ptolemäerkannen kennenlernten (Abb. 90). Sie lehnt beinahe lässig an einem Pfeiler und stützt ihren linken Ellenbogen auf das Kapitell. Bei dem Füllhorn handelt es sich um jenes Attribut, das Ptolemaios II. für seine Frau und Schwester gestalten ließ (s. S.

171

hatte vor allem mit Mode zu tun. Und modisch war in der Regel nur, was modern war und was an den großen Fürstenhöfen getragen wurde.

Wenn es also gelingt, die Einzelelemente in der mutmaßlichen Spanne einer Generation zu verankern, dann können wir relativ guten Gewissens davon ausgehen, daß wir tatsächlich einen antiken Schatz vor uns haben. Stücke die chronologisch völlig aus dem Rahmen fallen, sollte man hingegen mit Vorsicht betrachten und sicherheitshalber ausschließen, um Irrtümern vorzubeugen. Parallelisiert man das Getty-Gold mit dem Typenschatz des späteren 3. und früheren 2. Jhs. v. Chr., so liegen die Analogien auf der Hand (Abb. 170).[181] Angesichts dieser Übereinstimmung ist zugleich auch der zeitliche Rahmen umrissen, so daß unser Geschmeide etwa die Regierungszeit des

***Abb. 170** Typologie eines ptolemäischen Goldschatzes im J. Paul Getty Museum (rechts) im Vergleich mit Analogien gleicher Zeit (links), spätes 3./frühes 2. Jh. v. Chr. Zeichnung Verfasser. © M. Pfrommer.*

***Abb. 171** Goldener Fingerring aus einem ptolemäischen Goldschatz mit dem Bildnis der Schicksalsgöttin Tyche mit doppeltem Füllhorn, spätes 3./frühes 2. Jh. v. Chr.; Dm. etwa 4 cm; Malibu, J. Paul Getty Museum 92.AM.8.9.*

***Abb. 172a.b** a) Skizze der Artemis; b) Skizze der Tyche. Fingerringe eines ptolemäischen Schatzes, spätes 3./frühes 2. Jh. v. Chr.; Malibu, J. Paul Getty Museum 92.AM.8.8 und 92.AM.8.9.*

***Abb. 173a.b** Goldener Fingerring aus einem ptolemäischen Goldschatz mit dem Bildnis einer Artemis mit Diadem, spätes 3./frühes 2. Jh. v. Chr.; Dm. etwa 4 cm; Malibu, J. Paul Getty Museum 92.AM.8.8.*

65). Die Vaseninschriften sichern auch die ptolemäische Deutung: «Agathés Tyches Arsinoes Philadelphou Isios'» (der guten Tyche, der ihren Bruder liebenden Arsinoe-Isis).[183]

Zudem verweist das übergroße Ptolemäerauge bei der Getty-Tyche ebenso auf die Königin wie das hinter ihr «schwebende» Zepter, das sie mit keiner Hand berührt. Das Zepter weist am oberen Ende zwei Verdickungen unterschiedlicher Größe auf, bekrönt von einer gerade noch kenntlichen Spitze. Für sich genommen ist das Motiv kaum zu deuten, doch vergleicht man es mit dem Schlangenzepter Arsinoes II., dann erschließt sich der Sinn ohne weitere Mühe.[184] Die untere Verdickung repräsentiert einen kleinen Kelch, auf dem eine Uräusschlange drohend die gespreizte Haube hebt. Der kleine Strich auf der Zepterspitze steht für den eigentlichen Schlangenkopf, die darunter angegebene Verdickung wohl für die gespreizte Haube der königlichen Natter.

Doch selbst wenn man diese Analogie nicht gelten läßt, auf ptolemäischen Münzen erscheint das Zepter so häufig über den Schultern oder den Köpfen der Ptolemäer (Abb. 77b. 145a), daß an der herrscherlichen Deutung unseres Attributs kaum ein Zweifel bestehen kann. Wir haben also mit Sicherheit eine «königliche» Schicksalsgöttin vor uns.

Ehe wir uns der Frage zuwenden, welcher Personenkreis für einen derartigen Siegelring in Frage kommt, lohnt ein Blick auf den zweiten Ring unseres Schatzes (Abb. 172a. 173a.b). Bei der wiederum auf einen Pfeiler gestützten Frau handelt es sich um Artemis, die Göttin der Jagd. Bogen und Köcher an ihrer linken Schulter kennzeichnen sie ebenso wie der hinter ihr hervortretende Hirsch. Haben wir tatsächlich «nur» die Göttin der Jagd vor uns? Tatsächlich bereicherte der Gemmenschneider die so vertraute Ikonographie in höchst bemerkenswerter Weise. Verdacht erweckt zunächst das große Ptolemäerauge und dann das auf die rechte Schulter fallende Diadem. Götter tragen keine Diademe, dies blieb den Königen vorbehalten. Doch damit nicht genug, ist doch das Haar der herrschaftlichen Gestalt zu einer «Melonenfrisur» hochgesteckt, wie bei Arsinoe II. (Abb. 77a.b). Auge, Diadem und Frisur kennzeichnen unsere Göttin somit als «königliche» Artemis. Daß die Artemis-Angleichung tatsächlich eine seltene Deifizierungsform Arsinoes war, wurde an anderer Stelle ausgeführt (s. S. 59).

Beachtung verdient noch ein weiteres Detail: die entblößte linke Brust der Göttin. Zur ewig jungfräulichen Artemis will sie nicht so recht passen, ist doch das Gewand in beinahe lasziver Weise von der Schulter geglitten: in der griechischen Ikonographie ein wahrhaft aphrodisisches Motiv. Und damit nicht genug, wir erkennen auch die charakteristischen Venusringe auf dem Hals. Unsere «königliche» Artemis besitzt somit auch Züge Aphrodites, und Aphrodite war wohl die bekannteste Götterangleichung Arsinoes II. Man sieht, wie meisterhaft unser Gemmenschneider das neutrale Artemismotiv dynastischen Vorgaben anpaßte und die traditionelle Ikonographie gleichsam aktualisierte: Er schuf eine königliche Artemis-Aphrodite-Arsinoe.

Und so stellt sich erneut die Frage, wer wohl mit derartigen Ringen gesiegelt

172a.b

173a

173b

174a

haben mag? Um den Schatz einer Königin scheint es sich nicht zu handeln, da wir sonst eindeutige Königssymbolik erwarten sollten. Die Ringe kennzeichnen die einstige Besitzerin eher als Verehrerin der Dynastie und der großen Königin. Die beiden Fackeln auf der mit dem Ensemble erworbenen Stephane könnten sogar auf eine dynastische Priesterin deuten (Abb. 175a–c). So betont das gegen 238 v. Chr. erlassene Dekret von Kanopus, daß man die Priester des königlichen Kultes an ihren Ringen erkennen solle.[185]

Man könnte sich allerdings noch eine andere Lösung denken, wie sie beispielhaft in einer Episode nach dem Staatsstreich gegen Ptolemaios IV. überliefert ist. Da trägt ein übereifriger Parteigänger des neuen Machthabers einen Ring mit dem Bild des Usurpators Agathokles und nennt gar seine Tochter Agathokleia.[186] Die Fingerringe des Getty-Schatzes könnten also einer Priesterin gehört haben, doch ist keineswegs auszuschließen, daß es sich am Ende schlichtweg um Symbole der Loyalität handelte, mit deren Hilfe sich die Trägerin als treue Anhängerin der Lagiden ausweisen wollte und konnte. Festzuhalten bleibt schließlich noch, daß beide Ringe gegen 200 v. Chr. und somit lange nach dem Tod Arsinoes II. gefertigt wurden. Der späte Ansatz kann nicht weiter erstaunen, erscheint das Bildnis der Königin doch noch Generationen nach ihrem Tod auf ptolemäischen Münzen.

Ein Haarnetz und seine Botschaft

Das meisterhafte Haarnetz steht unter alexandrinischen Funden nicht allein, wie ein vorzügliches Exemplar in etwa gleicher Zeitstellung dokumentiert (Abb. 5). Im Gegensatz zu den Fingerringen mit ihrer dynastischen Konnotation sucht man bei dem Getty-Haarnetz leider vergeblich nach vergleichbar eindeutigen Hinweisen, doch zeigt eine nähere Analyse, daß auch hier höfische Propaganda im Spiel sein dürfte (Abb. 174a–c).

Die goldene Haube ist derart klein, daß sie nur als Schmuck eines Haarknotens verstanden werden kann. Die Basis des etwa acht Zentimeter durchmessenden Schmuckstücks bildet ein schmales goldenes Band mit Efeuranken, dem charakteristischen Kranz des Dionysos und sei-

***Abb. 174a–c** Goldenes Haarnetz aus einem ptolemäischen Schatz. Das Medaillon trägt eine Büste Aphrodites mit einem kleinen Eros, spätes 3./frühes 2. Jh. v. Chr.; Malibu, J. Paul Getty Museum 92.AM.8.1.*

nes Kreises. Zusammengehalten wird das Efeuband von einem großen Heraklesknoten, dessen Bänder einst Granatintarsien trugen. Erhalten haben sich nur einige Fragmente. Die dionysische Komponente unterstreicht zudem eine Vielzahl kleiner Theatermasken. Dionysos war der Gott des Theaters, wie wir bereits am Ptolemäerzelt vermerken konnten (s. S. 70). Angesichts dieser herakleisch-dionysischen Kombination denkt man unwillkürlich an unsere Adulisinschrift: «... abstammend väterlicherseits von Herakles, dem Sohn des Zeus und mütterlicherseits von Dionysos, dem Sohn des Zeus ...»

Damit sind jedoch unsere herrscherkultischen Assoziationen noch keineswegs erschöpft, denn das zentrale Medaillon auf der Kuppelwölbung zeigt eine in hohem Relief gearbeitete Aphroditebüste. Die Deutung selbst sichert der kleine Eros auf der Schulter der Göttin. Wie mehrfach angesprochen, erfreute sich Aphrodite als göttliches Äquivalent zahlreicher Ptolemäerinnen besonderer Beliebtheit. Verbindet man dies nun mit den herakleischen und dionysischen Motiven, so liegt es nahe, die Symbolik des Netzes mit ptolemäischem Herrscherkult in Verbindung zu bringen. Oder anders formuliert – wäre das Haarnetz nicht als Teil eines ptolemäischen Ensembles erworben worden, so würde allein die göttliche Symbolik eine ptolemäische Deutung nahelegen. Es ist keine andere Dynastie bekannt, bei der diese drei Gottheiten eine vergleichbar große Rolle gespielt hätten.

Und hat man erst einmal die ptolemäische Option erkannt, dann bietet gerade das Aphroditemedaillon noch einige interessante Aspekte. So fällt das Haar der Göttin in reichen Wellen auf die Schultern, doch über der Stirn erkennen wir die charakteristischen Strähnen einer «Melonenfrisur». Und so überrascht es auch nicht, daß Aphrodite eben jenen sichelförmigen Kopfschmuck trägt, der uns von ptolemäischen Münzporträts bestens vertraut ist (Abb. 77a. 145a). Man sollte also davon ausgehen, daß der Goldschmied unserer Aphrodite Züge der Königsikonographie verlieh, um auf den dynastischen Zusammenhang zu verweisen.

Das bedeutet nicht, daß wir hier zwingend eine Ptolemäerin im Gewand Aphrodites vor uns haben, doch bietet das Motiv in jedem Fall deutliche Hinweise auf die Göttlichkeit des königlichen Hauses. Andererseits könnte es sich natürlich durchaus um eine Ptolemäerin handeln. Zu erwägen wäre etwa Arsinoe III., doch ist das goldene Köpfchen zu klein für eine zweifelsfreie Porträtzuweisung.

174b

174c

175a

175b

175c

Daß sich hinter der Komposition tatsächlich ein dynastisches Motiv verbergen könnte, zeigt ein Vergleich mit einer Münze Kleopatras VII., die wenigstens fünf Generationen jünger ist als unser Haarnetz.[187] Die qualitativ bescheidene Bronzeprägung stammt aus Zypern, das für lange Jahrhunderte aufs engste mit dem Ptolemäerreich verbunden war. Die Symbolik der Münze erschließt sich ohne größere Schwierigkeiten. Auf der Rückseite erscheint ein doppeltes Füllhorn mit schmaler Binde und auf der Vorderseite Kleopatra selbst. Hinter ihrem Rücken «schwebt» das bereits vertraute Zepter. Über der Stirn trägt sie die schmale Stephane unserer Aphrodite. Und wie bei unserem Medaillon, so erscheint auch hier

***Abb. 175a–c** Goldener Kopfschmuck (Stephane) aus einem ptolemäischen Schatz. Heraklesknoten, gerahmt von zwei goldenen Fackeln, spätes 3./frühes 2. Jh. v. Chr.; Malibu, J. Paul Getty Museum 92.AM.8.2.*

***Abb. 176** Ohrringe mit Köpfen von Antilopen aus einem ptolemäischen Schatz, spätes 3./frühes 2. Jh. v. Chr.; Malibu, J. Paul Getty Museum 92.AM.8.3–4.*

***Abb. 177** Ohrgehänge, bestehend aus Teilen eines Stierkopf-Ohrrings und einem reichen Gehänge aus einer Schmuckscheibe mit Rosette und einem Eros, der eine Fackel und eine Schale hält. Aus einem ptolemäischen Schatz, spätes 3./frühes 2. Jh. v. Chr.; Malibu, J. Paul Getty Museum 92.AM.8.*

ein Kleinkind an der Schulter der göttlichen Königin, die hier wie ihre Ahnin Arsinoe II. als «kyprische Aphrodite» porträtiert wurde. Bei ihrem Kind sollte es sich also um Eros handeln, auch wenn man angesichts der bescheidenen Münzqualität keine Flügelchen erkennen kann.

Und so wie man vermutete, daß es sich auf der Münze bei dem Baby-Eros um den gerade geborenen Sohn des großen Caesar handeln könnte, so ist natürlich auch bei unserem Aphroditemedaillon Eros als Sohn der Göttin der zukünftige Herrscher Ägyptens. Aus griechischer Sicht ist dies eine recht ungewöhnliche Überhöhung der Erosgestalt. Betrachtet man das Motiv jedoch aus dem Blickwinkel ptolemäischer Ideologie, dann zeigt sich eine zwingende Logik. Schon Arsinoe II. fungierte als Isis/Aphrodite, so daß man zwangsläufig auch die Kinder der beiden Gottheiten parallelisieren muß. Das bedeutet, daß aus dem griechischen Eros urplötzlich Horus wird, der junge König Ägyptens. Der winzige Eros, der auf unserem Medaillon spielerisch am Gewand der Mutter zerrt, mußte aus ptolemäischer Sicht als «Kronprinz» begriffen werden.

Die Symbolik des Haarnetzes illustriert, auf welch elegante Weise man auf herrscherkultische Vorgaben reagieren konnte. Aus diesem Blickwinkel ist auch nicht völlig von der Hand zu weisen, daß der Heraklesknoten aus Tuch el-Karamus mit seinem Erosfigürchen (Abb. 74a.b) am Ende doch als Reflex dynastischer Ideologie verstanden werden könnte, doch liegt die Betonung zwangsläufig auf «könnte». Dies gilt im übrigen auch für das oben angesprochene Haarnetz in New York mit einer Mänade im Medaillon (Abb. 5).

Der Schmuck einer Priesterin?

Am Ende stellt sich noch einmal die Frage nach der einstigen Besitzerin. Sollte man angesichts der Fingerringe und des Haarnetzes nicht doch an eine Priesterin denken? Und in der Tat, es scheint möglich und zwar angesichts der Stephane, des Kopfschmucks unseres Ensembles (Abb. 175a–c). Schmuckstücke dieser und verwandter Art werden in der Literatur oft als «Diadem» bezeichnet, doch sollte man darauf verzichten, da der Terminus «Diadem» in der Altertumswissenschaft untrennbar mit jenem schmalen Band assoziiert wird, das seit den Tagen Alexanders als königliche Insignie gilt (Abb. 29. 30. 84). Man sollte deshalb eher auf den neutraleren Begriff «Stephane» ausweichen.

176

177

In unserem Fall handelt sich um ein dreiteiliges Schmuckstück, das über der Stirn der Trägerin von einem großen Heraklesknoten zusammengehalten und auf dem Nacken wohl mit Hilfe einer Nadel geschlossen wurde. Die Nadel selbst ist heute verloren, auch dies ein Zeichen für die eingangs erwogene Unvollständigkeit des Schatzes. Die beiden seitlichen «Arme» der Stephane schmückte der Goldschmied mit je einer kunstvoll verzierten Fackel. Ja er bemühte sich sogar, das Flackern der Flammen mit eng zusammengedrehten Goldbändern darzustellen. Fackeln wurden in der Antike in verschiedensten Sakralkontexten verwendet. Sie sind nicht mit einer speziellen Gottheit zu verbinden, doch ist der kultische Hintergrund gerade im Falle unserer reich verzierten Beispiele schwerlich von der Hand zu weisen. Als Motiv eines Schmuckstücks sind sie zudem derart singulär, daß man wohl eine spezielle Absicht vermuten darf. Sollten wir tatsächlich eine Priesterin vor uns haben? Die Deutung scheint doch einiges für sich zu haben.

Mit diesen Schmuckstücken ist unser Ensemble noch keineswegs vollständig. So enthielt der Gettyschatz nicht weniger als vier Paar goldener Ohrringe (Abb. 176. 177) und zwei Paar Schlangenarmreifen (Abb. 178. 179). Vor allem die Armreifen mit den vielfach gewundenen Tierleibern zeigen im Vergleich mit dem Schlangenarmschmuck aus Tuch el-Karamus (Abb. 75), daß sich mit der Zeit auch der modische Zuschnitt der Schmuckstücke geändert hat.

Im späten 3. Jh. v. Chr. erleben wir mit der Ermordung Arsinoes III. einen Staatsstreich, der auf die Vernichtung der Dynastie zielte (GA 99 ff. 144 ff.). Danach lag die Macht für mehr als eine Generation in den Händen ehrgeiziger Höflinge und Strategen, die schon Mühe hatten, Alexandria zu kontrollieren. Selbst wenn wir nie erfahren sollten, wo das Getty-Gold einst verborgen wurde, die Umstände sind nur allzu klar. Die Besitzerin versteckte ihr Gold in extremer Gefahr, vielleicht gar im Bewußtsein, daß nicht nur ihr Geschmeide, sondern auch ihr Leben auf dem Spiel stand. Und so vergrub sie die Bilder ihrer Götter, zweifellos in der Absicht, sie baldigst zu verbergen. Vielleicht binnen einiger Tage oder in einigen

178

179

180a

180b

Wochen – doch sie kehrte niemals zurück.

Ein Schatz ohne Namen

Auch bei unserem folgenden «Schatz» kann von gesicherten Fundumständen keine Rede sein. Er erschien bereits Ende der 80er Jahre im europäischen und amerikanischen Kunsthandel, und ist seither zum Teil verschollen.[188] Hätten wir nicht die Versicherung aus zuverlässiger Quelle, so wären wir vielleicht nicht einmal in der Lage, die Stücke dem Nilland zuzuweisen.

Die Zusammensetzung des Ensembles ist auch diesmal mehr als heterogen, finden sich doch erneut Zeugnisse unterschiedlicher Qualität. Geradezu brillant ist eine silberne Schale mit einem reich vergoldeten Blattkelch auf der fußlosen Rundung (Abb. 180a.b). Der Typus des Gefäßes ist seit dem 2. Jh. v. Chr. aufgrund zahlloser Tongefäße und einiger Silberschalen bestens bezeugt. Mit diesem Gefäß haben wir bereits das dritte Exemplar mutmaßlich ägyptischer Provenienz vor uns, das in Grundzügen ein- und denselben Kelchdekor trägt. Bemerkenswerterweise erscheint dieser Blattkelch auch auf kostbaren Glasbechern (Abb. 181). Es handelt sich um sogenannte Sandwich-Gefäße. Sie bestehen eigentlich aus zwei genau ineinander passenden Glasschalen, bei denen man den Dekor aus Blattgold ausschnitt und dann zwischen den beiden Schalen einpaßte. Einige der Gefäße stammen aus dem unteritalischen Canosa, einem der großen Fundplätze antiken Glases. Bei Luxus-

181

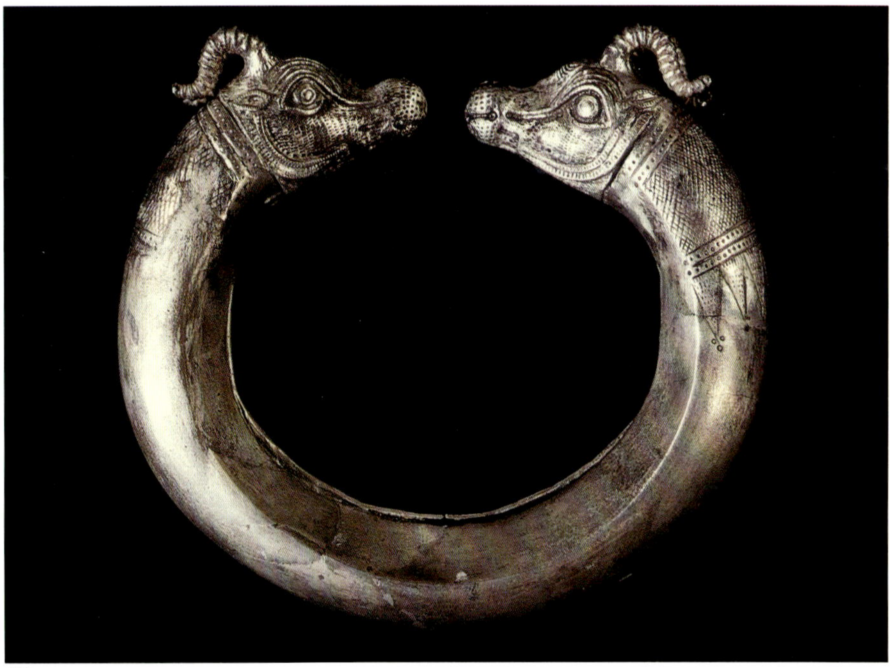

182a

182b

***Abb. 178** Schlangenarmreifen, gewunden aus zwei Schlangen. Aus einem ptolemäischen Schatz, spätes 3./frühes 2. Jh. v. Chr. Dm. ca. 6,5 – 7 cm.; Malibu, J. Paul Getty Museum 92.AM.8.7.1/2.*

***Abb. 179** Schlangenarmreifen, gewunden aus je einer Schlange. Aus einem ptolemäischen Schatz, spätes 3./frühes 2. Jh. v. Chr. Dm. ca. 6,5 – 7 cm; Malibu, J. Paul Getty Museum 92.AM.8.6.*

***Abb. 180a.b** Silberne, reich vergoldete Schale, wohl aus Ägypten, 2. Jh. v. Chr.*

***Abb. 181** Glasbecher mit reichem Blattkelchdekor aus Canosa; London, British Museum Inv. 71.5–18.1/2. Skizze Verfasser.*

***Abb. 182a.b** Armreifen mit Gazellenköpfen. Wahrscheinlich aus Ägypten. Silber; Dm. 11 cm; Trier, Sammlung der Universität.*

183

glas dieser Art hatte man seit langem alexandrinische Provenienz erwogen, ohne letztlich schlüssige Hinweise zur Hand zu haben. Unsere Silberschalen sind zwar angesichts ihrer Kunsthandelsherkunft noch kein endgültiger Beweis, doch zeichnet sich ein ptolemäischer Werkstattkreis ab, der typologisch kanonisierte Luxusgefäße aus Glas und Silber für in- und ausländische Abnehmer produzierte.

Interessant ist dabei, daß griechische Künstler derart hohen Niveaus eigentlich Normungen vermieden. In unserem Fall ist jedoch das Gegenteil der Fall und man fragt sich unwillkürlich, ob wir hier nicht in gewissem Sinne ägyptischen Einfluß fassen. Dies gilt natürlich nicht für den künstlerischen Entwurf, wohl jedoch für die Tendenz, ein vollkommenes Konzept möglichst wenig zu variieren. Wir fassen hier möglicherweise die Wirkung einer fremden Kultur auf die Gepflogenheiten griechisch ausgebildeter Künstler. Natürlich könnte man sich aus dem Dilemma befreien, und von ägyptischen, jedoch in griechischer Tradition geschulten Kunsthandwerkern ausgehen, doch bleibt auch in diesem Fall ein bemerkenswertes Beispiel künstlerischer Akkulturation.

Silberner Schmuck

Brillierte die Schale noch mit höchster Qualität, so läßt sich das von dem angeblich zugehörigen Silberschmuck beileibe nicht behaupten. Hier stehen wir eher vor solider Handwerksarbeit. Daß die Stücke tatsächlich aus Ägypten stammen können, zeigt sich nicht zuletzt auch angesichts des Materials, war doch im griechischen Raum silberner Schmuck höchst ungewöhnlich. Angesichts der griechischen Einflüsse bei einigen Schmuckstücken spricht das Material somit für eine griechisch beeinflußte Landschaft mit starker einheimischer Tradition.

Zu nennen ist zunächst ein Paar schwerer silberner Armreifen mit Gazellenköpfen (Abb. 182a.b). Parallelen für diese massiv wirkenden Stücke sind im 2. Jh. v. Chr. bestens bezeugt, wenn auch in Gold und in durchweg besserer Ausführung. Der Typus der Schmuckstücke leitet sich zwar ursprünglich von persischen Prototypen ab, doch war er in hellenistischer Zeit längst Bestandteil griechischen Repertoires.

Die Schmuckstücke zeigen nun aufs Neue, daß sich der griechische Formenschatz des ptolemäischen Ägypten durchaus mit dem Repertoire anderer Landschaften vergleichen läßt. Die Funde dokumentieren jedoch auch, daß bei weitem nicht jede ptolemäische Werkstatt hohen Ansprüchen genügte. Man erinnert sich unwillkürlich an das Ptolemäerschiff und die Worte eines Kallixeinos, der die Friese in den königlichen Speisesälen zwar als große Kostbarkeit rühmte, der Schnitzarbeit jedoch zugleich mäßige Qualität attestierte (Athenaios V, 205c). Und das im unmittelbaren Umfeld des Pharaos.

Ein weiteres Armreifenpaar folgt nur in derart stilisierter Form dem Typus eines hellenistischen Tierkopfarmreifs, daß man eigentlich gut daran täte, diese Stücke aus dem Kreis hellenistischer Kunst zu verbannen, wäre nicht der gravierte Dekor hinter den Tierköpfen bestens mit den Gazellenkopf-Armreifen vergleichbar (Abb. 183). An die Stelle naturnaher Darstellungen sind geradezu abstrakte Köpfe getreten, bei denen Augen und Ohren beinahe Ornamentcharakter annehmen. Sollten derart provinzielle Arbeiten tatsächlich aus spätptolemäischen Werkstätten stammen? Wir kommen nicht umhin, hier ein großes Fragezeichen zu setzen und können nur hoffen, daß uns einst gesicherte Funde weiteren Aufschluß geben. Einstweilen bleibt der Schatz ohne Namen gerade bei seinen Silberarbeiten eine wissenschaftliche Herausforderung.

***Abb. 183** Armreifen mit stilisierten Tierköpfen. Wahrscheinlich aus Ägypten. Silber; Dm. 8,5 cm. Kunsthandel.*

Kleopatra VII. – allein gegen das Schicksal

Kleopatra, Caesars Sohn und ihre Paläste

Laut Strabo (XVII, 1. 8) hatte sich jeder Ptolemäer einen Palast errichtet, schien doch ein Lagide ohne eigenen Palast einigermaßen undenkbar. Um so bedauerlicher ist es, daß wir bis heute keinen dieser Bauten lokalisieren können. Doch schildert uns ein römischer Text wenigstens jene Halle, in der Caesar während oder kurz nach dem alexandrinischen Krieg von Kleopatra bewirtet wurde. Allerdings sollte man nicht vergessen, daß es sich ungeachtet der herrschenden Meinung allein aus historischen Gründen schwerlich um die Schilderung eines «Kleopatrapalastes», sondern nur um die Schilderung «eines Ptolemäerpalastes» handeln kann. Denn die bei Caesars Ankunft noch nicht zwanzigjährige Königin, die zu dieser Zeit nicht nur um ihre Krone, sondern vor allem um ihr Leben kämpfte, konnte unmöglich Zeit und Mittel für einen derartigen Bau gefunden haben. Daß sich Kleopatra einen eigenen Palast erbaute, ist anzunehmen, doch hüllt sich hier die Historiographie über den Plan, die Ausstattung und mögliche Lokalität in Schweigen.[189] Der Text Lucans (Pharsalia X, 111–121) ist keineswegs schmeichelhaft gemeint und berichtet von unvorstellbarem Prunk:

«Schon der Raum glich einem Tempel, wie ihn selbst eine noch tiefer verderbte Epoche kaum errichten würde: da waren die Kassettendecken mit einem Vermögen besetzt und die Balken unter massivem Gold versteckt, glänzte Marmor an den Wänden nicht nur oberflächlich und in Platten als Verkleidung, waren Achat und Porphyr selber Säulen und nicht müßiger Schmuck, trat man überall im ganzen Saal auf Onyx (Alabaster). Ebenholz aus Meroe diente nicht allein zum Decken breiter Pfosten, nein, es stand wie gewöhnliche Eiche als Stütze statt als Zierde im Palast; Elfenbein verkleidete die Eingangshalle, und an den Türen haftete indisches Schildpatt, noch dazu von Menschenhand gefärbt und mit Smaragden tupfenartig reich verziert.»[190]

Die Schilderung bietet manch vertrautes Detail, so daß durchaus anzunehmen ist, daß Lucan eine gute Quelle vorlag. Goldene Gebälke und Decken oder die Elfenbeintäfelung der Vorhalle sind uns bereits für die Thalamegos überliefert. Das indische Schildpatt an den Türen ist sicherlich eine Anspielung auf die mittlerweile vertraute Indiensymbolik. Auch daß Lucan die massiven Marmorwände herausstellt, spricht für eine alexandrinische Vorlage, besaß doch das ptolemäische Ägypten keine Marmorvorkommen, da die Brüche am Mons Claudianus erst in der Kaiserzeit erschlossen wurden. Für einen ptolemäischen Marmorbau mußte man Quader für Quader mit dem Schiff nach Ägypten verfrachten – für antike Verhältnisse sicherlich ein ungewöhnlicher Aufwand. Die Erwähnung von Porphyrsäulen mit Achat-(Intarsien?) erinnert an pompejanische Wanddekorationen des «Zweiten Stils» (Abb. 187) und das spricht für einen spätptolemäischen Bau. Vielleicht handelte es sich um den Palast von Kleopatras prunkliebendem Vater. Die Alexandriner verspotteten den weidlich verhaßten Mann als «Auletes», den Flötenspieler, während er selbst sich in bester Ptolemäertradition als «Neos Dionysos» sah (Abb. 186).

Lucan beschreibt anscheinend einen tempelähnlichen Raum mit Innensäulenstellung, doch kommen wir hinsichtlich des Grundrisses leider nicht über Allgemeinplätze hinaus, auch wenn wir mit großer Sicherheit davon ausgehen können, daß Lucan nicht etwa den ganzen

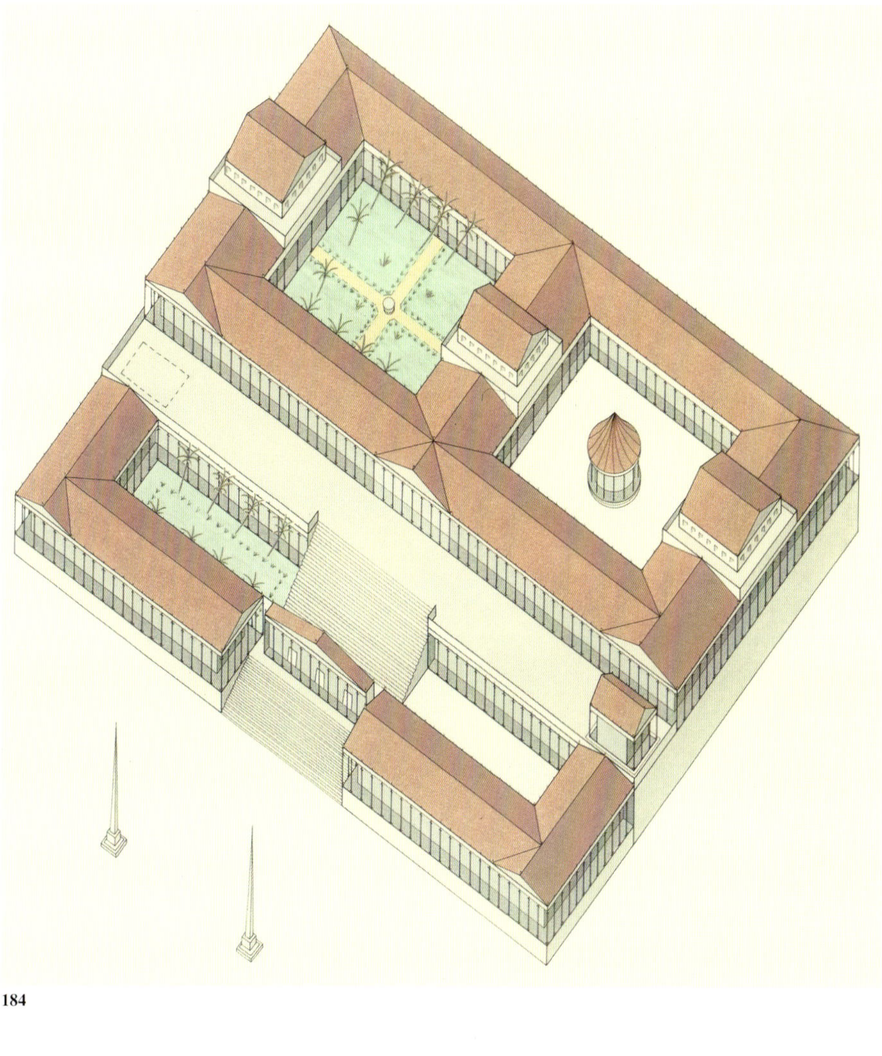

184

Abb. 184 Ideenskizze des Kaisareions von Alexandria. Der gewaltige Bau wurde noch unter Kleopatra VII. geplant und vereinigte Charakteristika eines Palastes mit Zügen eines Terrassenheiligtums. Unter den Caesaren war die Anlage Sitz des Kaiserkultes. Zeichnung U. Denis nach Vorlage des Verfassers. © M. Pfrommer.

185

Palast, sondern allein einen jener «Großen Oikoi» schildert, wie wir sie auch für das Kaisareion rekonstruierten (Abb. 184).

Kleopatra VII. herrschte faktisch als Alleinherrscherin, doch stand ihr rein staatsrechtlich zunächst ein jüngerer Bruder als Mitpharao zur Seite, der nach seiner Ermordung durch ihren kleinen Sohn aus der Liaison mit Iulius Caesar ersetzt wurde. Der junge Mann mit dem beziehungsreichen Namen Ptolemaios Kaisar war für die Ptolemäerin von außergewöhnlicher Bedeutung. Jede römische Intervention mußte sich zwangsläufig gegen einen leiblichen Sohn des großen Caesar richten, der in Rom damals bereits göttliche Ehren genoß. Konsequenterweise ließ die Propaganda Octavians auch nichts unversucht, um Caesars Vaterschaft zu leugnen und den ägyptischen Bastard entsprechend herabzusetzen (GA 134f.).

Daß man diesem politisch so zentralen «Kindherrscher» nach ptolemäischer Tradition einen eigenen Palast errichten mußte, liegt auf der Hand. Und tatsächlich kennen wir aus Alexandria nicht nur Fundamente, sondern auch antike Beschreibungen eines riesigen Baus, der verschiedentlich mit Ptolemaios Kaisar in Verbindung gebracht wurde: das Kaisareion, das später als Sebasteion dem Kaiserkult diente. Leider ist jedoch der auf den ersten Blick so sprechende Name des Baus alles andere als eindeutig, im Gegenteil. Kaisareion könnte zunächst einmal «Gebäude des Kaisar» bedeuten, doch Kaisar war auch der griechische Name seines Vaters Iulius Caesar und auch die Bezeichnung der mit Octavian (Augustus) einsetzenden Caesaren. Handelt es sich also um ein für Iulius Caesar errichtetes Gebäude oder um ein für seinen Sohn konzipiertes Bauwerk? Oder bezieht sich der Name ganz allgemein auf die römischen Kaiser?

Die entscheidende Schilderung verdanken wir einer Bittgesandtschaft an Kaiser Caligula im Jahre 40 n. Chr. Verfaßt wurde der Text von dem bekannten Alexandriner Philon *(de legatione ad Gaium* 22,150–151). Der Hintergrund war ernster Natur, denn der auf seine Vergottung erpichte Kaiser hatte gerade angeordnet, in alexandrinischen Synagogen sein Bildnis aufzustellen, bzw. Kulte seiner göttlichen Person einzurichten. Nun stellten die Juden gegen zwei Fünftel der Bevölkerung Alexandrias. Mit einem Wort, es drohten Unruhen, und es galt, den Kaiser gnädig zu stimmen. Philon wollte deshalb Caligula eindringlich vor Augen führen, daß der Kaiser in Alexandria bereits einen bombastischen Kultbau besaß und so formulierte er:

«Mehrere Tempel, Propyläen, Heiligtümer, Portiken geben Zeugnis (von der Verehrung des Tiberius oder des Augustus, der Vorgänger Caligulas), so daß alle Städte, seien sie alt oder jung, die wunderbare Kunstwerke zur Schau stellen, übertroffen werden von der Schönheit und Großartigkeit der Kaisareia, allen voran von dem Kaisareion von Alexandria. Kein Temenos (heiliger Bezirk) ist dem Sebasteion vergleichbar, der Tempel (Neos = Naos) des «Kaisaros» Epibaterios bei dem Hafen mit sicherem Ankerplatz, emporgezogen bis zu großer Höhe und von bedeutender Größe und überaus auffällig, so daß nichts Vergleichbares existiert. Das Sebasteion ist voller geweihter Gemälde und Skulpturen, und ringsherum mit Gold und Silber verziert. Es umfaßt einen riesigen Bezirk, geschmückt mit Stoen, Bibliotheken, Andronen, Gärten (alsai = geweihte Haine), Torbauten (Propylaia), offene Räumlichkeiten (Höfe? oder Terrassen?), Bereiche unter freiem Himmel (Höfe?) und ausgestattet mit allem, was zu Reichtum und Schönheit beitragen kann.»

Das Kaisareion fungierte also zur Zeit Caligulas bereits als Sebasteion, als Zentrum des Kaiserkultes. Und zwar war es angeblich das prächtigste im ganzen Mittelmeerraum. Zudem erfahren wir von Plinius, daß der Ägyptengouverneur des Augustus vor dem Gebäude zwei altägyptische Obelisken errichten ließ, die heute im New Yorker Central Park und in

Abb. 185 «Nadeln der Kleopatra». Zwei Rosengranit-Obelisken Thutmosis' III. (1504–1450 v. Chr.), die ursprünglich in Heliopolis (Unterägypten) standen, 13/12 v. Chr. unter Augustus durch den Architekten Pontius vor dem Kaisareion aufgestellt wurden und seit dem Mittelalter als eines der Wahrzeichen des antiken Alexandria galten. Nach einer Lithographie von D. Roberts.

Abb. 186 Silberdrachme mit dem Bildnis Ptolemaios' XII. (80–58; 55–51 v. Chr.). Der prunkliebende Vater Kleopatras' VII. wurde von den Alexandrinern zwischenzeitlich vertrieben und konnte sich nur mit römischer Hilfe auf dem Thron halten; Boston, Museum of Fine Arts.

London stehen. Sie wurden später als «Nadeln der Kleopatra» bekannt (Abb. 185).

Die Lokalität des Kaisareions ist also ausnahmsweise bestens bekannt (Abb. 3), und die Fundamente zeigen, daß die Anlage in der Tat riesig war. Dennoch stellt sich die Frage, ob Philon übertrieb, wenn er alle Bauelemente wie Tempel, Torbauten oder Höfe grundsätzlich im Plural verwendet?

Zunächst wissen wir, daß Octavian bei seiner eigenen Deifizierung mit Rücksicht auf die republikanische Tradition äußerst vorsichtig war, so wie er ja auch aus Caesars Ermordung gelernt hatte, und auf den Königstitel verzichtete. Daß sich dieser brillante Politiker entgegen seiner sonstigen Vorsicht in Ägypten das prachtvollste aller Kaiserkultheiligtümer errichtet haben sollte, ist schlechterdings unwahrscheinlich, und man darf deshalb annehmen, daß Octavian, seines Zeichens selbst Adoptivsohn des göttlichen Iulius Caesar, das Gebäude nur zum Zweck seines eigenen Kultes okkupierte. Ja man darf sich fragen, ob der Titel des «Kaisaros (Caesar) Epibaterios» (des landenden Caesars) nicht Caesar Octavian, sondern Iulius Caesar galt. Denn der göttliche Iulius war tatsächlich zu Schiff in Alexandria erschienen, während Octavian zu Land über Palästina in Ägypten einrückte.[191] Das Gebäude könnte also ursprünglich einen Tempel Iulius Caesars enthalten haben, ein Bauprojekt, das für Kleopatra nicht weniger zentral gewesen sein muß wie ein Palastbau für sich oder ihren Caesarsohn.

Wir haben also wohl ein unter Kleopatra begonnenes Projekt vor uns und zwar aller Wahrscheinlichkeit nach in Verbindung mit einem Heiligtum für Iulius Caesar. Nicht zuletzt aus diesem Grund konnte Octavian das Gebäude später auch anstandslos fertigstellen. Handelte es sich somit um eine Tempelanlage? Nun, hier gilt es, zunächst eine weitere Quelle in die Betrachtung einzuführen.

So kennen wir ein Militärdiplom, das Mitglieder der römischen Garnison in unserem Kaisareion aufgehängt hatten. Die Inschrift enthält die Passage: «...wenn man die zweite Treppe emporsteigt (*escendentium scalas secundas*) unter der rechten Porticus (*sub porticum dexteriorem*) neben dem Venustempel (*secus aedem Veneris*), in dem eine Marmorstatue der Göttin stand.»[192]

Dies erweitert nun unsere Perspektive in wünschenswerter Weise und bestätigt einige wesentliche Details des Philontextes. In der Anlage existierten tatsächlich Tempel verschiedener Gottheiten und man erreichte sie über mehrere Treppen. Es besteht also kein Anlaß, die anderen Elemente wie die Portiken, Höfe (Bereiche unter freiem Himmel), Propylaia, Andrones (die Räume des Hausherrn unserer Paläste), Bibliotheken und Gärten in Abrede zu stellen.

Man hat nun zu Recht betont, daß die Philon zu vage sei, um sich eine präzise Vorstellung vom Grundriß der Anlage zu machen, doch ist der Bautypus selbst durchaus zu fassen. Von einer Rekonstruktion im Sinne des Ptolemäerschiffs kann natürlich keine Rede sein, doch eine Art Ideenskizze ist durchaus erstellbar (Abb. 184). Das Gebäude war hoch hinaufgebaut und D. Neroutsos spricht von mächtigen Fundamenten: 3,5 m breit an der Front mit den Obelisken und immer noch 2,5 m an der Längsseite. Nimmt man an, daß die einst gegen 60 m auseinanderstehenden Obelisken zugleich den Eingang und damit auch die Mitte der Schauseite flankierten, dann maß die Hafenfront möglicherweise über 150 m und die Tiefe der Anlage wenigstens 60–70 m (GA 156).

War das nun ein Palast oder ein Heiligtum oder beides? Besteigen wir also das kolossale Bauwerk in Gedanken, und zwar zwischen den Obelisken hindurch und die erste Treppe hinauf (es existierten ja mindestens zwei). Wie breit die Treppe war, das ist natürlich unbekannt, doch durchquerte man anscheinend mehrere Propyläen. Seien wir bescheiden, nehmen wir an, es handele sich, wie auf der Thalamegos, nur um zwei hintereinander gestaffelte Torbauten. Nicht vergessen sollte man den Aspekt des «Hinaufsteigens», der unseren Bau ganz zwanglos mit dem Ptolemäerschiff verbindet: man wird emporgehoben, um nicht zu sagen erhoben. Am Ende haben wir die zweite Treppe hinter uns und stehen wohl vor dem zweiten Propylon. Vor der rechten Portikus erkennen wir nun das erwähnte Aphroditeheiligtum mit seinem marmornen Kultbild.

Zudem besaß die ganze Anlage wohl an der hafenseitigen Schaufassade ausgedehnte Säulenhallen, zumindest wenn man sich makedonisch-ptolemäische Paläste vergegenwärtigt. Auch wäre zu fragen, ob man nicht vielleicht aus Symmetriegründen zur Linken ein weiteres Heiligtum annehmen sollte. Vielleicht bietet eine gemalte Stadtkulisse in der Villa von Boscoreale eine ganz realistische Vorstellung von der Wirkung einer derartigen Anlage (Abb. 187).

Unser Bau besaß also Mittelpropyläen wie der Palast von Pella II (Abb. 135), der in den Abmessungen seiner Säulenfront unserem Kaisareion in etwa entsprochen haben dürfte. Mit Blick auf Pella erkennen wir auch, wie zwanglos das Mittelachsenkonzept eine Teilung der Anlage gestattet, so daß wir zumindest von zwei Peristylhöfen ausgehen sollten. In einem muß der spätere Kaiserkulttempel (Caesartempel) gestanden haben und wir wählen den rechten, weil sich dann der Tempel nach Osten öffnet.[193] Jetzt fügen wir noch unsere Andrones hinzu, wie im Palazzo delle Colonne im libyschen Ptolemais und stellen uns vor, daß die Höfe reich bepflanzt waren (alsai).

Die Anlage gewinnt nun ganz zwangsläufig einen festungsartigen Charakter, und dieser Aspekt ist keineswegs uninteressant, wenn man sich die Lage der in Alexandria reichlich unbeliebten Königin und ihres halb-römischen Sohnes vergegenwärtigt. Während sich die Alexandriner einst gegen Caesar erhoben, rührte sich beim Einmarsch Octavians kaum eine Hand für die von Caesar inthronisierte Kleopatra.

Ein Forum Iulium, wie erst jüngst wieder angeregt, ist unser Kaisareion wohl auf keinen Fall und auch für einen dritten Obelisken als Zentrum einer gigantischen Sonnenuhr, wie Octavian sie in Rom errichten ließ, bot die Anlage schwerlich Raum, war doch die römische Sonnenuhr bereits größer als unser ganzes Kaisareion.[194] Der neue Beherrscher der Welt war nicht eben kleinlich.

Nun kennen wir in der Tat hellenistische Terrassenheiligtümer, etwa in Lindos oder auf Kos[195], doch macht diese Analogie das Kaisareion noch nicht zu einem Heiligtum. Es war ja gerade diese Mischung aus Tempel und Wohnpalast, die ptolemäische Paläste kennzeichnete. Ein Aphroditetempel wie im Kaisareion war für einen Ptolemäer, dessen Mutter als lebende Aphrodite auftrat, schon beinahe ein Muß. Und der andere Tempel wird wohl tatsächlich ein Tempel des göttlichen Iulius Caesar gewesen sein. Konsequenterweise umgab sich Kleopatra bei ihren Verhandlungen mit Octavian auch mit Bildern des göttlichen Iulius und

186

187

188

der unglückliche Antoniussohn Antyllus flüchtet sich 30 v. Chr. in der Stunde höchster Not zu einem Standbild des vergöttlichten Caesar. Vergeblich. Man riß ihn weg und tötete ihn auf der Stelle.

Bei der Liquidierung des für Octavian so gefährlichen Ptolemaios Kaisar scheint der Sieger allerdings doch gezögert zu haben, war der junge Mann doch von Caesar als Sohn offiziell anerkannt worden. Erst als ein gebürtiger Alexandriner warnte, die Existenz «allzu vieler Caesares» könnte am Ende verhängnisvoll sein, handelte Octavian (Plutarch, *Antonius* 81). Man lockte den geflohenen Caesarsohn durch Verrat zurück, spiegelte ihm vor, er könne den Thron seiner Ahnen als römischer Klientelkönig besteigen ... und brachte ihn um. Sieger müssen keine Fragen beantworten und schon gar keine moralischen.

Wie kein anderes Bauwerk steht das Kaisareion für den Wandel der Zeiten. Als palastrales Heiligtum unter der letzten Ptolemäerin erbaut und wohl geplant als Sitz eines ptolemäisch-römischen Pharaos, diente es am Ende jahrhundertelang dem Kult römischer Caesaren.

Königliche Träume oder Ptolemäerpaläste in Italien?

Die Ptolemäerpaläste verfehlten ihre Wirkung nicht, weder im Palästina des Herodes noch im römischen Westen. Wie prägnant die Kombination von Säulenoikos und Tempelhof war, zeigt exemplarisch die Casa di Labirinto in Pompeji, die uns in teils gemalter, teils gebauter Form ein derartiges Ensemble überliefert (Abb. 188).[196] Die Malereien gehören zum entwickelten «Zweiten Stil» und datieren in die 40er oder 30er Jahre des 1. Jhs. v. Chr., und somit in die Zeit Kleopatras VII., eines Caesar, eines Antonius oder eines Octavian. Die halb gebaute, halb gemalte Kulisse zeigt den Blick aus einem umsäulten Oikos in einen Hof mit Rundtempel. Der gesprengte Giebel charakterisiert die spätere Entstehungszeit. Die Analogie zwischen dem pompejanischen Ensemble und der Tempelraumgruppe der Thalamegos ist derart verblüffend (Frontispiz), daß sie eine weitergehende Betrachtung verdient.

Faszinierend ist zunächst, daß die pompejanische Parallele etwa zwei Jahrhunderte nach dem Palastschiff entstand, so daß wir mit Fug und Recht von einem kanonisierten Baugedanken sprechen können. Zudem steht der gemalte Rundtempel im spätrepublikanischen Pompeji keineswegs vereinzelt da.

Nun waren unsere gemalten Heiligtümer nicht immer Aphrodite gewidmet, ein Faktum, das in der Vergangenheit of irritierte. Konzentriert man sich jedoch allein auf die architektur-ideologische Idee, dann wird unschwer deutlich, daß dies auch gar nicht zu erwarten ist. Es ging nicht um die Frage «Aphrodite oder nicht», sondern allein um die Darstellung eines palastralen Heiligtums. Mit einem Wort, das jeweilige Haus sollte «geadelt» werden. Kein reiches Privathaus mehr, sondern der Palast eines Monarchen. Auf diese Weise wurden die ohnehin bereits prunkvollen Architekturkulissen noch zusätzlich sakral aufgewertet. Die Welt war erobert und nun beanspruchten römische Bürger auch die architektonischen Insignien deifizierter Könige.

Spätestens hier erhebt sich die Frage, woher die in Pompeji arbeitenden Werkstätten ihre Anregungen bezogen? Sollte man angesichts des Rundtempelmotivs nicht davon ausgehen, daß die kampanischen Werkstätten alexandrinische Vorbilder kopierten? Dürfen wir uns also die verlorenen Paläste Kleopatras im Sinne von Boscoreale und Oplontis rekonstruieren? Das Problem ist oft und kontrovers diskutiert worden.[197] Um einen pro-alexandrinischen Nachweis zu erbringen, müßte man zumindest bei einigen Dekorationen alexandrinische Baudetails herausarbeiten. Ganz davon abgesehen, daß ein derartiges Vorgehen den Rahmen dieser Betrachtungen sprengen würde, ist zudem höchst fraglich, ob der Versuch am Ende von Erfolg gekrönt wäre. Dies mag auf den ersten Blick enttäuschend sein, doch zeigt sich schnell, daß bei unserer Fragestellung der Nachweis eines genuin alexandrinischen Vorbildes gar nicht unbedingt nötig ist. Es geht nicht um die Kapitelle, sondern um das Grundrißkonzept.

Daß menschenleere Szenarien in der Art des «Zweiten Stils» in der Antike durchaus als Kunstwerke gewürdigt wurden, zeigt nicht nur der Stadtprospekt von Boscoreale (Abb. 187). Man könnte hier den bei Plinius (*nat. hist.* XXXV, 113) erwähnten Maler Serapion ins Spiel bringen, der in der Architekturdarstellung brillanter gewesen sein soll als bei figürlichen Szenen.[198] Das bedeutet nun beileibe nicht, daß unsere Prospekte auf diesen Künstler zurückgehen, Plinius zeigt uns nur, daß auch architektonische Bildthemen Anerkennung fanden.

Auch all der Prunk, die goldenen Kapitelle, die Edelsteine, all das ist als römisch-spätrepublikanische Entwicklung völlig undenkbar. In Italien gab es einfach keine gesellschaftliche Basis zur Herausbildung dieser barocken Formenwelt. So etwas materialisiert ja nicht aus dem Nichts, jedes Detail steht am Ende einer Jahrhunderte währenden Entwicklung. Wenn nun die Römer etwas haßten, dann waren es Könige und Königtum, und so gab es eben auch keine vergöttlichten Herrscher und keine entsprechenden Paläste. Doch mit der Weltherrschaft kam auch der Anspruch, es den Königen des hellenistischen Ostens gleichzutun.

Unsere Palasttempel galten offenbar ausschließlich der Selbstdarstellung des Hausherrn und seiner göttlichen Ahnen, und so etwas baute man natürlich nicht in ein Privathaus. Nicht in Pompeji und schon gar nicht in Rom. Entsprechende Wanddekorationen waren anscheinend weniger verfänglich. Die Malereien bedeuteten sicherlich nicht, daß die Pompejaner plötzlich göttliche Ahnen reklamierten. Die Bilder besagen eher, daß Sakralkomponenten mittlerweile zum Erscheinungsbild eines Palastes gehörten.

Dennoch wäre zu fragen, ob man sich

***Abb. 187** Wanddekoration im Cubiculum (Schlafzimmer = Raum M) der römischen Villa von Boscoreale bei Pompeji (s. Abb. 120). Die dem «Zweiten Stil» zuzurechnende Malerei zeigt die gewaltige Terrassenanlage eines Heiligtums oder Palastes über einer Stadtkulisse, entstanden gegen 40–30 v. Chr.; New York, Metropolitan Museum of Art 03.14.13.*

***Abb. 188** Wanddekoration «Zweiten Stils» aus der Casa di Labirinto/Pompeji. Blick auf einen imaginären Palasttempel, entstanden gegen 40–30 v. Chr.; Neapel, National Museum.*

***Abb. 189** Blick auf ein ländliches Heiligtum mit einem Kultpfeiler Apollons. «Zimmer der Masken» im Haus des Augustus auf dem Palatin in Rom, letztes Viertel 1. Jh. v. Chr.*

189

190

191

192

wohl auch im Rom Caesars derartige Szenarien auf die Wände malen ließ? Oder besser, ob man es gewagt hätte? Man sollte nicht vergessen, daß es zu jener Zeit, als man in Kampanien sakralen Palastphantasien nachhing, im Rom des Jahres 44 v. Chr. eines Senatsbeschlusses bedurfte, damit der auf Lebenszeit zum Diktator ernannte Iulius Caesar über dem Eingang seines Hauses einen Giebel anbringen durfte![199] So groß war also die Sorge des Senats, das böse Beispiel könnte hierarchische Unterschiede zwischen den herrschenden Familien offenlegen. Die ganze Angelegenheit wurde relativ kurz vor Caesars Ermordung durch den Senat gepeitscht. Gerade hier kann man gar nicht genug betonen, daß sich ein übergiebelter Eingang bereits bei dem diadochenzeitlichen Verginapalast nachweisen ließ (Abb. 137). Die hellenistische Palastarchitektur und ihre ptolemäischen Sakralelemente waren also der römischen Architekturentwicklung um Jahrhunderte vorausgeeilt. Außerhalb Roms war man anscheinend nicht so pingelig, zumindest, wenn man den herrschenden Schichten angehörte, ist doch aus einer Landvilla des Lucull ein regelrechter Rundtempel überliefert.

Die Sorge des Senats hatte natürlich gute Gründe, zumal wenn man in Rechnung stellt, daß eben jener Iulius Caesar mitten in Rom sein eigenes Forum errichtete. Dabei hatte er ganz nebenbei die altehrwürdige Kurie abgerissen, in der all jene Beschlüsse gefallen waren, die Rom den Weg zum Weltreich geebnet hatten. Die ganze Angelegenheit könnte man beinahe als «architektonischen Staatsstreich» werten. Im Prinzip kam das Caesarforum einem dynastischen Heiligtum bedenklich nahe, denn zur Krönung plante Caesar an der Stirnseite einen Tempel für die Stammutter des Iulischen Hauses. Und wer war die Stammutter des großen Caesar? Venus/Aphrodite. Und im Tempel selbst stand nach Cassius Dio (LI, 22) und Appian (*bel. civ.* II, 102) eine Statue Kleopatras[200], eine Statue seiner ptolemäischen Geliebten, die selbst in Tarsos als lebende Aphrodite auftreten sollte. Daß eine solche Privatrepräsentation in öffentlichstem Rahmen die republikanische Seele zum Kochen bringen mußte, liegt auf der Hand und die Konsequenzen von Caesars Ehrgeiz waren letztlich die Dolche seiner Mörder.

Ptolemäisches im Haus des Augustus?

Daß die Römer die herrscherkultischen Aspekte derartiger Wanddekorationen nur allzu gut begriffen, das zeigt in exemplarischer Weise das Haus Octavians, des späteren Augustus. Dort, auf dem Palatin in Rom, entdeckte man im sogenannten Zimmer der Masken mehrere gemalte Durchblicke auf ländliche Heiligtümer, in denen diesmal allerdings keine Tempel, sondern Pfeilermonumente aufragen (Abb. 189).[201] Wie wir bereits bei den Ptolemäerkannen darlegten (Abb. 90. 91), waren Pfeiler seit Alters her mit dem Kult Apolls oder der Artemis verbunden. Tatsächlich galt Apoll als göttlicher Vater Octavians. Der Princeps zeigte sich angeblich in gesellschaftlichem Rahmen gelegentlich als lebender Apoll. Die Heiligtumsdurchblicke insinuierten also zunächst die göttliche Herkunft des Hausherrn. In Rom!

Andererseits besaßen diese Monumente jedoch auch eine ptolemäische Bedeutung. So fungierten sie auf den «Ptolemäerkannen» als Kultmale der Lagiden (Abb. 90. 91). Die formale Übereinstimmung reicht dabei bis zu der krempenartigen Pfeilerbekrönung. Die Verbindung von Ptolemäer- und Apollonpfeilern erklärt sich unschwer aus der herrscherkultischen Vorgabe, nach der jeder Ptolemäer als Apollon-Horus zu betrachten war.

Mit Blick auf den Ägyptensieger und Kleopatrabezwinger Octavian ergibt sich nun jedoch die pikante Konsequenz, daß man die Pfeilermonumente des «Maskenzimmers» sowohl als Apollonsymbole wie auch als Ptolemäer- und Ägyptenanspielung begreifen konnte. Dies gilt umso mehr, als der spätere Augustus in Ägypten nahezu bruchlos an pharaonisch-ptolemäische Traditionen anknüpfte und als Pharao firmierte (GA 157). Das bedeutet, er war natürlich ebenfalls als Apollon-Horus zu betrachten – zumindest in Ägypten, das römische Senatoren seit Augustus nur mit kaiserlicher Sondergenehmigung besuchen durften. Man fragt sich unwillkürlich, weshalb? Die Malereien waren also für Kenner ptolemäischer Vorgaben überaus heikel. Und dies im Haus eines Mannes, der für sich in Anspruch nahm, die Republik und die Sitten der Vorfahren wieder zu beleben.

***Abb. 190** Denar mit Bildnisbüste Kleopatras gerahmt von der Legende: Cleopatrae Regina Regum Filiorum Regum. Silber, wohl 34 v. Chr. Geschlagen in Antiochia oder Kleinasien?*

***Abb. 191** Silberne Tetradrachme. Auf der einen Seite Bildnis Kleopatras' VII., 51–30 v. Chr. mit Diadem. Legende* ΒΑΣΙΛΙΣΣΑ ΚΛΕΟΠΑΤΡΑ ΘΕΑ ΝΕΩΤΕΡΑ. *Auf der anderen Seite ein Bildnis des Marcus Antonius mit der Legende die auf Antonius als Triumvir verweist (Antonius, Imperator und Triumvir). Geschlagen in Antiochia (Syrien), wohl 34 v. Chr.*

***Abb. 192** Bronzemünze mit dem Bildnis Kleopatras' VII. Wie bereits Arsinoe III. (Abb. 145 a) trägt sie das Königsdiadem. Ein Bindenende fällt frei in den Nacken. Die idealisierten Züge sind frei von der Überzeichnung antiochenischer Porträtmünzen. Geprägt in Alexandria, 51–30 v. Chr.; Glasgow.*

***Abb. 193** Bildnis eines späten Ptolemäers mit makedonischer Kausia und Uräus. Kaisarion oder ein Sohn Kleopatra und des Marcus Antonius. Aus dem Fayum (Unterägypten), wohl 50–30 v. Chr. Kalkstein. Augen und Augenbrauen einst eingelegt. H. 23 cm; New York, Harmon Fine Arts/Leonard Stern.*

Königin der Könige

Daß Octavian und die konservativen Kreise der römischen Aristokratie Kleopatra als elementare Bedrohung begriffen, liegt auf der Hand. Die Römer hatten damals allen Grund, besorgt zu sein, fokusierten sich doch auf die Königin allerlei Heilserwartungen. So erscheint in den dunklen Versen des «Sibyllinischen Orakels» eine mächtige Frau, die man verschiedentlich mit Kleopatra verbunden hat[202]:

«... Und während Rom noch zögert, in Ägypten einzufallen,
Wird diese Königin als mächt'ge Erbin eines Unsterblichen
Unter den Menschen hier erscheinen.
Drei Männer werden Rom dann knechten, das tief darniederliegt ...

... Dann soll die ganze weite Welt von einer Frau beherrscht
Nur ihrem Willen ganz gehorsam sein.
Und wenn die Witwe
Königin geworden in der Welt ...»

Die ominöse Königin der sibyllinischen Prophezeiung war also verwitwet und das war Kleopatra tatsächlich, hatte sie doch vor Jahren ihren Brudergemahl kaltblütig beseitigt (s. S. 136). Später hören wir, daß die «Witwe» einen «Löwen» heiratet. Der König der Tiere fungierte geradezu als Wappentier des Herakles und diese Anspielung paßt vorzüglich zu Marcus Antonius, der sich gerne als Herakles feiern ließ.

Welche Wogen die antirömische Stimmung schlug, beleuchtet eine weitere Passage.

«... Reichen Tribut hat Asien den Römern zahlen müssen –
Dreimal soviel verlangt es dann von Rom,
Um dessen mörderischen Stolz zu brechen.
Für jeden Mann aus Asiens Land, der in Italien
Einem Herren diente, sollen aus Rom nun zwanzig Sklaven
kommen ...»

Auf dem Höhepunkt ihres Erfolges verteilten Kleopatra und Marcus Antonius den hellenistischen Osten unter ihre Kinder und beschworen damit das Reich Alexanders ein letztes Mal. Anläßlich der «Verleihungen von Alexandria» im Jahre 34 v. Chr. saßen die Königskinder auf goldenen Thronen und kein Geringerer als Marcus Antonius rief vor staunenden Menschenmassen Kleopatra und ihren Caesarsohn zu Gesamtherrschern aus, die hinfort als «Könige der Könige» anzureden seien.

Die Verlautbarung erinnert an Münzlegenden des königlich-göttlichen Paares, die Marcus Antonius nicht etwa auf Geld griechischen Standards, sondern auf römische Denare setzen ließ. Auf der einen Seite erscheint der Triumvir als Sieger des Armenienfeldzugs, für den er in Alexandria und nicht etwa in Rom einen Triumphzug anberaumte. Ein ungeheuerlicher Bruch mit römischer Tradition. Bei seiner siegreichen Orientheimkehr präsentierte er sich zu allem Überfluß als lebender Dionysos, ein Motiv, das wir bereits von der «Pompé» des zweiten Ptolemäers kennen. Auf dem Revers dieser Denare firmiert Kleopatra mit der lateinischen (!) Legende «Für (oder von?) Kleopatra, der Königin der Könige und ihre Söhne, die Könige» (Abb. 190).[203] Die Botschaft hätte gar nicht programmatischer sein können.

Aus diesen Tagen stammen auch prachtvolle Prägungen nicht weniger ideologischen Inhalts (Abb. 191).[204] Diesmal handelt es sich allerdings um griechische Tetradrachmen und griechisch sind auch die Legenden. Marcus Antonius firmiert als Imperator und Triumvir, Kleopatra hingegen mit dem seltsamen Titel einer «Thea neotera», einer «Neuen Göttin». Die Bedeutung erschließt sich, sobald man sich vor Augen führt, daß auch diese Münzen wohl aus dem syrischen Antiochia stammen. Im seleukidischen Syrien herrschte im 2. Jh. v. Chr. eine berühmte Kleopatra ptolemäischer Abstammung, die nacheinander mit drei Seleukidenkönigen verheiratet war. Bekannt wurde sie als «Kleopatra, Thea (Kleopatra die Göttin).

Unsere Tetradrachmen insinuieren nun, daß Kleopatra VII. als rechtmäßige Herrscherin des Orients auf die alten Traditionen ihrer Familie zurückgriff. Auf «Kleopatra, die Göttin» folgte nun «Kleopatra, die neue Göttin». Faszinierend ist allerdings der Unterschied zu Bildnissen Kleopatras VII. auf alexandrinischen Prägungen (Abb. 192). In Antiochia ist man geradezu versucht, Mut zur Häßlichkeit zu erkennen, doch geht es offenkundig eher darum, die Gesichtszüge der Königin und des Marcus Antonius einander anzugleichen. Ein ähnlicher Versuch läßt sich bereits auf frühptolemäischen Münzen beobachten (Abb. 30).

Nach den «Verleihungen von Alexandria» sollte der damals etwa sechsjährige Ptolemaios Philadelphos Kleinasien, Syrien und Palästina beherrschen und seine Schwester Kleopatra Selene das libysche

193

Kyrene nebst Kreta. Alexander Helios jedoch, selbst kaum zehn Jahre alt, erhielt die Herrschaft über alle Territorien östlich des Euphrat. Man zögerte nicht, Ptolemaios Philadelphos in makedonischer Tracht mit Kausia und Stiefelchen auszustaffieren (Abb. 193) und ihm eine makedonische Garde an die Seite zu stellen, während man den Kindherrscher des Orients in medischer Kleidung präsentierte. Weshalb man diesen Prinzen Alexander genannt hatte, liegt angesichts seines «Königreichs» auf der Hand. Den zukünftigen Herrschaftsbereich kennen wir bereits aus dem Monument von Adulis: «Die Territorien östlich des Euphrat bis hin nach Baktrien.» Helios, der zweite Name des Kindkönigs, war nicht weniger beziehungsreich. Als Sonnengott (Helios) war der kleine Romano-Ptolemäer ein Erbe Ptolemaios' III., der als großer Orientsieger auf ptolemäischen Münzen als Helios erschien (Abb. 85a. 118).

Doch die vernichtende Niederlage in der Seeschlacht von Actium (31 v. Chr.) zerstörte alle Träume und der große Alexander wartete in seinem gläsernen Sarg vergebens auf die Erneuerung seines Reiches.

Am Ende einer Ära – das Grab Kleopatras

Im Jahr nach Actium drang der Sieger mit gewaltiger Übermacht von Palästina aus nach Ägypten vor. Plutarch berichtet von der Atmosphäre in der Nilmetropole und von einer regelrechten Endzeitstimmung. So habe selbst Dionysos als Gott der Ptolemäer, das nächtliche Alexandria verlassen. Da Marcus Antonius mehrfach als «Neuer Dionysos» aufgetreten war, wertete man das als Zeichen, daß sich der Gott nicht nur von seiner Stadt, sondern auch von seinem Günstling wendete (Plutarch, *Antonius* 75, 3f). Weder die Königin noch Antonius vermochten ihre demoralisierten Truppen ein letztes Mal zu motivieren und so erlischt mit dem Ende Kleopatras im Jahre 30 v. Chr. auch die letzte Fiktion eines politischen Hellenismus. Und so steht der Name Alexanders am Anfang des Hellenismus, Kleopatra jedoch am Ende dieser Epoche.

Als Octavian schließlich vor den Toren stand und die Ptolemäerherrschaft nur noch nach Stunden zu messen war, da flüchtete die Königin in ihr eigenes Grab. Dort verschanzte sie sich mit zwei Dienerinnen und all ihren Schätzen (Abb. 194a.b). Pech und Werg hatte sie in dem Bauwerk stapeln lassen und drohte alles anzustecken, falls der Sieger nicht in Verhandlungen einwillige. Plutarch (*Antonius* 76 ff.) schildert uns diese dramatischen Stunden, in denen sich Kleopatras Träume unaufhaltsam ihrem Ende näherten. Das Mausoleum lag auf königlichem Grund (Cassius Dio LI, 6) und zwar in unmittelbarer Nähe eines Isistempels, eine mehr als angemessene Nachbarschaft für Kleopatra, die «Neue Isis». Hier zitierte man fraglos die Konzeption des Ptolemäerschiffs, nach der ein Tempel der Königin integraler Teil ihrer Selbstdarstellung war. Man darf annehmen, daß das Grab Teil der Ptolemäernekropole war, die inmitten des Palastbezirks lag. Das Bauwerk selbst stand jedoch anscheinend an einem Sandstrand.

Der von Cassius Dio gewählte Terminus «basileia», also «Palastbereich», ist eigentlich eindeutig, doch irritiert das unbefestigte Ufer. In einem seit Jahrhunderten rege frequentierten Hafen sollte man dergleichen eigentlich nicht erwarten,

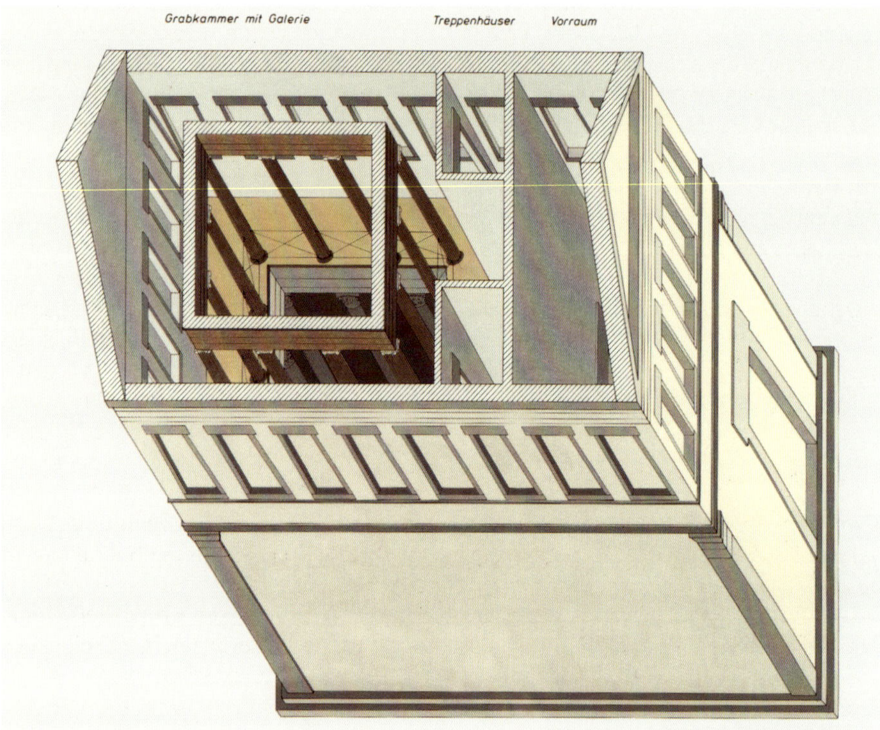

194a

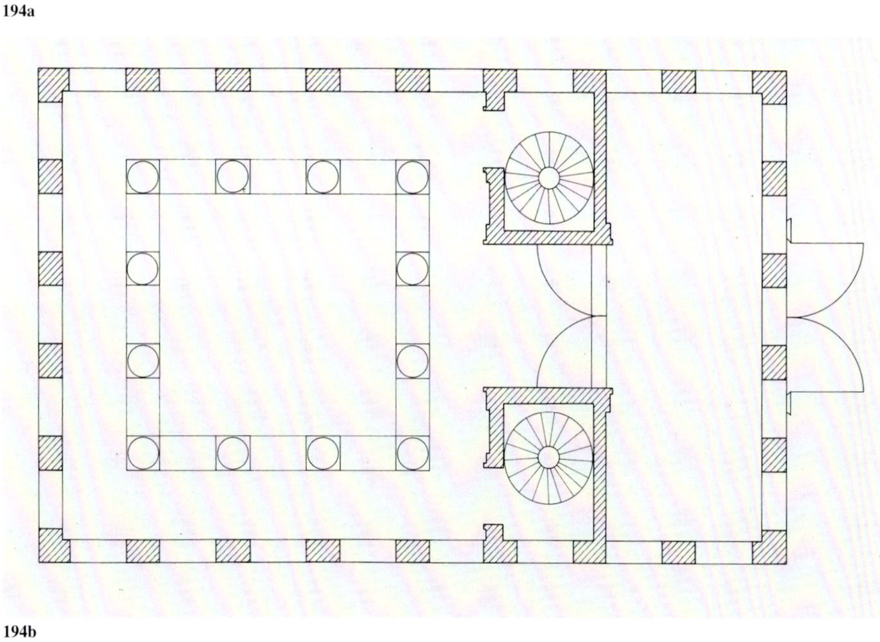

194b

***Abb. 194a.b** Hypothetische Rekonstruktion und Isometrie des Grabes Kleopatras' VII. Der Grabbau wurde nach dem Selbstmord der Königin von Octavian (dem späteren Augustus) im Jahre 30 v. Chr. vollendet. Zeichnung U. Denis nach Vorlage des Verfassers. © M. Pfrommer.*

***Abb. 195** Siegel mit der Darstellung des Uroboros in Form einer sich in den Schwanz beißenden Schlange. Der von dem Reptil umschlossene Hase symbolisiert das «Seiende» (= Welt).*

doch bleibt uns nur eine vage Alternative. So berichten Quellen islamischer Zeit von einem Kleopatrapalast auf der Insel Pharos und diese Lokalität wäre mit einem unbebauten Strand leichter in Einklang zu bringen.[205] Sollte sich dieser ausgefallene Standort je erhärten lassen, dann wäre unter Umständen auch die Lokalisierung des Kleopatragrabes zu überdenken. Einstweilen sollten wir uns den Bau jedoch am Südufer des großen Hafens denken (Abb. 3). Bei einer Königin, die auch als lebende Aphrodite in Erscheinung trat, ist die Seenähe nicht weiter erstaunlich, wurde doch Aphrodite aus dem Schaum der Brandung geboren (s. auch S. 60).

Kaum hatten sich die drei Frauen verbarrikadiert, da spielte man Marcus Antonius die Nachricht zu, die Königin habe Selbstmord begangen (Plutarch, *Antonius* 76). Der Römer, der mittlerweile seine ptolemäische Geliebte zu Recht verdächtigte, hinter seinem Rücken mit Octavian zu verhandeln, war bis ins Mark getroffen. Er bedrängte seinen Leibsklaven Eros, ihm den Todesstoß zu versetzen, doch der treue Diener richtet die Waffe gegen sich selbst. Da stürzte sich der verzweifelte Feldherr in sein eigenes Schwert ... und überlebte zunächst wie durch ein Wunder. Zwischen Leben und Tod erreichte ihn die Nachricht, daß die Königin noch am Leben sei, und so ließ sich der Sterbende zu dem Grabmal tragen, um der Königin im Tode näher zu sein. Ja, Plutarch berichtet, daß die drei Frauen den blutüberströmten Römer an Seilen ins Oberstockwerk zogen und ihn schließlich durch ein noch unvergittertes Fenster ins Innere zerrten. Dort oben im Grab starb Marcus Antonius. Man solle nicht klagen, waren seine letzten Worte. Er habe alles erreicht, was das Leben bieten könne und nun sterbe er, nur überwunden von einem Römer.

Octavian war mittlerweile kampflos in Alexandria einmarschiert und zwei seiner Beauftragten gingen daran, die Königin zur Kapitulation aufzufordern. Der Hintergrund konnte nicht dramatischer sein, war es doch dem alexandrinischen Freund und Erzieher Octavians gelungen, den Sieger zu überreden, seinem Alexandria die blutige Tragödie einer Plünderung zu ersparen. Doch Octavian benötigte dringend Geld, um seinen Legionen den ausstehenden Sold zu zahlen. Entweder, er gab die Stadt zur Plünderung frei, oder die Königin kapitulierte mit all ihren Schätzen. Dies und das Leben ihrer Kinder, das waren sicherlich die Themen, mit denen man die verzweifelten Frauen an den Eingang lockte. Man verhandelte durch die verschlossene Pforte, die angeblich so konstruiert war, daß man sie nie mehr gewaltlos öffnen konnte.

Während es für die drei Frauen buchstäblich um Leib und Leben ging, klomm ein weiterer Römer mit zwei Sklaven durch eben jenes Fenster, durch das man Marcus Antonius ins Innere gezogen hatte. Dann schlichen die drei nach unten und stürzten sich so überraschend auf die Frauen, daß jeder Widerstand vergeblich war. Die letzte Ptolemäerin war in der Hand ihrer Feinde.

Überdenkt man Plutarchs Geschichte, dann ist offenbar von einem relativ hohen Gebäude auszugehen. Es war zweistöckig und besaß Fenster im Obergeschoß, ein Konzept, das uns mittlerweile bestens vertraut ist. Anscheinend zog sich die Fensterfront rings um das Gebäude, denn Plutarch spricht an anderer Stelle präzisierend von den auf das Meer hinaus blickenden Fenstern. Also existierten wohl auch Fenster mit «Landblick». Das Gebäude besaß zudem im Inneren zumindest eine Treppe und konsequenterweise wohl auch Vor- und Hauptraum, wobei es gleichgültig ist, ob man nun im Sinne der Symmetrie zwei oder nur eine Treppe annimmt. Treppen zu beiden Seiten eines Durchgangs kennen wir bereits von griechischen Tempeln.[206] Eine Treppe im hinteren Teil des Gebäudes würde jegliche Raumsymmetrie zerstören. Eine Alternative wären allenfalls zwei Treppen links und rechts von einer Apside, so wie wir auf der Thalamegos zwei Treppen neben dem königlichen Schlafgemach fanden (Abb. 130). Da aber eine Apsis in keiner Beschreibung erscheint, zeigt unsere Skizze zwei Treppen im Bereich des Durchgangs.

Zur Rekonstruktion des Oberstocks bieten sich ebenfalls zwei Optionen. Entweder besaß das Gebäude eine durchgehende Decke, dann fragt man sich, was man ursprünglich mit diesen Räumlichkeiten anfangen wollte, ist doch ein separiertes, weiträumiges Obergeschoß bei einem Mausoleum reichlich sinnlos. Und so bleibt eigentlich nur die zweite Lösung: Die Fenster beleuchteten eine umlaufende Galerie und auf diese Weise das gesamte Gebäude. Das wiederum bedingt eine Innensäulenstellung (Abb. 194b). Das Gebäude wäre aus der Sicht des Grundrisses somit eine Mischung zwischen einem Tempel und Vitruvs ägyptischem Oikos (*De architectura* VI, 15 ff.). Der römische Architekt schildert diesen ägyptischen Oikos mit Säulen und einer oberlichtartigen Fensterreihe, doch war diese innen über den Säulen angebracht, so daß sich abweichend zu unserem Grabmal außen ein umlaufender Balkon ergab. Um eine Vorstellung von einem derartigen Raum zu vermitteln, wurde in unserer Skizze das Kaisareion mit ägyptischen Oikoi ausgestattet (Abb. 184).

195

Vergleicht man das Grab Kleopatras mit dem makedonischen Fassadengrab von Lefkadia (Abb. 138), dann wirkt unser alexandrinischer Bau beinahe wie eine dreidimensionale Version von Lefkadia oder wie eine Miniaturausgabe der Thalamegos (Abb. 128. 129). Wie im Fall der makedonischen Gräber, so war also auch das Grab der großen Königin eher als Palast- und weniger als Sakralanspielung zu begreifen. Ist es Zufall, daß wir am Ende einer Epoche noch einmal vor makedonischen Analogien stehen? Angesichts von Kleopatras politischen Zielen wird man wohl nicht fehlgehen, in dem Fassadengedanken eine makedonisierende Reminiszenz und in der Nachbarschaft zu einem Isisheiligtum eine Anspielung auf ptolemäische Sakralpaläste zu erkennen.

Nach der Gefangennahme ließ Octavian der Ptolemäerin gewisse Freiheiten, zu der auch die Einbalsamierung und Beisetzung des Marcus Antonius gehört haben soll.[207] Es folgten zermürbende Verhandlungen, in denen die Königin die formale Selbständigkeit Ägyptens erhalten wollte – vergebens. Drohungen gegen das Leben ihrer Kinder und die Aussicht, im Triumph durch Rom geschleppt zu werden, taten das ihre und so entschloß sie sich zu einem letzten Schritt. Sie bekränzte ein letztes Mal den Sarkophag oder die Mumie des Marcus Antonius (Plutarch, *Antonius* 85) und tafelte anscheinend in ihrem Grab auf goldener Kline. Bedient wurde sie nur von Ira und Charmion, ihren Gefährtinnen aus glücklicheren Tagen. Dann brachte ihr ein «Gefährte» jenes Gefäß, in dem man angeblich unter Feigen eine Kobra verborgen hatte. Der schaurige Moment erreichte mit dem Monumentalfilm «Kleopatra» sogar Hollywood. Die Ptolemäerin sandte Octavian eine letzte Nachricht und ließ

196

ihr Grabmal ohne Intervention der Wachen schließen. Dann nahm sie Gift oder ließ sich von der Schlange beißen. Die beiden Dienerinnen folgten der Herrin ohne zu zögern.

Von der Nachricht alarmiert, schickte Octavian einige Freunde. Die Römer brachen die Tore auf und stürzten hinein – die Herren einer neuen Welt und einer neuen Zeit.

Sie fanden die Königin tot auf goldener Kline. Und tot war auch Ira. Allein die treue Charmion hielt sich noch taumelnd aufrecht und richtete das Diadem auf der Stirn ihrer Herrin. «War das richtig?» fuhr man sie an, und die Sterbende antwortete, es sei angemessen und würdig für die Nachfahrin so vieler Könige.

Die Schlangenversion Plutarchs endet mit einer merkwürdigen Notiz. So habe man am nächsten Tag die Spuren des Reptils unweit des Mausoleums am sandigen Strand bemerkt. Das klingt beinahe so, als ginge Plutarch davon aus, daß die Schlange in die See entkommen sei, und es ist dieser Aspekt, der aus ägyptologischer Sicht einige Bemerkungen verdient, die J. Zeidler verdankt werden:

«Da das mögliche Untertauchen der Schlange schwerlich als artgemäßes Verhalten erklärbar scheint, liegt es nahe, in diesem Motiv einen allegorischen Hintersinn zu vermuten. Nun ist bekannt, daß die Uräusschlange im Stirnschmuck der Pharaonen als Symbol der Königsherrschaft galt. Als solches wird sie noch im Alexanderroman des Pseudo-Kallisthenes explizit erwähnt. Andererseits spielt der Schlangendämon auch bei der Gründung der Metropole eine bedeutende Rolle. So ließ Alexander eine Schlange erschlagen, der er anschließend einen Kult einrichtete.[208] Dieses Reptil spielte in der Folgezeit in Alexandria als guter Dämon («agathos daimon») eine nicht zu unterschätzende Rolle. Von dem anekdotischen Charakter der Episode einmal abgesehen, wurde die Schlange in Ägypten mit kosmogonischen wie auch mit eschatologischen Vorstellungen verbunden.

Hier wäre besonders auf Uroboros hinzuweisen, der in Form einer sich in den Schwanz beißenden Schlange (Abb. 195) als Sinnbild der zyklischen Regeneration und der zeitlichen und räumlichen Begrenztheit der Welt aufzufassen ist.[209] In der symbolischen Darstellung steht der von der Schlange umschlossene Hase für das «Seiende» (= Welt). Besonders eindrucksvoll ist dieser zyklische Gedanke auch im 175. Spruch des ägyptischen Totenbuchs, in dem Atum, der am Anfang der Welt als Schlange erscheint, auch an ihrem Ende wieder Schlangengestalt annimmt:

‹Diese Welt wird wieder in das Urgewässer zurückkehren, in die Urflut, wie bei ihrem Anbeginn. (Nur) ich bin es, der übrigbleibt, zusammen mit Osiris, nachdem ich mich wieder in andere Schlangen verwandelt habe, welche die Menschen nicht kennen und die Götter nicht sehen.›[210]

Es wäre also nicht erstaunlich, wenn man das unwiderrufliche Ende der Dynastie bewußt mit der einheimischen Vorstellung vom Ende der (geordneten) Welt assoziiert hätte. Die in Ägypten m. W. singuläre Verbindung von Schlange-Meer/Urmeer-Endzeit ist jedenfalls eine auffällige Gemeinsamkeit des Totenbuchs und der Schilderung von Kleopatras Ende, zumindest in der Version von Plutarch. Man könnte das Schlangenthema sogar noch weiter führen, denn auch im Alexanderroman beginnt die makedonische Herrschaft interessanterweise mit einer Schlange: Nektanebos II. (der letzte einheimische Pharao) zeugte der Legende nach als verkappter Schlangendämon mit Olympias, der Mutter Alexanders, den neuen König Ägyptens. Der Zyklus Schlange/Nektanebos – Alexander – Schlange bei Stadtgründung – Kleopatras Tod durch Schlangenbiß erinnert an die ägyptische Vorstellung vom Beginn einer jeden Königsherrschaft, die als Neuschöpfung der Welt aus dem Chaos begriffen wird. Sollte Plutarch mit dem Schlangenmotiv ein Endzeitthema intonieren? Steht die Schlange beim Tod der Königin unterschwellig für den Gedanken eines Weltuntergangs?»

Nun zeigen Plutarchs lapidare Bemerkungen, daß ihm der mögliche Hintersinn gänzlich unbekannt war. Andererseits brillierte er bereits bei der Beschreibung des Mausoleums mit ungewöhnlichen Kenntnissen und auch seine Quelle ist einigermaßen klar, arbeitete doch ein Bekannter seines Großvaters einst als Koch der großen Königin. Es scheint durchaus möglich, daß Plutarch auf diese Weise an Insiderwissen gelangte, ohne die Symbolik zu begreifen. Man kann nicht ausschließen, daß das Scheitern der Königin und ihr unabwendbarer Selbstmord von höfischen Zirkeln tatsächlich als Weltuntergang begriffen wurde.

Mit ihrem Grabmal, mit diesem letzten architektonischen Ausrufezeichen, endet die Geschichte ptolemäischer Königsarchitektur. Es ist das Gebäude einer Endzeit und wurde vom Sieger vollendet, um Kleopatras Leichnam aufzunehmen.[211] Neben ihr fand anscheinend auch Marcus Antonius seine letzte Ruhe.

Leben und Ende der Königin machten Geschichte, vor allem auch in der Kunst (Abb. 196). Die Römer sahen in Hannibal und Kleopatra ihre größten Gegner, hatte die Königin doch versucht, das Schicksal der Alten Welt im letzten Augenblick in andere Bahnen zu lenken. Als Sproß einer makedonischen Dynastie war sie am Ende eine Königin ohne Volk. Und so räumte Augustus später ein, daß im Grunde drei Frauen und ein Eunuch seine eigentlichen Gegner waren. Zu wenig für den Lauf der Geschichte und die Legionen Roms.

***Abb. 196** Hans Markart (1840–1884) siedelt die ägyptische Herrscherin in einem orientalischen Ambiente an, dessen Schwüle und Erotik dem Geschmack der Zeit entsprechen. Sein Gemälde «Der Tod der Kleopatra» von 1875/76 rezipiert relativ genau die Selbstmordszene bei Plutarch. Kassel, Staatl. Kunstsammlungen, Neue Galerie. (Photo AKG)*

Anhang

Abkürzungen

Andronicos, Vergina
M. ANDRONICOS, *Vergina. The Royal Tombs and the Ancient City* (1984).

Hoepfner / Brands
W. HOEPFNER / G. BRANDS (Hrsg.), *Basileia. Die Paläste der hellenistischen Könige. Internationales Symposion in Berlin 1992* (1996).

Hölbl, Ptolemäerreich
G. HÖLBL, *Geschichte des Ptolemäerreiches* (1994).

Kyrieleis, Bildnisse
H. KYRIELEIS, *Bildnisse der Ptolemäer, Archäologische Forschungen* 2 (1975).

Franke / Hirmer
P. R. FRANKE / M. HIRMER, *Die griechische Münze*[2] (1972).

Fraser I-III
P. M. FRASER, *Ptolemaic Alexandria* I-III (1972).

Götter – Pharaonen
E. WILDUNG / G. GRIMM, *Götter – Pharaonen.* Ausstellung Essen, München, Rotterdam, Hildesheim (1978).

Grimm, Alexandria
G. GRIMM, *Alexandria, die erste Königsstadt der hellenistischen Welt, Sonderhefte der Antiken Welt = Zaberns Bildbände zur Archäologie* (1998).

Pfrommer, Studien
M. PFROMMER, *Studien zu alexandrinischer und großgriechischer Toreutik frühhellenistischer Zeit, Archäologische Forschungen* 16 (1987).

Pfrommer, Goldschmuck
M. PFROMMER, *Untersuchungen zur Chronologie früh- und hochhellenistischen Goldschmucks, Istanbuler Forschungen* 37 (1990).

Pfrommer, Boscoreale
M. PFROMMER, *Göttliche Fürsten in Boscoreale. Der Festsaal in der Villa des P. Fannius Synistor, 12. Trierer Winckelmannsprogramm 1992* (1993).

Reinsberg, Studien
C. REINSBERG, *Studien zur hellenistischen Toreutik, Hildesheimer ägyptologische Beiträge* 9 (1980).

Anmerkungen

1 R. MERKELBACH, *Die Quellen des griechischen Alexanderromans, Zetemata* 9 (2. Aufl. 1977) 34 f. Von dem Erscheinen des Gottes in Gestalt eines würdigen Mannes berichtet Plutarch, Alexander 26. Vgl. auch GRIMM, *Alexandria* 19.

2 H. THIERSCH, *Zwei antike Grabanlagen bei Alexandria* (1904) 4 Abb. 4.

3 M. PFROMMER, *JdI* 97 (1982) 181. – GRIMM, *Alexandria* 85 Abb. 87.

4 Alexandria, Griechisch-Römisches Museum Inv. 9030: *Götter – Pharaonen* Nr. 101 mit Abb. und Lit.

5 Haarnetz in New York, Metropolitan Museum of Art 1987.220: D. WILLIAMS / J. OGDEN, *Greek Gold. Jewellery from the Classical World.* Ausstellung London, The British Museum (1994) 254 Nr. 197 mit Abb. Fingerring in London, British Museum 1917.5-1.913: ebenda 253 Nr. 196 mit Abb.

6 *Götter Heroen Herrscher in Lykien* (1990) 79 ff. 182 f.

7 J.-Y. EMPEREUR, *Alexandrie redécouverte* (1998) 63 ff. – J.-Y. EMPEREUR, *Le Phare* (1998).

8 F. GODDIO / A. BERNARD / E. BERNARD / I. DARWISH / Z. KISS / J. YOYOTTE, *Alexandrie. Les quartiers royaux submergés* (1998).

9 FRASER I 203. 208; II 344 Anm. 106.

10 KYRIELEIS, *Bildnisse* 26 Taf. 16, 4.

11 Zu Darstellungen Ptolemaios' I. als ägyptischer Pharao vgl. G. GRIMM, *AW* 3 (1997) 242 ff. Abb. 8–14. – GRIMM, *Alexandria* 65 Abb. 59a.b. 60.

12 *Götter – Pharaonen* Nr. 84 mit Abb. und Lit. – GRIMM, *Alexandria* 70 Abb. 69a.b.

13 C. HABICHT, *Gottmenschentum und griechische Städte* (1956) 3 ff.

14 Habicht a. O. 12 ff.

15 G. GRIMM, in: H. MAEHLER / V. M. STROCKA (Hrsg.), *Das ptolemäische Ägypten. Akten des intern. Symposions* 27.–29. 9. 1976 (1978) 105 Abb. 71.

16 J. SEIBERT, *Alexander der Große*[4] (1994) 191 ff. bes. 201.

17 Vgl. W. HUSS, *Der makedonische König und die ägyptischen Priester, Historia Einzelschriften* 85 (1994) 129 ff. Zu der Münze: G. M. A RICHTER, *The Portraits of the Greeks* III (1965) 254 Abb. 1710. 1711. – *The Search for Alexander.* An Exhibition, Washington, Chicago, Boston, San Francisco (1980) 103 f. Nr. 10. 11 Abb. und Farbtaf. 5.

18 L. KOENEN, in: D. HOBSON / K. MCNAMEE (Hrsg.), *Classical Studies Presented to W. H. Willis, BASP* 22 (1985) 171–194 (Tradition des 2. Jh. v. Chr.). – H. HEINEN, in: *ANRW* II: *Principat.* Bd. 18.5 (1995) 3170 f. – GRIMM, *Alexandria* 66.

19 London, British Museum Inv. EA 10: GRIMM, *Alexandria* 10 f. Abb. 4 c (Sarkophag ehemals in der Attarin-Moschee).

20 *Search for Alexander, Suppl.* San Francisco. Boston (1981) S-1 mit Abb. – A. J. N. W. PRAG / J. H. MUSGRAVE / R. A. H. NEAVE, *JHS* 104 (1984) 74 Taf. VII c. d. Zur Fundgruppe: *Athene* (Chicago) 23 (1962) 9–12.

21 G. GAGSTEIGER, *Die ptolemäischen Waffenmodelle aus Memphis, Hildesheimer ägyptologische Beiträge* 36 (1993) 54 ff. 89 Nr. 23 Taf. 21 b; 22. – M. PFROMMER, *Bibliotheca Orientalis* 52, Nr. 5/6 (1995) 664 f.

22 Berlin, *SMPK* 4377: V. M. STROCKA, in: *Martin Gosebruch zu Ehren, Festschrift* (1984) 29 ff. Abb. 1. 2.

23 GAGSTEIGER a. O. 8 ff. Kat. Nr. 4 Taf. 2b; 3.

24 GAGSTEIGER a. O.83 Kat. Nr. 12 Taf. 10.

25 M. PFROMMER, in: *Alexandria and Alexandrianism, Acta of the International Symposium Los Angeles*, The J.Paul Getty Museum 1993 (1996) 176 Abb. 6.

26 M. PFROMMER, *JdI* 97 (1982) 119 ff.

27 Zu diesem Problem M. ERRINGTON, *Geschichte Makedoniens* (1986) 13.

28 H. SCHLANGE-SCHÖNINGEN, *AW* 2 (1996) 109 Abb. 1.

29 HÖLBL, *Ptolemäerreich* 71.

30 KYRIELEIS, *Bildnisse* 13 ff. A 3 Taf. 4. 5. – *Kleopatra. Ägypten um die Zeitenwende.* Ausstellung München (1989) 170 f. Nr. 47 Abb.

31 Vgl. allgemein: F. SCHACHERMEYR, *Alexander in Babylon und die Reichsordnung nach seinem Tode* (1970) oder: S. LAUFFER, *Alexander der Große*[3] (1993) 189 ff. (mit Lit.).

32 KYRIELEIS, *Bildnisse* 21 ff. B 10 Taf. 15.

33 H. SCHLANGE-SCHÖNINGEN, *AW* 2 (1996) 111 Abb. 3.

34 Vgl. G. GRIMM, *AW* 3 (1997) 233 (verbrannte Pharaonen?).

35 A. STEWART, *Faces of Power. Alexander's Image and Hellenistic Politics* (1993) 215 ff. Textabb. 9 und Abb. 75 (mit. Lit.). Die hier vorgeschlagene Rekonstruktion wird in anderem Rahmen zu begründen sein.

36 S. CAUVILLE, *Le temple de Dendara. Les chapelles osiriennes* (1997) Taf. 10.

37 Zu dem Schatzfund vgl. PFROMMER, *Studien* 14 ff. Zu Kette und Armreifen: PFROMMER, *Goldschmuck* 87 f. 105 f. 208 TA 106; TK 33 Taf. 15, 1.3; 19, 1.2.

38 PFROMMER, *Studien* 275 KTK 90 Taf. 30d. Das Kollier ebenda Taf. 90c. Zum Typus der Münze vgl. J. SVORONOS, *Ta nomismata tou kratous ton Ptolemaion* II (1904) 4; III Taf. 2, 10–13. 17. 20 bes. 22. 23.

39 K. TH. ZAUZICH, *Enchoria* 21 (1994) 1 ff.

40 PFROMMER, *Studien* 271 KTK 53 Taf. 30 a.

41 *Kleopatra. Ägypten um die Zeitenwende.* Ausstellung München (1989) 94 f. Nr. 6 mit Abb.

42 L. CURTIUS, *Römische Wandmalerei* (1929) 215 ff. Abb. 127–129. – O. ELIA, *MonPitt* III/3.4 (1941) Taf. B.

43 M. HAMIAUX, *RA* (1996) 145 ff. Abb. 1–5.

44 Kallimachos in seinem Gedicht «Sieg der Berenike». HÖLBL, *Ptolemäerreich* 99.

45 REINSBERG, *Studien* 89 ff. 314 Nr. 42 Abb. 61.

46 Etwa KYRIELEIS, BILDNISSE Taf. 94–97. 99.

47 Berenike II.: G. BINDER / U. HAMM bzw. W. KULLMANN, in: A. E. RADKE (Hrsg.), *Candide Iudex. Beiträge zur augusteischen Dichtung. FS W. Wimmel* (1998) 13 ff. 163 ff. – GRIMM, *Alexandria* 79. Arsinoe III.: FRASER II 329 Anm. 35 (Epigramm des Damagetos).

48 S. ALBERSMEIER / M. MINAS, in: *Egyptian Religion the Last Thousand Years* I, *Orientalia Lovanensia Analecta* 84 (1998) 3 ff. Taf. 1. 2.

49 PFROMMER, *Studien* 271 f. KTK 51. 54. 55 Taf. 28. – GRIMM, *Alexandria* 63 Abb. 55a–c.

50 *Götter – Pharaonen.* Ausstellungskatalog Essen, München, Rotterdam, Hildesheim (1979) Nr. 91 mit Abb. – G. GRIMM, in: *Das antike Rom und der Osten, Festschrift K. Parlasca, Erlanger Forschungen,* Reihe A, 56 (1990) 42 f. Taf. 22, 1.

51 PFROMMER, *Studien* 28 ff. 266 KTK 2 Taf. 2. 3. – GRIMM, *Alexandria* 51 Abb. 46a.b (unsere Abb. 61a–c); ebenda 33 ff. 266 KTK 3 Taf. 4. 5 (unsere Abb. 63). Zur Ornamentik: M. PFROMMER, in: *Alexandria and Alexandrianism, Acta of the International Symposium Los Angeles,* The J. Paul Getty Museum 1993 (1996) 172 f. Abb. 2–4.

52 PFROMMER, *Studien* 266 KTK 1. Taf. 1. – GRIMM, *Alexandria* 56 Abb. 51.

53 Zu einem Greifenrhyton in dionysischem Kontext vgl. man eine Silbervase aus Borovo in Thrakien (Bulgarien). RUSSE, *Historisches Bezirksmuseum* II–361: *Gold der Thraker. Archäologische Schätze aus Bulgarien.* Ausstellung Köln, München, Hildesheim (1980) 146 Nr. 292 Farbtaf. S. 137.

54 PFROMMER, *Studien* 267 KTK 5 Taf. 7. – GRIMM, *Alexandria* 52 Abb. 48c.d.

55 Vgl. PFROMMER, in: *Alexandria and Alexandrianism* (a. O. Anm. 25) 174 Abb. 5 (dort versehentlich seitenverkehrt!).

56 PFROMMER, *Studien* 75 ff. 142.

57 PFROMMER, *Studien* 267 KTK 8 Taf. 11.

58 PFROMMER, *Studien* 266 ff. KTK 4. 14. 16. 17 Taf. 6. 16. 18. 24.

59 G. LEFÈBVRE, *Le tombeau de Petosiris* I (1924) Taf. 7. 8.

60 PFROMMER, *Studien* 272 f. KTK 58. 66. 67 Taf. 29b.f.g.

[61] PFROMMER, *Goldschmuck* 36 ff. 52 f. 55 f. 205. 299 HK 3 Taf. 8,1.2.

[62] Rankendiadem von Sedes in Thessaloniki, Mus. 5410: PFROMMER, *Goldschmuck* 15 f. 52 f. 253. 307 f. HK 80 Taf. 1, 1; 29, 16.

[63] Athenaios VI 254a (Aphrodite Phila, erwähnt im Rahmen eines Trinkspruchs). Athenaios VI 255c (Tempel der Aphrodite Phila). Die Königin vergiftete sich 288 v. Chr. beim Zusammenbruch der makedonischen Herrschaft ihres Gatten. Einer der Knoten griechischer Provenienz stammt sogar angeblich aus Demetrias, einer Gründung des Demetrios Poliorketes. Sollte hier doch ein Zusammenhang bestehen? Athen, Nat. Mus. (Slg. Statathos) 339: P. AMANDRY, *Collection Hélène Stathatos, les bijoux antiques* (1953) 77 ff. Nr. 217 Taf. 31. – PFROMMER, *Goldschmuck* 48 f. 55 f. 214. 301 HK 15 Taf. 29, 15.

[64] PFROMMER, *Goldschmuck* 129 f. 134 ff. 208. 348 SR 6 Taf. 21, 4. – M. PFROMMER, in: *Alexandria and Alexandrianism, Acta of the International Symposium Los Angeles*, The J.Paul Getty Museum 1993 (1996) 182 Abb. 15a.b.

[65] PFROMMER, *Goldschmuck* 121 f. 341 TA 114 Taf. 21, 3. 5.

[66] KYRIELEIS, *Bildnisse* 78 ff. Taf. 70. – GRIMM, *Alexandria* 74 Abb. 76.

[67] Auf frühptolemäischer Fayencekeramik. Vase in Privatbes. (Lucille Simon). Weiterhin eine Fayenceintarsie in Amsterdam, Allard Pierson Mus. 1992: *Algemeene Gids* (1937) 53 Nr. 507 Taf. 27.

[68] PFROMMER, *Studien* 146 f. – K. TH. ZAUZICH, *Enchoria* 21 (1994) 1 ff.

[69] REINSBERG, *Studien* 299 Nr. 13 Abb. 21.

[70] PFROMMER, *Studien* 125 ff.

[71] W. HUSS, *Der makedonische König und die ägyptischen Priester, Historia Einzelschriften* 85 (1994) 137 f. Zu dem Grab grundlegend: G. LEFÈBVRE, *Le tombeau de Petosiris* I. II (1924). – S. NAKATEN, in: *Lexikon der Ägyptologie* IV (1982) 995–998.

[72] Der Hinweis auf die pharao-ähnliche Darstellung wird ebenso wie der Hinweis auf den Wagen (Abb. 46) S. Nakaten verdankt. Zu der Stellvertreterfunktion der Priester vgl. H. HEINEN, in: *ANRW* II: *Principat*. Bd. 18.5 (1995) 3168 f.

[73] FRANKE / HIRMER 163 f. Nr. 796–798 Taf. 217. – GRIMM, *Alexandria* 33 Abb. 32 a. b.

[74] FRANKE / HIRMER 117 Taf. 172 Abb. 569. – GRIMM, *Alexandria* 32 Abb. 27a.b.

[75] M. DONDERER, in: W. WILL / G. HEINRICHS (Hrsg.), *Zu Alexander dem Großen, FS G. Wirth* II (1988) 788 (mit Lit.).

[76] A. BERNARD, *Le Delta Egyptien d'après les textes grecs* III (1970) 992 Zeile 46; S. 1026. – PFROMMER, *Boscoreale* 21. 75 Anm. 125.

[77] Zur Angleichung Dionysos-Alexander vgl. zusammenfassend: J. SEIBERT, *Alexander der Große*[4] (1994) 204 ff.

[78] Die Quellen bei S. LAUFFER, *Alexander der Große*[3] (1993) 144.

[79] FRASER I 204; II 347 Anm. 117 mit Bezug auf Euphronios.

[80] W. PEREMANS / L. MOOREN / E. WINTER, in: H. MAEHLER / V. M. STROCKA (Hrsg.), *Das ptolemäische Ägypten. Akten des intern. Symposions* 27.– 29. 9. 1976 (1978) 39 ff. 51 ff. 147 ff. – L. KOENEN, in: A. BULLOCH u. a. (Hrsg.), *Images and Ideologies* (1995) 31 (mit Lit.).

[81] M. DONDERER (o. Anm. 75) 792 ff. Taf. 3a. 4a.

[82] Man vgl. etwa die Statue des Ägypters Pertubastes IV. im Museum von Cherchel (Inv. Nr. 94): H. G. HORN / C. B. RÜGER (Hrsg.), *Die Numider*. Ausstellung Bonn (1979) 520 mit Abb.

[83] FRASER I 197 f.

[84] Alexandria, Griechisch-Römisches Museum 21837: *Götter – Pharaonen* Nr. 102 mit Abb. (aus der alexandrinischen Nekropole von Hadra). Vgl. auch Nr. 100 mit Abb.

[85] Aus Alexandria. Kairo, Ägyptisches Museum CG 9259: G. GRIMM in: *Götter – Pharaonen* Nr. 103 mit Abb. – PFROMMER, *Boscoreale* 21. 73 Anm. 55.

[86] Hildesheim, Pelizaeus-Museum 1136: REINSBERG, *Studien* 65 f. 302 f. Abb. 26.

[87] *BMC Greek Coins* XIV *Ionia* (1892) Taf. 53, 55. *BMC Greek Coins* XIV *Ionia* (1892) Nr. 71–74 Taf. 55. – J. SVORONOS, *Ta nomismata tou kratous ton Ptolemaion* I (1904) 133 Taf. 26, 11. 12. 14; Bd. IV (1908) 136. – A. DAVESNE, in: H. MALAY (Hrsg.), *Erol Atalay Memorial* (1991) 21 ff. Taf. 8, 1. 2.

[88] HÖLBL, *Ptolemäerreich* 32. 40. 42. 389.

[89] Zum Todeszeitpunkt: M. MINAS, in: M. MINAS / J. ZEIDLER (Hrsg.), *Aspekte spätägyptischer Kultur. FS für Erich Winter zum 65. Geburtstag, Aegyptiaca Treverensia* 7 (1994) 207 ff. (gestorben wohl am 25. Juli 270 v. Chr.).

[90] Zum Tempel: FRASER I 239 ff.

[91] D. B. THOMPSON, *Ptolemaic Oinochoai and Portraits in Faience. Aspects of Ruler-Cult* (1973) 20. 171–174. Nr. 1. 142. 144. 146. 147 Taf. 1. 2. 50 (Isisinschrift). Vgl. auch GRIMM, *Alexandria* 77 f. Abb. 79.

[92] THOMPSON a. O. 63 Anm. 8 (mit Bezug auf Harpokration).

[93] W. HOEPFNER, *Zwei Ptolemaierbauten*, 1. Beih. *AM* (1971).

[94] Zu einer Paraphrase der Beschreibung: GRIMM, *Alexandria* 51–57. Zu einer ausführlichen Analyse: E. RICE, *The Grand Procession of Ptolemy Philadelphus* (1983).

[95] Zu Statuengruppen mit Alexander im Kreise der olympischen Götter: FRASER I 208. s. S. 113.

[96] J. N. SVORONOS, *Ta nomismata tou kratous ton Ptolemaion* I–III (1904) Nr. 150. – G. K. JENKINS, *Ancient Greek Coins* (1972) 562/3. – D. R. SEAR, *Greek Coins and their Values* II, *Asia and North Africa* (1979) 733 Nr. 7758 mit Abb.

[97] REINSBERG, *Studien* 326 f. Nr. 68 Abb. 99.

[98] Zu Eumenes vgl.: H. BERVE, *Das Alexanderreich auf prosopographischer Grundlage* II (1926) 156 ff. Nr. 317.

[99] Zu einem Thron bei Kleopatra VII. s. S. 105.

[100] THOMPSON a. O. 32 f. 54 f. mit Verweis auf Athenaios XI 497 b–c.

[101] HÖLBL, *Ptolemäerreich* 33. 36 f. und Appendix (s. v. «279 v. Chr.»).

[102] so auch: V. FOERTMEYER, *Historia* 37 (1988) 90 ff. (Dat. der Pompé 274/275 v. Chr.). – HÖLBL, *Ptolemäerreich* 36 f.

[103] HÖLBL, *Ptolemäerreich* 37 (mit Quellen).

[104] HÖLBL, *Ptolemäerreich* 36 f. 87.

[105] Man vgl. etwa: PFROMMER, *Boscoreale* 39 ff.

[106] M. PFROMMER, *Metalwork from the Hellenized East. Catalogue of the Collections*. The J. Paul Getty Museum (1993) 16 Abb. 11.

[107] Thessaloniki Museum: E. JURI, *Ho krateras tou Derveniou* (1978).

[108] Goldene Binde Vergina: ANDRONICOS, *Vergina* 171 ff. Abb. 138. 139. Zu dem Bindentypus allgemein: A. KRUG, *Binden in der griechischen Kunst. Untersuchungen zur Typologie. 6.–1. Jh. v. Chr.* (1968) 137 Typus 12 Anhang III.

[109] A. E. MARIETTE, *Dendérah. Description générale di Grand Temple de cette ville* II (1981) Taf. 89 Mitte. – S. CAUVILLE, *Le temple de Dendara. Les chapelles osiriennes* (1997) Taf. 10.

[110] ANDRONICOS, *Vergina* 168 ff. Abb. 136. – G. GRIMM, *AW* 3 (1997) 236 Abb. 7.

[111] L. KOENEN, in: A. BULLOCH u. a. (Hrsg.), *Images and Ideologies* (1995) 29.

[112] Eine Übersetzung der beiden Quellen bietet GRIMM, *Alexandria* 51–63. Zur Ausstellung: GRIMM, *Alexandria* 57.

[113] Vgl. W. A. DASZEWSKI, *Corpus of Mosaics from Egypt* I. *Hellenistic and Early Roman Period, Aegyptiaca Treverensia* 3 (1985) 37 ff. – GRIMM, *Alexandria* 80f. Abb. 81a.c.

[114] FRASER I 203. 619. Die Techniten bildeten eine eigene Abordnung in der dionysischen Sektion des Festzuges (Athenaios V 198 c).

[115] FRASER I 203.

[116] REINSBERG, *Studien* 220 ff. 326 Abb. 91.

[117] Zur Rekonstruktion vor allem HEERMANN a. O. 244 ff. Plan XII.

[118] M. ANDRONICOS, *Vergina. The Royal Tombs and the Ancient City* (1984) 97 f. Abb. 57.

[119] ANDRONICOS a. O. 198 ff. Abb. 160. Zur Frage der Zuweisung vgl. man etwa: A. M. PRESTIANNI GIALLOMBARDO, *DialHistAnc* 17/1 (1991) 257–303 (316 v. Chr.).

[120] S. REINACH, *Antiquités du Bosphore Cimmérien* (1892) 90 Taf. 38,4. Zu dem Grab vgl.: PFROMMER, *Goldschmuck* 279 f. FK 143. Man vgl. auch ein Mosaik aus Alexandria: GRIMM, *Alexandria* 103 ff. Abb. 102c.d.f.

[121] K. STÄHLER, *Griechische Geschichtsbilder klassischer Zeit, Eikon, Beiträge zur antiken Bildersprache* 1 (1992) 23 f. (Athenaios XII 539d: Perserkönig unter Palmen).

[122] Es ist deshalb auch unhaltbar, das Festzelt als ägyptischen Bau zu rekonstruieren. So G. HANEY, *Basilikale Anlagen in der ägyptischen Baukunst des Neuen Reiches, Beiträge zur ägyptischen Bauforschung und Altertumskunde* 9 (1970) 76 ff. Abb. 29 b.

[123] M. HOLLEAUX, *Etudes d'épigraphique et d'historique grecques* III (1942) 281 ff. – E. BEVAN, *The House of Ptolemy* (1968) 199 ff. Abb. 32. – HÖLBL, *Ptolemäer* 46 ff.

[124] KYRIELEIS, *Bildnisse* 31 ff. 167 C 1 Taf. 18, 1.

[125] W. BLÜMEL, *Epigraphica Anatolica* 20 (1992) 127 ff. – M. PFROMMER, *LIMC* VIII 1 (1997) 398 (s. v. Zeus in Baktrien).

[126] GRIMM, *Alexandria* 80 Abb. 81 a. c. – PFROMMER, *Boscoreale* 23. 41 f. 51 Taf. 3, 4.

[127] FRANKE / HIRMER 151 Abb. 741 Taf. 204. Zum Seleukidenanker: M. PFROMMER, *Metalwork from the Hellenized East. Catalogue of the Collections*. The J. Paul Getty Museum (1993) 23 ff.

[128] REINSBERG, *Studien* 324 Nr. 62 Abb. 95. – M. PFROMMER, *Untersuchungen zur Chronologie und Komposition des Alexandermosaiks auf antiquarischer Grundlage, Aegyptiaca Treverensia* (1998) 46. 80. 103 f. 132. 200 f.

[129] PFROMMER, *Boscoreale* 28 Abb. 5 (mit Lit).

[130] Zum ptolemäischen Seereich vgl. W. HUSS, *Untersuchungen zur Außenpolitik Ptolemaios' IV.* (1976). – R. S. BAGNALL, *The Administration of the Ptolemaic Possessions outside Egypt* (1976). – HÖLBL, *Ptolemäerreich* 35.

[131] FRANKE / HIRMER 165 Nr. 805 V Taf. 219. – KYRIELEIS, *Bildnisse* 95 f. Taf. 82, 1.2. – GRIMM, *Alexandria* 79 Abb. 80a.b.

[132] KOENEN a. O. (s. Anm. 111) 55 f. (weiblicher Horusname in Edfu = Pharao). – H. GAUTHIER, *Le Livre des Rois d'Egypte* IV, *MIFAO* 20 (1916) 260 H (Berenike II., Karnak); S. 360 Nr. 48 B und 49 A (Kleopatra III., Deir-el-Medineh und Karnak). Die Hinweise werden M. Minas verdankt. Vgl. auch: GRIMM, *Alexandria* 80.

[133] FRANKE / HIRMER 165 Nr. 804 Taf. XX. – KYRIELEIS, *Bildnisse* 96 Taf. 82, 3. – PFROMMER, *Boscoreale* 75 Anm. 132.

[134] PFROMMER, *Boscoreale*. – GRIMM, *Alexandria* 136 ff. Abb. 127b–g.

[135] W. J. SCHNEIDER, *Thetis* 4 (1997) 117 ff.

[136] H. HEINEN, in: P. KNEISSL / V. LOSEMANN (Hrsg.), *Imperium Romanum. FS K. Christ* (1998) 339.

[137] F. CASPARI, *JdI* 31 (1916) 1–74 Taf. 1. – A. KÖSTER, *Studien zur Geschichte des antiken Seewesens*, 32. Beih. Klio (1934; 2. Aufl. 1963) 20 ff. – M. PFROMMER, in: HOEPFNER / BRANDS 97 ff. – DERS., *Nürnberger Blätter zur Archäologie* 13 (1998) 79 ff. Zu einer Paraphrase der Beschreibung: GRIMM, *Alexandria* 61 ff.

[138] FRASER I 71 f.

[139] FRASER I 198. 311. 620.

[140] G. HUSSON, *Oikia. Le vocabulaire de la maison privée en Egypte d'après les papyrus grecs* (1983) 317 f.

[141] A. ADRIANI, *Annuaire du Musée Gréco-Romain* (1933/34–1934/35) 53 ff.

[142] Daß die Balustrade, die im Falle von Mustafa Pascha I (Abb. 162) tatsächlich ausgegraben wurde, auch bei Grab III vorlag, zeigt ein im Hof gefundenes Bekrönungsfragment mit zwei Schauseiten (ADRIANI a. O. 161 Abb. 88). Die Bekrönung sah also genau so aus wie bei den Fassadengräbern von Vergina (Abb. 107. 108).

[143] V. HEERMANN, *Studien zur makedonischen Palastarchitektur* (1986) 244 ff. – G. BRANDS, in: HOEPFNER / BRANDS 62 ff. – I. NIELSEN, *Hellenistic Palaces – Tradition and Renewal* (1994) 81 ff. Die zweistöckige Säulenfassade und die talseitige Säulenstellung wurden zu Unrecht bezweifelt: G. BRANDS a. O. 62 ff. Abb. 4. 5.

[144] K. FITTSCHEN, in: P. ZANKER (Hrsg.), *Hellenismus in Mittelitalien* II, Abh. Göttingen 97/2 (1976) 546 (zweigeschossiges Peristyl).

[145] A. ADRIANI, *Repertorio d'Arte dell'Egitto greco-romano Ser. C*, Bd. I/II (1963) 124 ff. Nr. 79 Taf. 43–46.

[146] J. RAEDER, *Gymnasium* 95 (1988) 362 ff.

[147] M. ANDRONIKOS, *AEphem* (1987) 375 ff. Abb. 3. 4. – R. GINOUVÈS (Hrsg.), *Macedonia. From Philipp II to the Roman Conquest* (1994) 154 ff. Farbphotos (Grab Eurydikes I.).

[148] Zu Abb. 143 vgl.: H. LAUTER, *Die Architektur des Hellenismus* (1986) 268 Taf. 34 b. Zu Abb. 144 vgl.: A. J. B. WACE / A. H. S. MEGAW / T. C. SKEAT, *Hermopolis Magna, Ashmunein. The Ptolemaic Sanctuary and the Basilica. Alexandria Univ., Fac. of Arts* 8 (Alexandria 1959) 4 ff. (nicht viel nach 240 v. Chr.) – FRASER, *Alexandria* I 234; II 384 Anm. 355 ff. – H. BAUER, *Korinthische Kapitelle des 4. und 3. Jhs. v. Chr.*, 3. Beih. *AM* (1973) 117. 122 Taf. 32, 5.

[149] Der Vorschlag, die Säulen als Halbsäulen zu begreifen und sie an die Wand zu rücken, ist nicht haltbar: G. FOERSTER, *Art and Architecture, Masada* V, *The Yigael Yadin Excavations 1996–1965. Final Report* V (1995) 182. Diese Überlegung findet auch bei Kallixeinos keinerlei Stütze, zumal sogar der von G. Foerster zitierte Massada-Palast eine Innensäulenstellung mit Fenstern (!) enthielt. Zudem legt bei der Thalamegos allein das statische Moment eine Innensäulenstellung nahe.

[150] G. GRUBEN / M. HIRMER, *Die Tempel der Griechen*[2] (1976) 125 Abb. 115.

[151] H. CANCIK, *Untersuchungen zur lyrischen Kunst des P. Pupinius Statius, Spudasmata* XIII (1965) 76.

[152] A. ALFÖLDI, *Die monarchische Repräsentation im römischen Kaiserreiche*[3] (1970) 32 f.

[153] Einzige erhaltene Passage der von Eratosthenes verfaßten Biographie der Königin (FRASER I 203 f.).

[154] H. G. SIEGLER, *Kalabsha. Architektur und Baugeschichte des Tempels* (1970) Abb. 129 Taf. 1

[155] J. RAEDER, *Gymnasium* 95 (1988) 365 ff.

[156] Vgl. G. GRIMM, *AW* 3 (1997) 238 (fußend auf Polybius). – GRIMM, *Alexandria* 90 ff.

[157] Zu Tarsos in Kilikien: M. GRANT, *Kleopatra* (1977) 156 ff. Vgl. auch M. PFROMMER, in: HOEPFNER / BRANDS 97 f.

[158] FRASER I 25. 228 f. (Alexandria). – J. QUAEGEBEUR, *JNES* 30 (1971) 249 (Memphis).

[159] FOERSTER a. O. (s. Anm. 149) 174 ff.

[160] E. NETZER, *Greater Herodium, QEDEM* 13 (1981) 10 ff. Abb. 8. 9. 11. 20. 47. 85.

[161] H. LAUTER, *Die Architektur des Hellenismus* (1986) 197 f. Abb. 67a.

[162] GRIMM, *Alexandria* 70. Zu Ahnenlisten bald auch M. MINAS (Diss. Trier).

[163] ANDRONICOS, *Vergina* 123 ff. Abb. 76–86.

[164] Köpfchen aus einem Grab bei Lefkadia: K. RHOMIOPOULOU, *AAA* 6 (1973) 87 ff. Abb. 3.

[165] M. GRANT, *Kleopatra* (1977) 118 (unter den Kritikern findet sich sogar Napoleon).

[166] HUSSON a.O. (s. Anm. 140) 302 ff. – J. RAEDER, *Gymnasium* 95 (1988) 362 ff. (mit Lit.).

[167] V. HEERMANN, *Studien zur makedonischen Palastarchitektur* (1986) 364 ff. Plan III. IV.

[168] Man vgl. zu der Exedra A. SCHMIDT-COLINET, in: *Hoepfner / Brands* 250 ff. Abb. 2. Zu dem Palast s. S. 98.

[169] V. A. DASZEWSKI, in: M. MINAS / J. ZEIDLER (Hrsg.), *Aspekte spätägyptischer Kultur, Festschrift für Erich Winter, Aegyptiaca Treverensia* 7 (1994) 55 verweist zu Recht darauf, daß es sich aus der Sicht des griechischen Peristylhauses eigentlich um Pseudoperistyle handelt, da mit Ausnahme des Grabes 4 von Mustafa Pascha in Alexandria der Umgang hinter den Säulen fehlt.

[170] M. PFROMMER, *IstMitt* 39 (1989) 433 ff. Taf. 42.

[171] DASZEWSKI a. O. Abb. 6.

[172] G. GRIMM, *AW* 3 (1997) 244 mit Verweis auf (Cassius Dio LI 16.5 und Sueton, Augustus 18.1).

[173] G. GRIMM, *AW* 3 (1997) 244 Abb. 17.

[174] Vgl. DASZEWSKI a. O. 51 ff.

[175] A. ADRIANI, *Annuaire du Musée Grèco-Romain* (1933–35) 37 Abb. 2 Taf. 27. Sowohl die Kausia wie auch der Petasos (Reisehut) erscheinen im makedonischen Königsornat, doch scheint es sich hier angesichts des Umrisses eher um Kausiai zu handeln. Die Möglichkeit einer Kausia erwog auch: M. I. ROSTOVTZEFF, *Die hellenistische Welt. Gesellschaft und Wirtschaft* I (1955) Text zu Taf. 49, 1.

[176] H. THIERSCH, *Zwei antike Grabanlagen bei Alexandria* (1904) 1 ff. Taf. 1–3.

[177] Das Motiv findet sogar in dem makedonischen Lefkadiagrab einen Vorläufer und zwar ebenfalls in der Grabkammer: GINOUVES a. O. (s. Anm. 147) 137 Abb. 122.

[178] HUSSON a. O. 152 f.

[179] A. ADRIANI, *Repertorio d'Arte dell'Egitto greco-romano Ser. C*, Bd. I/II (1963) 195 f. Nr. 145 Taf. 110–113.

[180] M. PFROMMER, *Gold from Hellenistic Egpyt. Getty Museum Studies on Art* (im Druck).

[181] Zur Chronologie vgl. man PFROMMER, *Goldschmuck* passim. In unsere Abb 170 wurden aufgenommen: 1) Heraklesknoten einer Stephane. Baltimore, The Walters Art Gallery 57.1541: PFROMMER, *Goldschmuck* 64 f. 68 f. Taf. 11,1.2. 2) Kette mit Heraklesknoten, angeblich aus Tarent. Berlin, Antikenmus. 1980.17: W.-D. HEILMEYER, *Tarentiner Goldschmuck in Berlin*, 130/131. *BWPr* (1990) 44 ff. Abb. 13–22. 3) Ohrring, angeblich aus Tuch el-Karamus. Oxford, Ashmolean Mus. 1926.101: PFROMMER, *Goldschmuck* 163 ff. OR 496 Taf. 25,1 (oben). 4) Ohrring, angeblich aus Tuch el-Karamus. Oxford, Ashmolean Mus. 1926.105–107: PFROMMER, *Goldschmuck* 171 ff. OR 9 Taf. 25,2. 5) Schlangen-Armreif, erworben in Pantikapaion/Kerc. St. Petersburg, Eremitage: PFROMMER, *Goldschmuck* 129 ff. SR 46 Abb. 18,18. 6) Schlangen-Fingerring, angeblich aus Tarent. Berlin, Antikenmus. 1980.21: HEILMEYER a. O. 58 ff. Abb. 35–37. 7) Fingerring aus Pantikapaion/Kerc. St. Petersburg, Eremitage: PFROMMER, *Goldschmuck* 228 Abb. 42 j. 8) Fingerring aus Nesebar/Mesembria. PFROMMER, *Goldschmuck* 228 Abb. 42 i.

[182] HÖLBL, *Ptolemäerreich* 111 ff.

[183] THOMPSON a. O. 20. 171 ff. Nr. 142. 144. 146 Taf. 50.

[184] W. CHESHIRE, *ZPE* 48 (1982) 105 ff. Taf. 4. 5.

[185] A. BERNARD, *La prose sur pierre dans l'Egypte hellénistique et romaine* I (1992) 22 Zeile 18.

[186] G. GRIMM, *AW* 3 (1997) 454 (Polybios XV 31).

[187] British Museum Catalogue of Greek Coins VI. *The Ptolemaic Kings of Egypt* (1883) Taf. 122. 2–3. – H. HEINEN, *Historia* 18 (1969) 189 f. (47–44 v. Chr.?).

[188] Zu den hier zitierten Gegenständen vgl. PFROMMER a. O. (s. Anm. 25) 184 f. Abb. 20 (Schale). Zu der Analogie des Blattkelches: ebenda 184 f. Abb. 21. Zu dem Gazellenkopfarmreif: ebenda 184 Abb. 19.

[189] Eine islamische Quelle spricht von einem Palastprojekt auf der Insel Pharos, doch hielt man damals auch den berühmten Leuchtturm teilweise für einen Bau Kleopatras. Vgl. H. THIERSCH, *Pharos. Antike Islam und Occident* (1909) 39 Nr. 1.

[190] Übersetzung nach: W. EHLERS, *Lucanus, Bellum civile – der Bürgerkrieg* (1973). – K. FITTSCHEN, in: P. ZANKER (Hrsg.), *Hellenismus in Mittelitalien* II, Abh. Göttingen 97/2 (1976) 554.

[191] Der Hinweis wird H. HEINEN verdankt.

[192] H. HÄNLEIN-SCHÄFER, *Veneratio Augusti. Eine Studie zu den Tempeln des ersten römischen Kaisers* (1985) 205. 218 Nr. 13.

[193] Die Annahme, es könnte sich hier um den von Kleopatra erbauten und unfertig gebliebenen Tempel Mark Antons handeln, ist nicht zwingend. (so P. RUGGENDORFER, *Zum Kaisareion von Alexandria*, in: F. BLAKOLMER u. a. (Hrsg.), *Fremde Zeiten, FS Jürgen Borchhardt* II (1996) 216) Dieser Tempel sogar noch gegen 1000 n. Chr. in der Suda (einem Lexikon) als unfertiges Bauwerk erwähnt, und das wird man von einem Tempel für den Kaiserkult gewiß nicht annehmen wollen.

[194] Zur These einer Sonnenuhr vgl. RUGGENDORFER a. O. 216. Um eine Vorstellung vom Platzbedarf einer derartigen Anlage zu erhalten vgl. man E. BUCHNER, *Die Sonnenuhr des Augustus* (1982) 60 f. Abb. 1. Zu alexandrinischen Sonnenuhren vgl. auch GRIMM, *Alexandria* 158 ff. Abb. 147.

[195] H. LAUTER, *Die Architektur des Hellenismus* (1986) 106 f. Abb. 30 Taf. 44. 45a.

[196] *Pompeji* VI 11,10, *Oecus* 43: *EAA* VI (1965) Taf. bei S. 336 oben (s. v. Pompei). Zu diesen und verwandten Gemälden vgl. R. A. TYBOUT, *Aedificiorum figurae. Untersuchungen zu den Architekturdarstellungen des frühen zweiten Stils* (1989) 315 Taf. 60,1. Zu alexandrinischen Bezügen im Zweiten Stil vgl. man vor allem K. FITTSCHEN, in: P. ZANKER (Hrsg.), *Hellenismus in Mittelitalien* II, AbhGöttingen 97/II (1976) 539 ff. Das Thema wird in anderem Rahmen ausführlicher darzustellen sein.

[197] s. o. Anm. 196 (FITTSCHEN).

[198] Zum Maler Serapion bereits K. SCHEFOLD, in: B. ANDREAE / H. KYRIELEIS (Hrsg.), *Neue Forschungen in Pompeji* (1975) 54.

[199] R. FÖRTSCH, in: HOEPFNER / BRANDS 246.

[200] E. BRUNELLE, DIE BILDNISSE DER PTOLEMÄERINNEN (Diss Frankfurt 1976) 114.

[201] G. CARETTONI, *Das Haus des Augustus auf dem Palatin* (1983) Taf. 6. Zu Apollon und Augustus und dessen Integration in den ägyptischen Herrscherkult vgl. man H. HEINEN, in: W. HAASE / H. TEMPORINI (Hrsg.), *ANRW* II. *Prinzipat* 18.5 (1995) 3171 f.

[202] M. GRANT, *Kleopatra* (1977) 342 ff.

[203] H. A. GRUEBER, *Coins of the Roman Republic in the British Museum* II (1910) 525 Nr. 179. – E. A. SYDENHAM, *The Coinage of the Roman Republic* (1952) 194 Nr. 1210 Taf. 29. – M. GRANT, *Kleopatra* (1977) 236 f.

[204] M. GRANT, *Kleopatra* (1977) 235 f. – KYRIELEIS, *Bildnisse* Taf. 107, 3.

[205] (s. o. Anm. 189).

[206] Man vgl. etwa den Athenatempel aus Paestum: G. GRUBEN / M. HIRMER, *Die Tempel der Griechen*[2] (1976) 251 Abb. 200.

[207] G. GRIMM, *AW* 3 (1997) 248.

[208] R. MERKELBACH, *Die Quellen des griechischen Alexanderromans, Zetemata* 9 (1977) 36 f. (mit Bezügen zur ägyptischen Religion).

[209] E. HORNUNG, *Geist der Pharaonenzeit* (1989) 47 Abb. 7. – A. NIWINSKI, *21st Dynasty Coffins from Thebes. Chronological and Typological Studies, Theben* 5 (1988) 120 Nr. 89.

[210] Übersetzung E. HORNUNG, *Das Totenbuch der Ägypter* (1979) 367.

[211] Anders RUGGENDORFER a. O. 217.

Bildnachweis

Abb. 1, 11, 15–19: nach J.-Y. Empereur, Alexandrie redécouverte (1998) Abb. S. 83; S. 65; S. 77; S. 71; S. 79 oben; S. 79 unten; S. 74.

Abb. 2: Erstellt von H. Heinen und W. Schlömmer (Ausschnitt), nach: TAVO B V 21 (1989).

Abb. 3: Zeichnungs-Sammlung des Archäologischen Instituts der Universität Trier, Inv. 19097.6b © G. Grimm.

Abb. 4, 128: Modell und Photo Fa. Panasensor, © B. Kammermeier.

Abb. 6, 83, 85a.b, 90, 96a.b, 111, 112a.b, 119, 123–127, 129, 130, 145a.b, 151a.b–153, 162a.b, 193: nach Grimm, Alexandria S. 88 Abb. 87; S. 21 Abb. 16; S. 65 Abb. 66a.b; S. 77 Abb. 79a; S. 83 Abb. 83c.d; S. 58/59 Abb. 58; S. 81 Abb. 81a.c; S. 110/111, Abb. 107; S. 136 Abb. 127c; S. 137 Abb. 127d; S. 138 Abb. 127f.; S. 86 Abb. 85a; S. 87 Abb. 85c; S. 54 Abb. 54a; S. 55 Abb. 54c; S. 106 Abb. 103c.d; S. 65 Abb. 65; S. 64 Abb. 64; S. 71 Abb. 71b; S. 95 Abb. 93e.f; S. 143 Abb. 131.

Abb. 5, 7: nach D. Williams / J. Ogden, Greek Gold. Jewellery from the Classical World. Ausstellung London, The British Museum (1994) 254 Nr. 197 mit Abb. 253 Nr. 196 mit Abb.

Abb. 8a–d, 9, 13: nach H. Thiersch, Pharos. Antike Islam und Occident (1909) Taf. IV Frontispiz; Abb. 47 oder evtl. Rekonstruktion Abb. 49.

Abb. 10a–c, 140, 161, 162c, 168: nach A. Adriani, Repertorio d'Arte dell' Egitto greco-romano C I Testo (1966) und C II Tavole (1963) Nr. 58 Taf. 33

Abb. 117–119; 124ff. Nr. 79 Taf. 44 Abb. 168; 146ff. Nr. 93 Abb. 230 Taf. 68; 130ff. Nr. 84 Taf. 48 Abb. 181; 195ff. Nr. 145 Taf. 110 Abb. 379.

Abb. 12, 79, 89, 97: Photos Verfasser.

Abb. 34, 60, 62, 71, 95, 149, 157, 170, 172a.b, 181: Skizze M. Pfrommer.

Abb. 14: nach Götter Heroen Herrscher in Lykien (1990) 79 ff. 182 f.

Abb. 20, 22–27: nach F. Goddio u. a., Alexandrie. Les quartiers royaux submergés (1998) Abb. bei S. 247; Abb. bei S. 29; Abb. 23; Abb. 27; Abb. 73; Abb. 79; Umschlag.

Abb. 21: Skizze M. Pfrommer nach F. Goddio u. a., Alexandrie. Les quartiers royaux submergés (1998) Abb. bei S. 14.

Abb. 28, 30, 87, 88: nach G. Grimm in: Götter – Pharaonen. Ausstellung Essen, München, Rotterdam, Hildesheim (1978) Nr. 150 Abb.; Nr. 84 Abb.; Nr. 102 mit Abb.; Nr. 103 mit Abb.

Abb. 29, 40a.b, 41a.b, 77a.b, 113, 186, 191a.b, 192: nach Kyrieleis, Bildnisse 26 Taf. 16, 4; Taf. 5, 2; Taf. 15, 1. 2; Taf. 70, 1; Taf. 18, 1; Taf. 68, 1; Taf. 107, 3; Taf. 107, 1.

Abb. 31: nach G. Grimm, in: H. Maehler / V. M. Strocka (Hrsg.), Das ptolemäische Ägypten. Akten des intern. Symposions 27.– 29. 9. 1976 (1978) Abb. 71.

Abb. 32a.b, 98a.b: nach Ta hellenika Mouseia (1975) 26 Abb. 20, Farbabb. 1 und 7.

Abb. 33: Photo Brooklyn Museum.

Abb. 35: Photo Field Museum of Natural History, Chicago.

Abb. 36, 37: nach Gagsteiger, Waffenmodelle Taf. 3b, Taf. 10b.

Abb. 38a.b, 55, 106, 114: Photos Roemer und Pelizaeus-Museum, Hildesheim.

Abb. 39, 42: nach H. Schlange-Schönigen, AW 2 (1996) 109 Abb. 1;) 111 Abb. 3.

Abb. 43, 80, 99, 102–104, 109a.b, 121, 122, 159, 164, 184, 194a.b: Ausführung Ulrike Denis nach einem Original des Verfassers, © M. Pfrommer.

Abb. 44: nach Grimm, AW 1 (1997) 22 Abb. 23.

Abb. 45–47a.b, 50a–c, 51, 61c, 63, 64b, 65a.b, 66a.b, 67a, 70b, 73a–c, 76b: Photos D. Johannes, Neg.-DAI Kairo; L 34207; L 34212; F 18266; 18242/3; F 12605; F 8264; F 12589; F 12611; F 12621; 12623; F 8273; F 12640; L 34150; 34175; 34169.

Abb. 48a.b, 57–59, 61a.b, 64a, 67b–70a, 74a.b–76a: Photos G. Grimm.

Abb. 49: nach Pfrommer, Studien 144 Abb. 1.

Abb. 52, 158, 185: nach Ägypten gestern und heute. Lithographien und Reisetagebuch von David Roberts (1996) Abb. S. 185; 117; 31.

Abb. 53: nach Kleopatra. Ägypten um die Zeitenwende. Ausstellung München (1989) Abb. S. 94.

Abb. 54: nach O. Elia, MonPitt III/3.4 (1941) Taf. B.

Abb. 56a.b: nach S. Albersmeier / M. Minas, in: Egyptian Religion the Last Thousand Years, I, Orientalia Lovanensia Analecta 84 (1998) 3ff. Taf. 1. 2.

Abb. 72a.b: nach Lefebvre, Tombeau de Petosiris Taf. VIII.

Abb. 78: Photo: Trier, Archäologisches Institut der Universität.

Abb. 81a.b, 82a.b, 84, 105a.b, 115a.b–117: nach P. R. Franke / M. Hirmer, Die griechische Münze^2 (1972) Taf. 217 Abb. 797 oben, Taf. 172 Abb. 569 oben, Taf. XIX Abb. 799; Taf 218 Abb. 741; Taf. 204, Nr. 805 R und V; Taf. 219; Taf. XX und Taf. 219 Abb. 804 R.

Abb. 86a.b: Photo M. Donderer.

Abb. 91: nach Thompson, Oinochoai 24 Abb. 2 Nr. 1.

Abb. 92: nach Herrmann, Olympia 181 Abb. 127.

Abb. 93a.b, 94a.b: nach W. Hoepfner, Zwei Ptolemaierbauten, 1. Beih. AM (1971) 19 ff. Taf. 11a, Beil. 18 oben li.; 55 ff. Taf. 13a, Beil. 23 oben li.

Abb. 100a.b, 108, 154, 155: nach Andronikos, Vergina, 174 Abb. 138, 139; 99 Abb. 55; 127 Abb.79, 81; 77, 78.

Abb. 101, 135, 141: nach Ginouves 164f. Abb. 139; modifizierter Plan nach 88 Abb. 74; Abb. 1.

Abb. 107: nach M. Andronikos, AEphem 126 (1987) 369 Abb. 1.

Abb. 110, 134: Zeichnungen U. Denis.

Abb. 118: nach Pfrommer, Boscoreale 28 Abb. 5.

Abb. 120: nach M. L. Anderson, BMetrMus 45/3, Winter 1987/88, 16 Abb. 21.

Abb. 131: nach H. Bulle, Untersuchungen an griechischen Theatern (1928) Taf. 25.

Abb. 132, 133, 137, 139, 142, 148, 156, 160, 167: Vorlage M. Pfrommer. Ausführung Ulrike Denis. © M. Pfrommer. (nach: Trier, Zeichnungs-Sammlung des Archäologischen Instituts der Universität Inv. 1997.21B, Inv. 1996.8B, Inv. 1996.3B, Inv. 1997.22B, Inv. 1997.7B, Inv. 1996.20B, Inv. 1998.1B2, Inv. 1997.2B).

Abb. 136: Zeichnung Verfasser nach Hoepfner / Brands 8 Abb. 5.

Abb. 138: nach M. B. Hatzopoulos / L. D. Lokopoulos, Philip of Macedon (1980) 151 Abb. 80.

Abb. 143: nach H. Lauter, Die Architektur des Hellenismus (1986) Taf. 34 b.

Abb. 144: nach A. J. B. Wace / A. H. S. Megaw / T. C. Skeat, Hermopolis Magna, Ashmunein. The Ptolemaic Sanctuary and the Basilica. Alexandria Univ., Fac. of Arts 8 (1959) Taf. 1.

Abb. 146, 147: nach H. G. Siegler, Kalabsha. Architektur und Baugeschichte des Tempels (1970) Abb. 129; Taf. 1.

Abb. 150: nach T. Weber / R. Wenning, Petra. Antike Felsstadt zwischen arabischer Tradition und griechischer Norm. Sonderband ANTIKE WELT (1997) 7 Abb. 2.

Abb. 163: nach V. A. Daszewski, in: M. Minas / J. Zeidler (Hrsg.), Aspekte spätägyptischer Kultur, Festschrift für Erich Winter, Aegyptiaca Treverensia 7 (1994) Abb. 6.

Abb. 165: nach H. Thiersch, Zwei antike Grabanlagen bei Alexandria (1904) Abb.

Abb. 166: nach M. Saleh / H. Sourouzian, Die Hauptwerke im ägyptischen Museum Kairo (1986) Nr. 58 mit Abb.

Abb. 169, 171, 173a.b–179,: J. Paul Getty Museum, 92.1M.8.9; 92. AM.8.8.; 92.AM.8.1; 92.AM.8.2; 92.AM.8; 92. AM.8.7.1/2; 92.AM.8.6.

Abb. 180a.b, 183: Photo Kunsthandel.

Abb. 182a.b: Trier, Sammlung der Universität.

Abb. 187: nach M. L. Anderson, BMetrMus 45/3 (1987/88) Umschlag.

Abb. 188: nach EAA VI (1965) s. v. Pompei Taf. bei S. 336 oben.

Abb. 189: nach G. Carettoni, Das Haus des Augustus auf dem Palatin (1983) Taf. 6.

Abb. 190: nach L. v. Matt / H. Kühner, Die Cäsaren. Eine Geschichte der römischen Herrscher in Bild und Wort (1964) Abb. 53 b.

Abb. 195: nach E. Hornung, Geist der Pharaonenzeit (1989) 47 Abb. 7.

Abb. 196: Photo AKG.

Adresse des Autors

Prof. Dr. Michael Pfrommer
Universität Trier
Fachbereich III
Klassische Archäologie
Universitätsring 13
D-54286 Trier